1+X 职业技术·职业资格培训教材

（三级）

CANGCHUGUANLIYUAN
仓储管理员

主　编　陈　霖
主　审　陈志刚

中国劳动社会保障出版社

图书在版编目(CIP)数据

仓储管理员：三级/人力资源和社会保障部教材办公室等组织编写.—北京：中国劳动社会保障出版社，2016

1＋X职业技术·职业资格培训教材

ISBN 978-7-5167-2790-4

Ⅰ.①仓… Ⅱ.①人… Ⅲ.①仓库管理-职业培训-教材 Ⅳ.①F253

中国版本图书馆 CIP 数据核字(2016)第 264774 号

中国劳动社会保障出版社出版发行
(北京市惠新东街1号 邮政编码：100029)

*

北京市白帆印务有限公司印刷装订　　新华书店经销
787毫米×1092毫米　16开本　22.25印张　410千字
2016年11月第1版　2025年6月第6次印刷
定价：52.00元

营销中心电话：400-606-6496
出版社网址：http://www.class.com.cn

版权专有　　侵权必究

如有印装差错，请与本社联系调换：(010) 81211666
我社将与版权执法机关配合，大力打击盗印、销售和使用盗版图书活动，敬请广大读者协助举报，经查实将给予举报者奖励。
举报电话：(010) 64954652

内 容 简 介

本教材由人力资源和社会保障部教材办公室、中国就业培训技术指导中心上海分中心、上海市职业技能鉴定中心依据上海1+X仓储管理员（三级）职业技能鉴定细目组织编写。教材从强化培养操作技能、掌握实用技术的角度出发，较好地体现了当前最新的实用知识与操作技术，对于提高从业人员基本素质、掌握仓储管理员（三级）核心知识与技能有直接的帮助和指导作用。

本教材在编写中根据本职业的工作特点，以能力培养为根本出发点，采用模块化的编写方式。全书共分为15章，内容包括：概述、出入库作业管理、在库作业管理、仓储流通加工、仓储商务、运输与配送、仓库选址、仓库布局、物料编号与储位管理、仓储设施设备、订单与拣货补货、库存管理、仓储质量管理、仓储绩效评价、仓库安全管理。

本教材可作为仓储管理员（三级）职业技能培训与鉴定考核教材，也可供全国中、高等职业技术院校相关专业师生参考使用，以及本职业从业人员培训使用。

前　言

　　职业培训制度的积极推进，尤其是职业资格证书制度的推行，为广大劳动者系统地学习相关职业的知识和技能，提高就业能力、工作能力和职业转换能力提供了可能，同时也为企业选择适应生产需要的合格劳动者提供了依据。

　　随着我国科学技术的飞速发展和产业结构的不断调整，各种新兴职业应运而生，传统职业中也越来越多、越来越快地融进了各种新知识、新技术和新工艺。因此，加快培养合格的、适应现代化建设要求的高技能人才就显得尤为迫切。近年来，上海市在加快高技能人才建设方面进行了有益的探索，积累了丰富而宝贵的经验。为优化人力资源结构，加快高技能人才队伍建设，上海市人力资源和社会保障局在提升职业标准、完善技能鉴定方面进行了积极的探索和尝试，推出了1＋X培训与鉴定模式。1＋X中的1代表国家职业标准，X是为适应经济发展的需要，对职业的部分知识和技能要求进行的扩充和更新。随着经济发展和技术进步，X将不断被赋予新的内涵，不断得到深化和提升。

　　上海市1＋X培训与鉴定模式，得到了国家人力资源和社会保障部的支持和肯定。为配合1＋X培训与鉴定的需要，人力资源和社会保障部教材办公室、中国就业培训技术指导中心上海分中心、上海市职业技能鉴定中心联合组织有关方面的专家、技术人员共同编写了职业技术·职业资格培训系列教材。

　　职业技术·职业资格培训教材严格按照1＋X鉴定考核细目进行编写，教材内容充分反映了当前从事职业活动所需要的核心知识与技能，较好地体现了适用性、先进性与前瞻性。聘请编写1＋X鉴定考核细目的专家，以及相关行业的专家参与教材的编审工作，保证了教材内容的科学性及与鉴定考核细目以及题库的紧密衔接。

　　职业技术·职业资格培训教材突出了适应职业技能培训的特色，使读者通过学习与培训，不仅有助于通过鉴定考核，而且能够有针对性地进行系统学习，真正掌握本职业的核心技术与操作技能，从而实现从懂得了什么到会做什么的飞跃。

职业技术·职业资格培训教材立足于国家职业标准,也可为全国其他省市开展新职业、新技术职业培训和鉴定考核,以及高技能人才培养提供借鉴或参考。

新教材的编写是一项探索性工作,由于时间紧迫,不足之处在所难免,欢迎各使用单位及个人对教材提出宝贵意见和建议,以便教材修订时补充更正。

人力资源和社会保障部教材办公室
中国就业培训技术指导中心上海分中心
上海市职业技能鉴定中心

目　　录

第1章　概述

第1节　物流和仓储 …………………………………………… 2
- 学习单元1　物流概述 …………………………………… 2
- 学习单元2　物流系统中的仓储功能 …………………… 4

第2节　仓储的发展 …………………………………………… 7
- 学习单元1　仓储管理的发展 …………………………… 7
- 学习单元2　仓储技术的发展 …………………………… 9

第3节　仓储组织和人员 ……………………………………… 14
- 学习单元1　仓储组织 …………………………………… 14
- 学习单元2　仓储人员 …………………………………… 17

思考题 …………………………………………………………… 20

第2章　出入库作业管理

第1节　作业管理概述 ………………………………………… 22
- 学习单元1　作业管理要点 ……………………………… 22
- 学习单元2　作业流程概况 ……………………………… 26

第2节　仓库出入库作业 ……………………………………… 28
- 学习单元1　仓库入库作业 ……………………………… 28
- 学习单元2　仓库出库作业 ……………………………… 34
- 学习单元3　仓库退货作业 ……………………………… 39

第3节　作业量预测及作业计算 ……………………………… 40
- 学习单元1　作业量预测 ………………………………… 40
- 学习单元2　作业相关计算 ……………………………… 43

思考题 …………………………………………………………… 45

第3章　在库作业管理

第1节　储存作业 ……………………………………………… 48
- 学习单元1　储存要求 …………………………………… 48

　　　　学习单元 2　堆码苫垫 …………………………………… 50
　　　　学习单元 3　商品养护 …………………………………… 54
　　第 2 节　搬运作业 ………………………………………………… 57
　　　　学习单元 1　搬运作业管理 ……………………………… 57
　　　　学习单元 2　搬运作业计算 ……………………………… 62
　　第 3 节　盘点作业 ………………………………………………… 64
　　　　学习单元 1　盘点作业管理 ……………………………… 64
　　　　学习单元 2　盘点作业分析 ……………………………… 67
　　思考题 ……………………………………………………………… 68

第 4 章　仓储流通加工

　　第 1 节　流通加工基础知识 ……………………………………… 70
　　　　学习单元 1　流通加工概述 ……………………………… 70
　　　　学习单元 2　流通加工技术和方法 ……………………… 73
　　第 2 节　流通加工合理化和成本分析 …………………………… 76
　　　　学习单元 1　流通加工合理化 …………………………… 76
　　　　学习单元 2　流通加工成本分析 ………………………… 78
　　思考题 ……………………………………………………………… 82

第 5 章　仓储商务

　　第 1 节　仓储商务概述 …………………………………………… 86
　　　　学习单元 1　仓储商务要点 ……………………………… 86
　　　　学习单元 2　仓储商务流程 ……………………………… 90
　　第 2 节　仓储合同和仓单 ………………………………………… 93
　　　　学习单元 1　仓储合同 …………………………………… 93
　　　　学习单元 2　仓单 ………………………………………… 107
　　思考题 ……………………………………………………………… 114

第6章 运输与配送

第1节 运输 ……………………………………………… 116
  学习单元1 运输要点 ……………………………… 116
  学习单元2 运输合理化 …………………………… 130
第2节 配送 ……………………………………………… 135
  学习单元1 配送概述 ……………………………… 135
  学习单元2 配送分类 ……………………………… 138
思考题 …………………………………………………… 142

第7章 仓库选址

第1节 仓库选址概述 …………………………………… 144
  学习单元1 仓库选址原则和影响因素 …………… 144
  学习单元2 仓库选址步骤 ………………………… 149
第2节 仓库选址相关决策和方法 ……………………… 151
  学习单元1 仓库选址相关决策 …………………… 151
  学习单元2 仓库选址方法 ………………………… 155
思考题 …………………………………………………… 157

第8章 仓库布局

第1节 仓库布局概述 …………………………………… 160
  学习单元1 仓库布局及其原则和方法 …………… 160
  学习单元2 仓库主要区域布局 …………………… 164
第2节 仓库设计方案评估和优化 ……………………… 177
  学习单元1 仓库设计方案评估 …………………… 177
  学习单元2 利用虚拟运营布局方法进行优化 …… 181
思考题 …………………………………………………… 183

第9章 物料编号与储位管理

第1节 物料编号 ················ 186
学习单元1 物料编号概述 ················ 186
学习单元2 常用物料编号方法 ················ 190

第2节 储位管理 ················ 195
学习单元1 储位管理内容和划分原则 ················ 195
学习单元2 储位编号和指派 ················ 198

思考题 ················ 203

第10章 仓储设施设备

第1节 传统仓储设施设备 ················ 206
学习单元1 仓储设施设备概述 ················ 206
学习单元2 货架 ················ 210
学习单元3 搬运车辆 ················ 212
学习单元4 装卸货设施 ················ 215
学习单元5 起重机械 ················ 217
学习单元6 输送机械 ················ 218

第2节 自动化仓储设施设备 ················ 220
学习单元1 自动物料搬运设备 ················ 220
学习单元2 自动化立体仓库 ················ 222

思考题 ················ 225

第11章 订单与拣货补货

第1节 订单管理 ················ 228
学习单元1 订单概述 ················ 228
学习单元2 订单流程 ················ 229

第2节　拣货补货 ·· 235
　　　　学习单元1　拣货作业 ······································ 235
　　　　学习单元2　补货作业 ······································ 246
　　思考题 ·· 248

第12章　库存管理
第1节　库存及库存管理要素 ··· 252
　　学习单元1　库存概述 ·· 252
　　学习单元2　库存管理要素 ·· 256
第2节　库存管理策略方法及发展 ···································· 259
　　学习单元1　库存管理策略 ·· 259
　　学习单元2　库存管理方法 ·· 262
　　学习单元3　库存管理的发展 ····································· 274
思考题 ·· 282

第13章　仓储质量管理
第1节　仓储质量管理及其实施 ······································· 284
　　学习单元1　仓储质量管理概述 ·································· 284
　　学习单元2　仓储企业实施ISO 9000 ·························· 288
第2节　仓储质量管理方法 ··· 291
　　学习单元1　常用仓储质量管理方法 ·························· 291
　　学习单元2　其他仓储质量管理方法 ·························· 298
思考题 ·· 301

第14章　仓储绩效评价
第1节　仓储绩效管理 ·· 304
　　学习单元1　仓储绩效管理概述 ·································· 304

　　　　学习单元 2　仓储绩效指标分析方法 …………………… 306
第 2 节　仓储绩效指标体系 ……………………………………… 310
　　　　学习单元 1　仓储能力指标 …………………………… 310
　　　　学习单元 2　仓储质量指标 …………………………… 311
　　　　学习单元 3　仓储效率指标 …………………………… 315
　　　　学习单元 4　仓储经济指标 …………………………… 318
思考题 ……………………………………………………………… 320

第 15 章　仓库安全管理

第 1 节　仓库的安保和消防 ……………………………………… 322
　　　　学习单元 1　仓库安保组织和管理 …………………… 322
　　　　学习单元 2　仓库消防管理和规范 …………………… 323
第 2 节　仓库风险及安全管控 …………………………………… 333
　　　　学习单元 1　仓库的风险管理 ………………………… 333
　　　　学习单元 2　仓库安全事故处理 ……………………… 337
　　　　学习单元 3　仓库安全意识管理和教育 ……………… 340
思考题 ……………………………………………………………… 343

第 1 章

概　述

第 1 节　物流和仓储　　/2
第 2 节　仓储的发展　　/7
第 3 节　仓储组织和人员　/14

第1节 物流和仓储

学习单元1 物流概述

学习目标

1. 了解物流的概念。
2. 掌握物流的目标。
3. 熟悉物流的分类。

一、物流的概念

物流作为20世纪末期兴起的一门应用学科,是支撑我国现代工商业发展的一个重要服务业类型。这其中的"物"是指可以在地理空间中进行位置移动的商品或物资,具有可移动性和可使用性两个基本特点,通常指的是我们在日常生活或工业生产中需要通过运输配送来实现转移的各类原材料、农副产品、工业产品等。而所谓的"流"则正是指这种商品流动的过程,其研究范围包括使用运输工具实现的地理空间流动、使用搬运工具实现的仓库内部及工厂生产线之间的流动、使用交易和法律手段实现商品权属在所有权人之间的流动、使用财务支付与结算实现的对应资金的流动、使用账册卡簿或管理系统实现的物流信息的流动、使用仓储保管设备实现的商品在时间中的流动等。

因此,如果要从逻辑上对物流下一个定义的话,就是指具有可移动性和可使用性的商品或物资从供给者流动到需求者手中的整个过程及相应的管理工作。

二、物流的目标

物流系统是现代工农商业的支撑性服务产业,其本身并不直接产生商品的使用价值,而是一个成本消耗型的产业。人们需要通过使用物流设施、物流装备、物流工具、信息技术及网络、人员组织及管理体系等多个要素来构成物流服务系统。因此,从物流的这一特征来说，做好物流服务及管理工作首先需要体现出以下 5 个目标。

1. 服务目标

物流联结着生产与再生产、生产与消费，服务好生产、服务好消费就是物流的最根本目标。例如，物流中所采用的"准时供货方式""快速配送""柔性供货方式"等，正是物流行业不断提高其服务性的体现。

2. 及时性目标

及时性既是服务性的最重要的体现，也是现代工商业发展对商品流通提出的基本要求。今天我们必须依靠快速及时的物流服务才能使柔性化、定制化的现代生产技术得以实现，才能使即时订购、所见即得等现代采购与消费理念得以落实。

3. 节约目标

节约是一切经济领域的共同目标，在物流工作中除了要节约流通成本外，还需要节约流通时间。通过节约来降低物流投入是提高工商利润的重要手段之一。

4. 规模化目标

由于物流运输、保管等工作相对于生产性工作更具有批量化作业的特征，因此在物流领域中的规模化效应就显得比在生产领域中更为重要。通过规模化，不但可以有效降低物流的成本，同时还可以提高物流的规范性和一致性，降低物流作业的差错率，提高物流效率。

5. 调节目标

物流不但能够对工商业起到服务与支撑的作用，同时优秀的物流管理还可以降低整个生产与销售体系的成本，提高其效率。因此，在物流工作中，我们不但要努力降低物流作业自身的成本，还要仔细根据企业生产与消费市场的特点，结合需求调整物流布局，对仓库选址、库存数量、库存结构、运输配载等进行调节，以最合理的方式实现企业的最佳运营状态。

将上述 5 个目标综合起来，就是我们常说的物流合理化目标，也是物流管理工作所追求的总目标。物流合理化是对物流设备配置和物流活动组织不断地进行调整改进，使之不断地趋向合理，从而尽可能降低成本，提高服务水平，实现物流系统整体优化的过程。

三、物流的分类

物流活动覆盖面很广，从产业角度来说包括农副产品、工业产品、日用化工品等，从产业环节来说包括生产、销售、采购等多个环节，从其经营服务模式、覆盖服务区域等角度来说，也都有很多不同类型的物流存在。

从物流研究的范围大小来分，可以将物流活动分为宏观物流和微观物流两种类型。其中宏观物流是指从社会的角度看待、认识和研究物流的活动，其参与者是构成社会总体的各类机构、集团和企业，是它们的所有物流行为的总和。从空间范畴来理解，宏观物流则是指在省市乃至全国的物流活动，往往带有宏观性，包括了物流行业的所有环节。因此，在我们常提到的物流概念中，社会物流、国际物流等都属于宏观物流的概念范畴。宏观物流的研究工作侧重于全局性的效应和对社会、对产业的影响，从全行业的政策法规、商业特征与技术发展等角度入手研究，探讨物流与其他生产销售等行业的相互关系。而微观物流是指某些零售商或生产企业所从事的具体的物流活动，属于整个物流系统中的一个局部或一个环节。一般来说，在一个较小的地域空间中所发生的物流活动，或者针对某一种具体产品所进行的物流活动，或者某一个具体的物流作业环节，都可以称为微观物流。我们经常提到的企业物流、生产物流、供应物流、销售物流、回收物流、废弃物物流、生活物流等都属于微观物流的概念范畴。微观物流研究侧重于其具体性和局部性，侧重于其成本、方式、效率等方面的内容。

按照物流活动的空间来分，可分为地区物流和国际物流两种类型。地区物流是指某一行政或经济区域内部的物流，例如某市快递公司的物流服务等。而国际物流是指不同国家、不同地区之间的物流，它是国内物流向国际化的延伸，是跨国界的物流。在地区物流的研究与管理工作中，因为法律、法规比较稳定和统一，所以我们主要侧重于物流的效率、运作和协调等方面。但在国际物流的研究与管理中，为了适应千变万化的国际贸易环境，我们还需要额外对相关的法律法规、贸易规则等加以研究。

我们还可以从其他若干角度对物流进行分类，例如，按照物流的作用可分为生产物流、供应物流、销售物流、回收物流、废弃物物流，按照物流的服务对象可分为普通货物物流和特种货物物流，按照物流的经营主体可分为第三方物流和自营物流等。

 学习单元2　物流系统中的仓储功能

 学习目标

1. 了解仓储在物流系统中的功能。
2. 了解仓库的衔接、信息、管理、调节、增值和形象功能的体现方式。

从总体上来看，物流活动多在线路和节点进行。其中，在线路上进行的活动主要是运

输,例如集装箱运输、干线运输等。而在节点上的活动主要集中在仓库中进行,例如包装、装卸、保管、分货、配货、流通加工等。所以,仓库作为物流系统中的节点起到了非常重要的作用。实际上,整个物流系统正是由若干串联起来的物流节点共同构成的。特别是在现代物流网络中,仓库作为物流的节点对优化整个物流网络起着至关重要的作用,随着物流系统化理念越来越成熟,仓库不仅执行了以往应尽的职能,而且越来越多地承担起执行指挥调度、信息收集、统计发布等神经中枢的职能,渐渐地成为整个物流系统的灵魂所在。

仓库除了通常所具备的商品存储、养护职能外,在物流系统中还发挥着以下 6 点作用。

一、衔接功能

仓储是联结各物流线路并使其之间变得串联贯通的关键要素。在整个社会的物流体系尚未完整建立起来之前,不同运输线路之间的衔接有很大困难,例如早年我国在计划经济体制下,就经常发生轮船运输线与汽车运输线的转运码头上货物堆积如山而车辆门可罗雀,或货物空空如也而车辆排成长龙的矛盾场面,两者之间由于运输规模和时间节奏的不同,难以形成自然的衔接。因此,就必须要由仓库这一物流节点来实现不同运输方式之间的衔接,包括运输线路、商品组合、批量整合、运输时间等多方面的转换与衔接。

二、信息功能

仓储作为物流系统中的关键性节点,是整个物流系统中进行信息传递、收集、处理、发送的集中地,这种信息作用在现代物流系统中起着非常重要的作用,也是多个独立的物流储运单元能联结成有机整体的前提条件。在现代物流系统中,每一个仓库节点都是物流与市场信息的一个点,多个信息点和物流系统控制中心结合起来,便构了指挥、管理、调度整个物流系统的信息网络。

三、管理功能

在现代物流体系中为了方便监控、管理和协调,物流管理中心和指挥机构往往集中设置于仓库中,使仓库成为集管理、指挥、调度、信息、衔接及货物处理为一体的综合性物流设施,因此整个物流系统的效率和水平取决于物流节点管理职能实现的情况。所有的单据来往、信息传递、数据分析、指令发布往往都集中在仓库中进行。因此通过合理的管理作用，我们可以最大限度地降低物流中装卸搬运、运输配送的次数和劳动量，可以大大提高物流系统资源的利用效率，使每一次运输配送及相关的出入库作业都科学合理，减少浪费。

四、调节功能

仓储在物流中不但可以用于商品的保管，并根据物品的特性采取相应措施以保持商品的完好性，同时还起着"蓄水池"和"缓冲区"的作用，可以用来调节生产与消费的不均衡关系。对社会再生产过程来讲，商品的生产与消费之间存在着矛盾，其主要表现在生产与消费在地理上的分离、时间上的间隔以及模式上的差异等方面。这些矛盾既不能在生产领域里解决，也不可能在消费领域里得到解决，而只能在流通领域里通过仓库保管活动来加以解决。仓库通过将商品"储蓄"起来的功能，既解决了生产与消费之间的诸多差异，同时又为突如其来的应急事件提供了缓冲，从而起到了良好的平衡生产、均匀消费的作用。

五、增值功能

现代仓储与以往不同，不再把商品保管当成唯一工作，而是主动适应市场需求，为客户提供多种多样的增值服务，利用仓库处于物流核心节点位置上的这一特殊角色，仓库的这种增值服务往往具有得天独厚的优势。例如，流通加工服务就必须在明确客户需求和批量后的最短时间完成并实施送达，于是任何的转运过程在这其中都被认为是多余的，因而仓库就首当其冲成为最佳流通加工的承担者，也只有仓库来承担这项工作才能发挥出最佳效益。

六、形象功能

虽然说优秀的物流管理可以保证按时按质将商品交付客户手中，但对于达到一定规模的客户而言，仓储中的现货一定是使其产生信任感的重要因素，甚至是促进双方达成交易的先决条件。高水平的仓储管理可确保对客户的服务更快、更及时，代表着整个物流体系的运营水平和效率，是企业管理先进、高效的最佳最直观的形象代言。

第 2 节　仓储的发展

学习单元 1　仓储管理的发展

学习目标

1. 了解仓储管理的几种发展趋势。
2. 掌握零库存管理的基本概念。
3. 了解整合化管理和多种经营管理的基本概念。

技术与经济的快速发展对仓库保管行业的影响是巨大的。例如，随着经济的全球化，当生产企业追求更快更高效地为遍布全世界的顾客提供服务的时候，他们一定会期望仓库的服务覆盖面更广从而使送达速度更快，能够提供更多的增值服务。因此，仓库为了适应客户的需求，就不得不通过努力提高自身的运营管理水平，引进新技术、新模式、新的合作伙伴来加强自己的实力，以避免被市场淘汰。而这其中，电子数据交换、自动化控制系统等工业技术的成熟使现代化仓库的管理水平得以飞速提升，今天的仓库不但在出入库等各项作业的效率速度方面比以往有了明显的提升，而且差错率、破损率等指标也同时在急剧下降。更重要的是，当物流与信息交联在一起相互作用时，信息和产品的流动变得越发快速和方便，我们已经可以通过预测需求和跟踪顾客信息来使存货周转加快，使库存控制更准确，推动整个物流供应链真正成为通达生产与消费的快速管道。

一、零库存管理

从理论上来说，当供应链真正实现拉式、柔性、定制、畅通、实时响应等理想化目标时，库存是没有必要存在的。因此，很多人就会把追求零库存作为仓储业发展的目标。可事实上，只要生产与消费之间的矛盾以及生产和运输的批量规模效应继续存在，那么零库存就一定不可能是最终的解决方；现实中的零库存只是存在于某个特殊的物流环节中，其多数是采用库存向上转移给供应商或向下转移给零售商的方式来实现。然而，人们依然可以通过不断的优化生产与消费的过程，借助于精准的信息控制技术与上下游之间的协调配合，达到零库存的目标。例如，丰田汽车公司的准时制生产方式，在大量供应商的协同配合下，将以往汽车生产行业中的零配件、半成品、工具与耗材等巨量库存降低到几乎消失不见的地步，实现了零库存。除此之外，企业可以通过看板管理、供应商管理库存等方式来实现不同意义上的零库存。

零库存可以起到如下作用：一是当库存中的商品（物资）数量极大降低时，生产线或销售渠道的积压成本就越低，整个系统的柔性化就越强；二是因库存数量的降低，相应的库存设备及劳动消耗同时会减少，降低了企业的运营成本；三是当实现零库存时，库存的隔离作用就会降低，从而迫使企业与客户、供应商之间必须进一步保持紧密联系，客观上加强了相互之间协同合作的有效性。

二、整合化管理

企业物流管理中最主要的费用发生在库存，而由于历史原因造成了大量分散在各个仓库中的作业设备及劳动人员的分布极不均衡，效率参差不齐。因此，仓库保管行业的整合化发展趋势就是把各类仓库以及供应商、零售商、制造商、批发商，甚至客户的作业资源统一在一个大社会平台上加以考察，重新进行整体的优化布局。尽管这一目标并非一朝一夕就能够实现，也并非借助于政策力量便可一气呵成，但是随着社会化物流体系的进化完善，市场必然会对仓库保管行业提出更高的要求，迫使全行业向这个方向发展。时至今日，我们已经可以看到在电子商务浪潮的冲击下，大量电商企业的自营配套物流体系在高效低成本的目标管理下已经实现了资源的合理分配，其经营效率远超传统的老一代物流与仓库运营商，代表着时代未来的发展趋势。

特别是网络日益普及，如今已经渗透到了世界的各个角落，面对如此方便、迅捷、畅通的信息渠道，如能进行充分利用，可以节省大量管理和通信费用，可以在任何时候查看到企业在各地的最新仓储信息。网络将分布在各地的生产、组装、供货、仓库、流通、运输、销售都连成一体，形成一个贯穿全国甚至全世界的库存控制系统，从而可以充分发挥整个产业上下游之间共同统筹和整体策划的优势。

三、多种经营管理

仓储工作的目的是使企业的仓储资源得以充分利用，通过仓储运营与服务来获得最大收益和投入最小成本，实现经营的利润最大化。因此，在强大的市场竞争压力下，消费者需求也逐渐多样化的形势下，仓储工作必须跳出以往单纯保管的业务模式，开展多样化的经营管理活动,改进为顾客服务的方式并创造持久的竞争优势。

不同于传统的仓储业务模式,仓储多种经营强调利用仓库独特的地理优势、信息优势和管理优势,并将这些优势转化为企业的实际收益。例如,消费式仓库是指客户不仅将一定数量、品质的商品交付仓库进行保管,而且在合同中约定,商品的所有权也随之转移给保管人,在合同期届满时,保管人以相同品质、相同种类、相同数量替代品返还。在这种方式下,仓储方可以根据市场行情的变化选择有利时机将仓库中保管的物资进行交易而谋利。反之,若始终未能等到合适的交易时机,则仓储方可以选择到时返还所保管商品,收取固定的保管费用。再如流通加工经营是指仓库对于所保管的商品,根据客户需要施加包装、计量、分割、刷标志、分拣、拴标签、组装等简单作业,从而获取加工服务费。在商品的流通过程中进行加工来满足不同客户的需求,既是提高物流效率、降低物流成本的有效方式,也是仓库获取增值利润的重要手段之一。其他还有运输中介、货运经济、业务代理、物流金融等增值经营模式,它们也是仓储工作中被经常使用的。

仓储多种经营可以实现如下两个目的:一是采用多种方式进行混合经营能够增加企业的服务内容,增强服务水平,更好地适应市场上客户、环境、供应链等多种因素的变化;二是可以使仓储的客户和服务范围更广,把资金分散经营,从而减少风险,确保企业的正常经营。

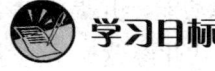

学习单元 2　仓储技术的发展

 **学习目标**

1. 了解仓库管理系统。
2. 掌握自动识别技术等几种前沿仓储技术。

我国的仓库保管工作在过去很多年的发展中,始终是依靠简单的人力或机械搬运和账簿管理来实现的,甚至在电子计算机发明并普及应用多年以后,我国的仓库保管工作也依然停留在这种比较初级的状态。相比于日美等发达国家仓库保管行业的发展,它们在二三十年前便在仓库中开始广泛运用自动分配、自动识别、自动搬运等先进技术,不但大大节省了人力成本,而且从作业速度、作业正确率、库存控制及储位分配等很多方面都大大提高了仓库保管工作的水平。

最近十余年以来，由于市场开放竞争激烈等因素，我国仓库保管行业也开始奋起直追，信息技术如今已经成为仓库保管工作中用以提高竞争能力和提高生产率的主要手段。随着计算机的普及以及网络技术的飞速发展，许多新型的仓库业务模式得以实现，为仓库保管工作注入了新的生命力。今天我们已经能够从仓库直接为个人提供点对点的送货上门服务，跨越了以往多层分销体系中所存在的成本增高、渠道积压、信息不对称等问题，大大缩短了生产企业与终端用户之间的距离，使企业能够更加清晰、准确地把握消费者需求和市场变化的趋势。同时，随着计算机技术的飞速发展，各类相关应用软件的研究与发展突飞猛进，标准化的平台技术、交互式展示界面、数据分析与挖掘技术等应运而生，使仓库保管这一与每一个人都密切相关的古老行业终于迎来了技术发展的最好时机。

一、仓库管理系统

WMS仓库管理信息系统是一个实时的计算机软件系统，它能够按照仓库保管作业的业务规则和运算法则，对仓库中各项作业过程和商品状态信息进行管理，实现仓库管理的精确化、高效化的要求。WMS仓库管理信息系统自20世纪90年代初期在中国逐步开始应用以来，发展至今已经有20多年的历史了。WMS系统与传统的进销存管理不同，它除了几乎具有进销存的所有功能之外，还更加强调仓库保管工作的特色。例如在入库环节中，仓库管理信息系统就不仅对入库商品的信息进行登记，同时还要进行订单审核、储位准备、接运装卸、商品检验、入库搬运等作业流程的计划安排，并协调相关的人力设备资源开展工作。

随着信息技术和管理理念的提高，仓库管理信息系统也在不停的发展之中。如今，除了传统的入库、保管、出库三大业务环节的管理功能外，仓库管理信息系统还具备了库存管理、环境控制、设备管理、人员管理、消防安全等仓库各项工作的管理功能，并提供储位优化、货位调度、销售分析等智能辅助功能，能够全方位实现仓库的现代化经营。

仓库自动化也离不开仓库管理信息系统的协调指挥功能。由于搬运、输送、储存、拣选等各方面技术的不断进步，如今的仓库已经可以实现自动订单处理、自动搬运、自动拣货、自动封箱、自动装卸的全程无人化作业，而这也对仓库管理信息系统提出了更高的要求。

二、电子数据交换

电子数据交换系统是主要应用于帮助企业与供应商、金融机构、物流服务商、零售批发商及终端销售商之间利用计算机相互交换物料流程、生产状态、生产计划、产品库存、货物装运、过程控制、订货信息等商业文件与数据的一种网络技术。

电子数据交换系统是以标准化的数字信号为载体进行传输，而不是通过传统的邮件、快递或者传真，数据登记编辑的次数减去了99%以上，并且利用更快的信息传输及减少信息登录的冗杂过程，数据直接从一家企业的信息系统中被直接传送到另一家企业的信息系统中，从而大大提高了企业间交换信息的准确性、匹配性，从机制上解决了以往依靠人力来交换文字信息和数据信息过程中常见的效率低、准确性差等问题，为企业的协同生产、供应商管理库存等先进作业模式打下了基础。

采用电子数据交换系统可以帮助企业获得如下几方面的效益：一是通过快速的生产计划交互，可以大大增加企业各部门的协同性，提高内部生产率；二是与上下游之间可以实现信息透明，从而有效地改善渠道关系；三是可以为下游企业提供更为快速高效的配套服务，提高客户的生产率；四是有利于形成紧密的企业联盟关系，增强产业链的整体竞争能力；五是由于信息效率的提高减少了企业的浪费，可以降低作业成本。例如，零售店可以应用数据交换系统为后台提供正确有效的货物销售数据，精确地跟踪每一个单品卖出的数量甚至时间，从而有助于补充订货等措施的决策，有效降低和缓冲库存的水平，确保精确化地进行再供给作业。同时，零售店还能向渠道内的其他成员提供充分可靠的销售数据，帮助企业制定更有战略意义的经营决策。反之亦然，正是由于电子数据交换系统的产生，仓库可以在第一时间获得企业生产线与消费终端的数据，并据此快速调整库存控制策略，及时做好拣货、配货、送货等工作安排，从根本上使整个快速生产和零售后勤体系取得质的飞跃。

三、自动识别技术

信息采集和交换对于仓库信息的管理和控制来说十分关键。从仓库的入库环节起直到商品出库的整个流程中，仓库保管工作人员需要数十次地对商品信息进行读写。在过去，这类信息的采集和交换是通过手工书写登记的方式来完成的，既花费了很长的时间，又容易出现差错。条形码与扫描仪技术作为最早被大范围运用的一种自动识别技术，它的产生克服了上述的若干问题，是现代化仓库管理效率得以飞速提升的一项关键技术。

所谓条形码就是印制或粘贴在商品外部，用于记录商品信息的一连串粗细不等的竖形条纹。条形码初次使用于1972年。根据当时的协议，每个生产企业和产品都被分配到一个5位数的号码，并依据编码原则将这些数字转换成竖形条纹印制成条形码。在接收、处理或装运产品时，使用扫描仪对标准化的条形码进行读取可以起到提高速度和减少错误的目的。例如，采取合适的编码原则后，一个条形码所包含的信息可以对商品进行很细致的区分，将包装尺寸、风味特色等信息都包括进来，并且这些信息可以伴随该件商品从生产一直到最终被消费，实现了商品全程信息的一致性，对物流信息的采集和交换有很大帮助。条形码技术目前已经被广泛应用于多个领域和行业，特别是在零售批发中更是离不开它。条形码不但可以区别出商品的生产企业、品种、细类等信息，还可以用来识别纸箱、托盘和集装箱，可以适应零售、托运、采购、批发等多种业务类型的客户需求。例如，托盘上常用的运输条码就包含了大量运输业务环节的编码信息，如托运人、收货人、装箱货物及其他的信息。

扫描仪是自动识别技术的另一个关键，是条形码系统的"眼睛"，其能够通过激光扫描条形码，并把它们转换成相应的数据。目前比较常用的是红光影像扫描仪，具有非接触、视域宽、数据量大、读取速度高、成本较低等特点，早期的激光棒和激光枪等由于成本和使用性能等方面的缺陷已经逐步被淘汰。扫描仪根据其外观形态可分为固定式和手持式两种，根据其数据传输技术可分为有线连接和无线连接两种，根据其读取技术可分为接触式和非接触式两种，根据其在使用中的读写触发机制可分为自动扫描和非自动扫描两种。

然而，随着商品的类别越来越多和管理过程越来越复杂，企业需要把大量的信息结合进条形码，这就导致了条形码的数字远远不止 10 位。而与此同时，企业又不想让条形码占据外包装表面上的宝贵空间，因为这样做会减少传递商品的基本信息和广告设计空间。但倘若在现有的条形码宽度内包含进更多的信息，也会使编码显得太紧凑，并增加扫描错误。因此，在一维条形码的基础上又研制出了二维码技术。二维码具有储存量大、保密性高、追踪性高、抗损性强、成本便宜等特性，可分为堆叠式和矩阵式两种编码原则。二维码的出现可以在现有包装空间上实现更大容量、高保密性的管理技术，例如原先的一维线性条形码每英寸仅能够储存 15～18 个字符，而多维码 Code 49 和 Code 16 K 采用条形码叠加技术，信息传输能力得到极大的提高，更先进的条形码 PDF 417 利用叠加的矩形设计，每英寸可以储存多达 1 800 个字符。

RFID（无线射频识别）是另一种非常有潜力的自动识别技术，具有扫描速度快、体积小、形状多样化、准确性高、抗污染、穿透性强、记忆量大、安全性高等特点。RFID 电子标签是通过电磁场把数据从附着在物品上的标签上传送出去，被识别系统接受后便可以自动辨识出其中的信息，无须识别系统与标签之间建立任何的机械或者光学接触。因此，RFID 标签所包含的电子信息只要在一定距离之内都可以识别。与条形码不同的是，射频标签不需要处在识别器视线之内，甚至可以被嵌入在商品包装之内。根据 RFID 技术所使用的频率可以分为低频、高频、超高频和微波等几种类型，根据 RFID 读写器的形态可以分为移动式和固定式两种，根据 RFID 能量来源可以分为有源 RFID 和无源 RFID 两种。无源 RFID 标签在进行读取时直接从识别器发出的电磁场中就可以得到能量，并不需要电池；而有源 RFID 标签本身拥有电源，并可以主动发出无线电波来传输信号。

目前已经有许多行业运用了射频识别技术，例如，将标签附着在一辆正在生产中的汽车上，企业便可以随时追踪到此车在生产线上的进度，而黏附在药品包装上的标签可以帮助仓库追踪到该药品所在的位置，方便进行快速拣货作业。RFID 标签也可以应用于牲畜或宠物身上，方便对牲畜与宠物进行识别，防止数只牲畜使用同一个身份而导致预防疾病等方面的麻烦。目前，在我国高速公路上广泛使用的 ETC 无人收费系统也是在 RFID 技术的基础上建立起来的。

通过使用自动识别技术，仓库的搬运人员可以更加有效地跟踪产品的入库、搬运、储存、拣货、配载和出库等作业信息。虽然以往这种信息在纯手工作业的状态也能够实现跟踪，但花费时间多并且出错率很高，仓库的作业效率和经营效益都难以得到提升。因此，尽管需要投入许多资金，但是日益激烈的竞争正在鼓励托运人、承运人、仓库、批发商以及零售商去开发和运用这种自动识别系统，以便在市场竞争中取得有利地位。

四、现代通信技术

现代通信技术通过更快速、更广阔的通信传输，在很大程度上提高了对运输配送及装卸搬运的协调与调度能力。过去，由于通信传输技术上的限制，对于运输工作的管理基本上只能停留在计划和纸面上，因为只要车辆离开了仓库，它们都始终处于运动过程，是一种非常不集中的状态，缺乏一种有效手段对其进行实时的统一管理。甚至从更细微的角度来看，对于运输货物的车辆而言，当其开始作业后也始终处于运动失联状态，仓库对其也是缺乏高效管理手段的。

因此，为了提高作业效率，加强对各种运输和搬运车辆的管理，企业必须借助于现代通信技术，以方便实现双向的信息交换。例如，配送中心的叉车驾驶员和仓库保管员之间可以进行实时通信，将订单信息快速传递到叉车的作业控制面板上，帮助驾驶员了解最新的拣货要求，实现更为灵活和更具敏感性的作业配合。又如在运输过程中，货车驾驶员与调度人之间可以相互保持通信，向调度中心提供货车的实际地点以及货物交付等最新信息，方便调度员对货车进行业务安排，并能够随时对货运需求或交通堵塞做出积极的反应。再如加载了图形处理功能的通信应用可以实时传输运费账单、交货验收单以及其他运输单证（比如收据证明或提货单等）的图像信息，为仓库开展作业和商务流程的快速化提供信息依据，帮助仓库实现快速拣送货、远程结算等服务。

第3节　仓储组织和人员

学习单元1　仓储组织

学习目标

1. 熟悉不同类型仓库的组织结构。
2. 了解仓库管理者的职权。

仓库是各项仓储工作的承担者，因此仓库的组织结构是仓储组织的核心。仓库按不同类型、不同规模划分，有不同的组织形式。各级仓库管理人员应当了解仓库的组织结构，明确了解其在架构中的位置，共同维护仓储工作的顺利进行。

一、仓库的组织结构

仓库的组织结构按不同类型有不同的划分方式。如按照职能划分是将仓库视作一个整体，然后按入库、出库、仓储、运输配送等不同职能进行划分；而按照存储对象不同，则是根据各个仓库所存储的物品类型进行分类，如食品库、日用品库等。企业可以将几种方式结合起来应用，设置最合理的仓库组织结构。

1. 按照职能划分的组织结构

仓库是企业储存各类物资的场所，有很多岗位，按照职能不同设计的组织结构具体如图 1—1 所示。

2. 按存储对象划分的组织结构

仓库是企业储存各种物资的场所。仓库存储的物品很多，如食品、日用品、零部件等，按照存储对象不同设计的仓库组织结构如图 1—2 所示。

3. 按规模划分的组织结构

仓库按规模划分主要分为大型仓库和中小型仓库。大型仓库组织结构往往较为复杂，

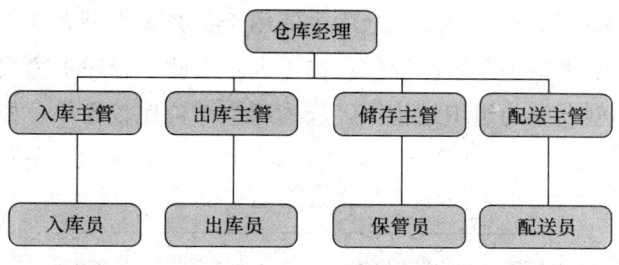

图 1—1 仓库组织结构（按不同职能划分）

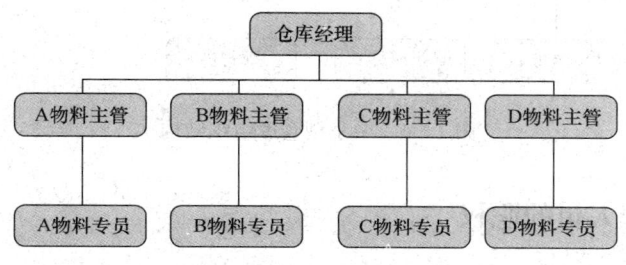

图 1—2 仓库组织结构（按不同保管对象划分）

层级较多，如在仓库经理之下设置了仓库经理助理，并在仓储主管之下设置了保管员、养护员、机务员等岗位。而中小型仓库组织结构较为简单，层级较少，往往由仓库经理直接领导仓储主管。

（1）大型仓库组织结构。大型仓库主要用于大型制造企业，如大型钢厂、电子厂等。大型制造企业往往具有非常庞大的生产规模，物料、成品等进出仓库非常频繁，且数量很大，因此仓库的容量也非常大。大型仓库组织结构一般会比较复杂，包括入库验收主管、仓储主管等一系列岗位，具体如图 1—3 所示。

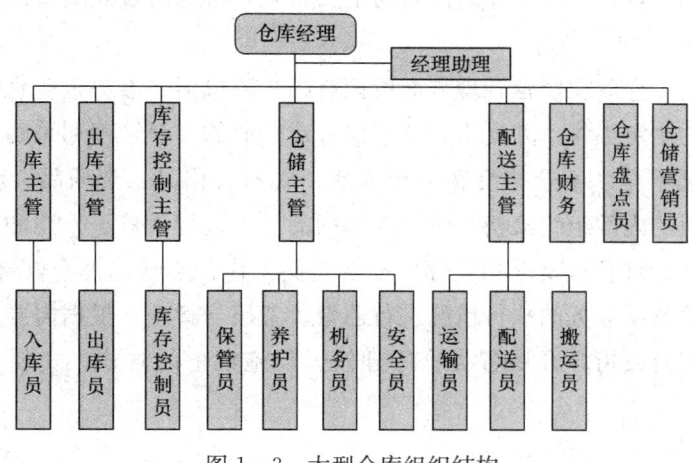

图 1—3 大型仓库组织结构

(2)中小型仓库组织结构。中小型仓库主要用于各类中小型企业,如各类规模较小的五金厂、玩具厂等。中小型企业生产规模往往不大,因此,仓库不需要设置大型企业仓库那么多的岗位。中小型仓库的组织结构中,仓库组织结构比较简单,如图1—4所示。

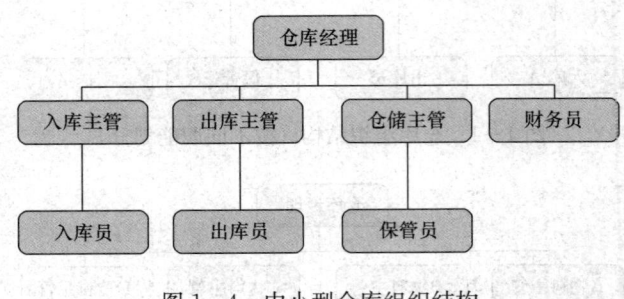

图1—4 中小型仓库组织结构

二、仓库管理人员的职权

仓库是仓储企业的主要承载体,因此要承担一定的职能。仓库各级人员应当了解仓库的职能,以便有效地履行,并行使相应的权力。

具体来说,仓库管理人员的职责主要包括:仓库各类管理制度的制定与执行;仓库中各项工作的流程、操作标准的制定与执行;对各类货物进行出入库检验与作业;做好仓储规划,合理利用仓容及各种资源,使各类物品摆放适当;合理存储和保管各类货物,控制库存,尽量减少库存损失;对各类货物库存进行盘点管理,为采购、生产、销售等部门提供准确的库存数据;合理控制和处理呆废料;对仓库中的叉车、运送带等设备进行妥善管理;对各类货物进行分拣、包装、拆包、理货、配货作业;各类货物的装卸、搬运及配送、运输等作业和管理;落实仓库的消防与治安管理,避免出现安全事故;仓库中的其他相关工作。

与之相对应的,仓库在经营管理方面所拥有的权力包括:参与企业仓储与物流业务的相关制度、政策的制定工作,并提出相应建议;对企业的库存管理和采购工作等提出意见和建议;拒绝手续不全、不合格货物的出入库;对不合格品、变质品、废品给出处理建议;建立仓储部门的内部组织机构;对仓库部门的员工进行考核、处罚和奖励;对仓库部门的员工进行聘任、解聘;要求相关部门配合仓储工作;不断完善仓储部门的管理制度、工作流程;对仓储各项业务的执行情况进行监督、考核与管理;根据需要采购仓库业务所需的仪器设备;配合或指导开展各类仓库建筑、设施设备的修建、安装工作;其他相关权力。

学习单元2 仓储人员

1. 熟悉仓储人员的素质要求。
2. 熟悉仓储人员的培训程序和注意事项。
3. 熟悉仓储人员的培训教育工作。

一、仓储人员的素质

1. 仓储人员素质的概念

仓储人员的素质是仓储人员所具有的专业知识、业务技能和精神面貌的总称。

仓储人员的专业知识是衡量一个仓储人员素质的基础,包括储存商品的品质方面知识、商品保管的知识、商品进出的程序与单证的流转知识、财务会计知识、信息化知识等。业务技能则是指处理各项仓储作业时候的技术水平和实际能力。精神面貌是指仓储人员的思想道德水平、处理事物的态度、商务交往的礼仪和心理承受能力等。许多仓储企业现在越来越关注员工的精神面貌,因为员工的精神面貌代表的是企业的精神面貌,而企业的精神面貌则是形成企业形象的关键。

2. 我国仓储人员素质的现状

目前,我国仓储人员素质普遍是比较低的,主要表现在以下3个方面。

(1) 一线员工现代化仓储知识缺少。我国大多数的仓储一线员工仅具备商品保管的知识,这个保管仅限于商品品质和数量方面,层次比较低。一些仓储企业的搬运作业人员甚至还停留在临时工阶段,这些员工的工作责任心不强,更谈不上工作的主动性和创造性。对于计算机知识、信息化理论、多品种商品的储存管理方面知识比较欠缺,还需要加强这方面的学习。

(2) 中层管理人员的现代仓储技能欠缺。大多数的仓储企业主管是一些经验丰富的人员,这些人员虽有丰富的工作经验,但在库存控制、现代化信息技术、业务流程优化方面技能不足,从而影响了仓储服务质量的提高。

(3) 高层管理人员的服务意识比较薄弱。仓储部门的一些领导长期受计划经济时部门分割的影响,还没有从被动地接受任务的思想观念中转变过来,对于仓储服务的战略管理、仓储服务成本核算意识不强。其结果是让仓储企业员工看不到企业的目标，素质的提高也就无从谈起。

3. 仓储人员的整体素质要求

（1）有吃苦耐劳的精神，工作认真细心，具有高度责任感，有良好的沟通能力与团队合作能力；能够将所学的知识灵活应用，具有良好的应变能力，能不断地进行创新。

（2）具备良好的书面和口头表达能力，能够阅读、书写仓储管理中的标准格式应用文。

（3）掌握经济、管理学科重点方法，并能够应用计算机、网络、计量等工具对管理中的问题进行定性、定量分析，并加以解决。掌握基本的仓储知识，能够应用现代仓储管理思想改进仓储作业。

（4）能够对仓储管理中进出环节的流量进行简单设计，对仓储的人、财、物能进行有效的合理支配，最大价值地利用有限的资源。

（5）熟练地读写各种物流作业单据，并能够读写与物流作业紧密相关的英文作业单据，具备报关的知识，适应外贸性质仓储工作的需要。

4. 仓储人员的具体技能要求

（1）掌握仓库设施设备的相关知识，能熟练操作使用仓储设施设备。

（2）掌握仓储流程管理的相关知识，能够进行仓储的出入库与保管保养等各项工作。

（3）掌握仓储储存计划的相关知识，能够很好地配合其他部门开展仓储管理工作。

（4）掌握货物特性与保管要求的相关知识，能够根据货物特性对其进行保管，确保货物质量完好。

（5）掌握库存控制和库存管理作业的知识，能够分析库存状况并提出库存合理化的建议。

（6）掌握仓储电子化管理的技能，能够有效提高仓储管理工作的有效性和准确性。

（7）熟悉搬运、装卸、运输、配送、加工、采购等业务的要求，能够确保仓储关联业务的有序开展。

（8）掌握仓库选址与布局等知识，能够配合企业发展提出仓库规划的建议。

二、仓储人员培训

1. 仓储人员培训的程序

为了切实做好仓储部门员工培训的管理工作，使培训产生明显的效果，提升培训的质量水平，需要根据以下四步流程开展工作。

（1）仓储培训需求设定。培训需求设定的目的是根据不同的仓储岗位、不同的员工进行相应的培训，从而能使培训效果与企业发展、员工技能提高、工作改进相符合。培训需求可以通过对仓储员工的调查获得。

（2）仓储培训需求计划拟订。为了培养高素质、能力强的仓储管理人员，必须制订中长期的人才培养计划。制订培训计划时，一般要确定培训的目的、培训方针和培训体系，确定各岗位人员所具备的知识、技术、技能等培训要求以及实施的办法。培训的目的是培养仓储员工对仓储业务进行改进、改革，并高效率完成任务的能力，并使他们有信心、自豪地从事工作，通过仓储业务实现自己的人生价值。

根据仓储培训的方针要制定培训体系。培训体系一般包括长期职务培训、短期业务技能培训、脱产培训和自学等方式。

（3）仓储培训方案实施。仓储培训计划确定以后，接下来的就是组织实施工作，这一阶段的工作包括选择培训方式、培训方法、培训材料、培训设备和培训人员五个环节。

培训方式可以多种多样，主要包括在职培训、脱产培训、自学和岗位轮换四种。在职培训可以采用平时指导、会议、聚会、项目小组、集体活动等方式进行。脱产培训主要有本公司举办的培训班和公司以外举办的培训班，培训的内容要和仓储业务相结合。自学主要是让员工积极发现问题并通过改良仓储业务，提高工作能力。岗位轮换可以让员工在一个时期内，熟悉仓储管理各个具体岗位的工作，从而达到全面掌握业务流程的目的。

培训方法主要有讲授培训法、会议培训法、实例培训法和示范培训法等。在进行仓储培训管理的时候，应根据培训的内容和受训人员水平采取相应的培训力法。在培训过程中，相关材料的准备应准确、完整，印刷要整齐、清晰，在材料的编写上要有趣味性、深入浅出、易懂易记，可采用现代化多媒体方式。相关设备则要根据培训的材料和具体培训内容而定，比如，采用示范培训方式就必须有视听设备才能进行。

培训教师的水平和能力直接影响培训工作的效果，培训教师要具备与培训内容相关的丰富工作经验和理论水平，在培训的时候要尊重受训人员，采取相应的培训方式来达到培训的效果。

（4）仓储培训效果评价。培训效果考核评价主要包括监督指导、分析和修正评价标准以及评价员工培训效果等多个步骤，通常员工培训考核主要有笔试和口试两种形式。

2. 仓储人员培训的注意事项

针对不同管理层次的人员进行不同内容与方式的培训。通过前面分析可知，仓储管理人员在管理层次上是有差别的。这种管理层次的差别表现在高层管理人员侧重在战略制定上，中层管理人员注重系统的分析设计，基层管理人员则是侧重在具体业务的操作和执行上。因此，在对仓储人员培训时，应按照管理层次的不同设置不同的要求。高层管理人员需要进行仓储战略规划和仓储系统规划、库存控制策略方面的培训，培训内容以理论和案例为主，要求具备职业中级和高级资格的水平；对中层管理人员进行仓库运作方案和管理、库存控制方案和管理方面的培训,形式兼顾理论与实务;对一线的管理人员则进行仓储业务执行和操作方面的培训,主要是实际操作技能的培训。

针对不同类型的仓储岗位,培训内容应有所侧重。不同岗位的仓储管理人员在有些方面的要求是相同的,但在具体技能,比如说商品养护方法、设备操作技能、单证处理技能等方面的要求又有所不同。所以,在培训时,尤其是企业在培训内部员工时要根据各自的岗位进行不同知识与技能的培训。

针对不同类型的仓储企业,培训的要求也会有所不同。例如,生产企业的仓储管理是为了保持生产的正常进行与销售不断货;销售企业的仓储管理是为了更好地满足顾客的需要,有时需要与配送功能结合;而专业物流公司则是把仓储作为自己提供给顾客的某项服务。尽管在仓储管理的培训内容上大体相同,但不同类型企业性质决定了在培训时不能按照统一的模式。例如,销售企业的仓储管理对物料需求计划、企业资源计划要求不太高,但对库存计划、运输配送方面要求略高。

针对不同基础的仓储管理人员进行不同的培训。我国相当多的企业仓储人员文化水平相对较低、计算机水平欠缺但管理经验丰富。与此同时,一些刚参加工作不久的毕业生则是理论具备,但经验不足。这就要求在培训时先了解受训人员的基础、接受能力,不能急于求成,要循序渐进,逐步提高仓储管理人员的素质。

 **思考题**

1. 物与流的概念分别是什么?
2. 物流工作的主要目标是什么?
3. 可以从哪几个角度对物流进行分类?
4. 仓储在物流系统中具有哪些功能?
5. 零库存的背景、意义和实现方式分别是什么?
6. 仓储管理领域中有哪几种常用的信息技术?

第 2 章

出入库作业管理

第 1 节　作业管理概述　　　　　　/22
第 2 节　仓库出入库作业　　　　　/28
第 3 节　作业量预测及作业计算　　/40

第 1 节　作业管理概述

学习单元 1　作业管理要点

学习目标

1. 熟悉仓储作业管理的目标。
2. 熟悉仓储作业管理的原则。
3. 熟悉仓储作业的时空间管理。
4. 熟悉仓储作业的要求。
5. 熟悉仓储作业过程的特点。

仓储作业流程是指以保管活动为中心，从仓库接收物品入库开始，到按需要把物品完好地发送出去的整个过程。它是物品在仓储活动中必须经过的按顺序相互连接的各个作业环节。一般物品从入库到出库需要顺序地经过接运、验收入库、库存保管、备料、复核、交接、装车、发运等作业环节，各个作业环节之间并不是孤立的，它们既相互联系又相互制约。由于仓储作业过程的各个环节存在高度依存关系，因此必须对业务流程进行深入细致的系统分析以及合理组织，最终目的是尽可能地减少不必要的作业环节，缩短人员的作业时间，以提高作业效率和降低作业费用。由于整个作业过程要消耗大量的人力物力，因此仓储作业管理是仓储工作的重要内容。

一、仓储作业管理的目标

仓储作业管理就是按照预定的目标，将仓库作业人员与仓库储存手段有效地结合起来，完成仓库作业过程各环节的职责，为商品流通提供良好的储存劳务。

仓储作业管理的目标是按照仓储活动的客观要求和仓储管理上的需要，把与仓储有直接关系的部门、环节、人和物尽可能地合理组织搭配起来，使他们的工作协调有效地进行，加速商品在仓库中的周转，合理地使用人力、物力，以取得最大的经济效益。作业管理的目标可以概括成"快进、快出、高效、保质、低成本"。

1. 快进

货物到达仓库后，要以最快的速度完成接货、验收和入库作业活动。这些作业活动既影响着后续相关的活动，也影响运输的效率和信息的及时性。

2. 快出

快出包含货物在仓库停留的时间尽可能缩短，也包含出库作业环节的快速性。前者可以提高货物的周转率，后者可以加快仓库出库环节的运作效率，包括快速分拣、复核、出单和交割等。

3. 高效

高效包括库存的高效和运作的高效。库存的高效是指在合理规划的基础上最大限度地利用有限的储存面积和空间，提高单位面积的储存量和面积利用率。运作的高效是指在一定的货物流通下，使用尽可能少的劳动力。

4. 保质

按照货物的性质和储存条件的要求，合理安排储存场所，采取科学的保管方法，使其在保管期间质量完好、数量准确。

5. 低成本

货物在仓库储存期间所发生的成本要尽可能地控制。这些成本主要包括运作成本、损失成本、管理成本、设备成本和相关成本等。

二、仓储作业管理的原则

1. 保持作业的连续性

仓储作业的连续性是指储存货物在仓储作业过程的流动，在时间上是紧密衔接的、连续的。储存货物在库期间经常处在不停的运动之中，从货物到库后的卸车、验收、库内搬运、堆码、入位，到出库时的分拣、复核、装车等，都是一环紧扣一环互相衔接的。因此，在组织仓储作业时，要求储存货物在各个环节或工序间的流动，在时间上尽可能衔接起来，不发生或少发生各种不必要的停顿或等待时间。

保持作业过程的连续性，可以缩短货物在各个环节的停留时间，加快货物周转和提高劳动生产率。组织仓储作业时要考虑到相互联系的各个环节的作业要求，应该从整个作业过程出发，评价和选择作业方案，进行作业安排。如商品出入库的堆放位置和堆码形式的确定，不仅要符合商品入库的堆放位置和堆码形式的规定，而且要考虑到商品出口的装卸作业和搬运路线，尽量避免交叉重复的搬运路线和大批货物的长距离搬运。

2. 控制作业的节奏性

仓储作业的节奏性是指仓储作业过程的各个阶段、各个工序之间在人力及物力的配备和时间的安排上必须保持适当的运作节奏关系。如验收场地和保管场地之间、运输力量和搬运力量之间、验收人员和保管人员之间、验收时间和收发货时间之间等都要有一个适当的比例。保持作业过程的节奏性，可以充分利用人力和设备，避免和减少货物在各个作业阶段和工序的停滞与等待，从而保证作业过程的连续性。

作业过程的节奏性，在很大程度上取决于仓库总面积的布置准确，特别是各作业环节之间各种设备能力的比例。同时，在货物储存过程中，作业技术的改进，工人技术熟练程度的提高和储存货物品种、规格、数量的变化，都会使作业过程中各环节间的比例产生不协调。因此，在组织作业过程中，应充分考虑仓储作业具有不均衡性的特点，充分利用人员和设备，从而保证仓储作业过程的正常进行。

三、仓储作业的空间管理和时间管理

1. 空间管理

仓储作业过程的空间管理就是正确计划、安排仓库中各种功能区的位置，正确安排收货区、存货区、拣货区、临时存放区、货物检验区等功能区的布置。合理安排不同货物的存放地点、搬运路线，保证商品在空间上的最短运输路线和仓储空间的有效利用。如在安排仓储作业路线时，应避免储存货物在作业过程中的迂回和往返搬运。

2. 时间管理

仓储作业过程的时间管理就是通过各个环节作业时间的合理安排和衔接，保证作业的顺畅性，尽可能消除或减少作业过程中的停顿或等待时间。仓库作业过程的时间管理除了可以减少商品在仓库的停留时间，更主要的是可以合理利用仓库的设备和人员。仓库配备的各种现代设施设备既为仓库合理的时间管理提供了方便，同时也增加了时间组织的复杂性。仓储作业过程的时间管理是一个比较复杂的问题，为此，应综合考虑各方面的条件和可能。

四、仓储作业的要求

货物的仓储作业过程，是从货物的入库开始到出库结束，按需要把货物全部完好地发送出去的全部过程。仓储作业要满足以下四点要求。

1. 及时

到库货物必须在规定的期限内完成验收工作。因为货物虽然到库，但是未经过验收的货物不能入库入账。只有及时验收，尽快提出检验报告，才能保证货物尽快入库，加快货

物和资金周转。同时，相关的承付和索赔都有一定的期限，如果验收时发现货物不合规定，要提出退货、换货或赔偿等要求，都应在规定的期限内提出，否则，责任方不再承担责任，委托银行办理的承付手续也将无法撤销。

2. 准确

仓储活动所产生的信息一定要准确，货物入库数量、存货数量、出库数量等信息一定要反映货物真实的数据。准确的数据是仓库管理、存货控制、成本核算等一系列活动的基础。

3. 严格

严格按照仓储管理的各项规章制度对仓库中各运作环节进行控制，是保证作业顺利进行的条件。商品入库的严格检验，作业过程的标准化运作，出库商品的严格把关是完成仓储作业的保障。

4. 经济

经济性贯穿于仓储运作的各个环节，货物入库、储存、分拣、出货等各步骤都要考虑投入与产出的关系，避免时间、空间、货物的浪费。

五、仓库作业的特点

仓库作业过程与制造生产过程相比较，特点主要表现在以下 4 个方面。

1. 作业过程不连续

仓库的作业过程，从入库到出库不是连续进行的，而是间断进行的。这是因为各个作业环节不是密切衔接的，各个作业环节之间存在着停顿。如整车接运的货物卸车后往往不能马上验收（例如，货到单证未到），而需要一段待验时间；货物入库后，不是立即就出库，而要有一段在库保管时间；货物分拣包装完毕，需要有一段待运时间等。这与制造生产过程中的流水线作业显然是不同的。

2. 作业量不均衡

仓库每天发生的作业量有很大差别，各月之间的作业量也有很大不同，这种每日或每月作业量的不均衡主要是由于仓库入库作业和出库作业在时间上的不均衡和不确定及批量大小不等造成的。例如，物品集中到库而分散出库，分批到库而集中出库等，均会导致各作业环节忙闲不均、时紧时松。

3. 作业对象复杂

通常情况下制造商固定生产某种类型的产品，劳动对象相对长期固定，如生产制造机床的厂商，其主要劳动对象是各种钢材；而仓库的作业对象可以是各式各样的物品，可以有成千上万种。不同的库存物品可能要求不同的作业手段、方法和技术，因而仓库作业情况就会比较复杂。当然，也有些专用性仓库作业对象比较单一。

4. 作业范围广泛

仓库的各个作业环节大部分是在仓库范围内进行的，但也有一部分作业是在仓库以外的范围内进行的，如接运和配送等作业可能要在生产企业、中转仓库、车站、港口或者用户指定地点进行，所以作业范围相当广泛。

仓库作业的上述特点对仓储设施的规划、配置、运用与管理，对仓库工作人员的定编、劳动组织与考核，对作业计划、作业方式与方法等，均会产生重要影响，并给仓库作业和组织管理带来很多困难与不便。高级仓储管理人员应该掌握这些矛盾及规律，充分发挥各职能环节的作用，提高时空效益。

 学习单元 2　作业流程概况

 学习目标

1. 熟悉仓储作业的流程。
2. 熟悉仓储作业的各个阶段。

仓储作业流程有许多种类，从一般的仓库到复杂的综合性物流中心，其流程的区别主要取决于仓库本身的业务模式、规模大小、设施条件、客户方向、服务功能等诸多因素。仓库作业过程可以粗略地划分为入库作业、在库作业、出库作业三个阶段。也可以进一步归纳为以下 9 项作业：订单处理作业；采购作业；入库作业；盘点作业；保管作业；拣货作业；出库作业；送货作业；搬运作业。如图 2—1 所示。

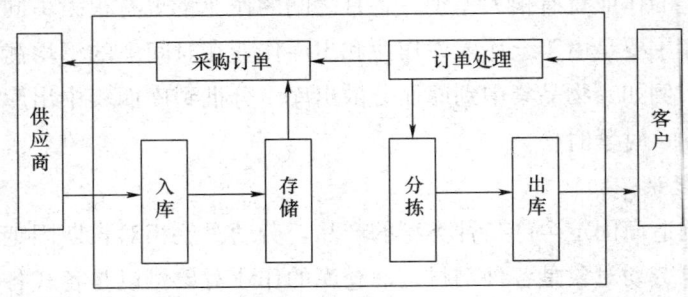

图 2—1　仓库作业流程

一、订单处理作业

仓库的业务归根结底来源于客户的订单,它始于客户的询价和业务部门的报价,然后接收客户订单。业务部门须了解库存状况、装卸货能力、流通加工能力、包装能力、配送能力等,以满足客户需求。对于具有销售功能的仓库,要核对客户的信用状况,未付款信息也是重要内容之一。对于服务于连锁企业的物流中心,其负责订单的业务部门也叫客户服务部,每日处理订单和与客户经常沟通是客户服务部的主要任务。

二、采购作业

采购作业功能,一是将仓库的存货控制在一个可接受的水平;二是寻求订货批量、时间与价格的合理关系。采购信息来源于客户订单、历史销售数据和仓库存货量,所以仓库的采购活动不是独立的商品买卖。采购作业包括统计商品需求数量,查询供货厂商交易条件,然后根据所需数量及供货商提供的经济订购批量提出采购单。对于服务于连锁企业的物流中心,此项工作由存货控制部来完成。

三、入库作业

发出采购订单或订货单,或收到客户的入库通知后,库房管理员即可根据预定入库日期进行入库作业安排,在商品入库当日,进行入库商品资料查核、商品检验,当质量或数量与订单不符时应进行准确的记录,并及时向采购部门或客户反馈信息。库房管理员按库房规定的方式安排卸货、托盘码放、薄膜缠绕和货物入位。对于同一张订单分次到货,或不能同时到达的商品要进行认真记录,并将部分收货记录资料保存到规定的到货期限。

四、盘点作业

仓储盘点是指仓库管理人员定期对在库货物实际数量与账面数量进行核查。通过盘点掌握仓库真实的货物数量,为财务核算、存货控制提供依据。

五、保管作业

保管作业即在库货物的储存保管和养护作业,目的是使货物保持良好状态,减少货物损耗,并提高仓库储存空间的利用率。由于要经常对在库货物进行盘点清查,因此广义的保管作业也包括盘点作业。

六、拣货作业

拣货作业是根据客户订单的品种及数量进行商品的拣选。拣选可以按路线拣选也可以按订单进行拣选。拣选工作包括拣取作业、补充作业和货物移动排放等。

七、出库作业

出库作业是指完成货物拣选及流通加工作业之后、送货之前的准备工作。出库作业包括准备送货文件、为客户打印出库单据、准备发票、制订出库调度计划、决定货物在车上的摆放方式、打印装车单等工作。

八、送货作业

送货作业包括送货路线规划、车辆调度、司机安排、与客户及时联系、货物在途的信息跟踪、意外情况处理及文件处理等工作。

九、搬运作业

装卸搬运是仓库必不可少的作业，它贯穿于仓库的入库作业、在库作业和出库作业等多个环节。搬运作业的顺畅可以提高仓库作业的速度。

第 2 节 仓库出入库作业

 学习单元1 仓库入库作业

 学习目标

1. 熟悉入库作业的原则。
2. 熟悉入库作业流程。
3. 熟悉入库作业计划。

4. 熟悉入库验收复核。

5. 熟悉入库常见问题处理。

6. 能够按照仓储作业的要求制订入库作业计划。

7. 能够区分商品入库问题并给出相应的善后处理措施。

一、入库作业的原则

入库作业作为仓库作业的起点,迅速准确地收货就成为其重要的作业目标。因此,从管理角度来说,在安排进货作业时除了常规性的人员管理和流程管理方面的基本原则外,还必须注意:一是要通过制作作业相关性分析图,合理布置作业顺序,避免倒装倒流等现象,尽量使进货地点靠近货物存放点,避免货物进库过程的交叉、干扰;二是要在入库作业时,尽可能将卸货、分类、标志等作业环节集中在一个场所完成,这样既可减少场地占用,也可节约货物搬运所消耗的人力和物力;三是要分析每天进货作业的活动分布规律,争取作业人员及搬运设备的调度安排与进货分布规律相适应;四是要平衡安排装卸货站台、叉车、登高桥等各项设施设备的使用,充分提高其使用效率;五是要合理规划货物的包装和搬运活性,对小件物品使用托盘或集合包装,既提高搬运效率,又减少货物倒装的次数;六是要认真记录进货信息,以备后续作业的查询及信息资料的管理。

二、入库作业的流程

要对入库作业活动进行合理的安排和组织,就需要掌握入库作业的基本业务流程。入库作业的基本业务流程包括编制入库作业计划、入库准备、核查入库凭证、物品验收作业、办理交接手续、处理入库信息,如图2—2所示。

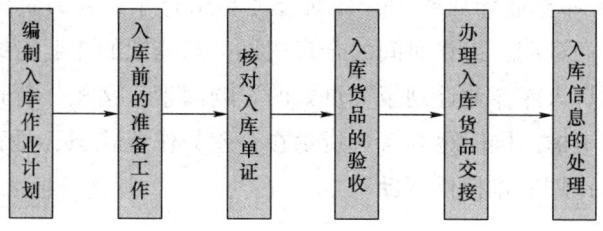

图2—2 入库作业流程

1. 编制入库作业计划

(1) 入库作业计划内容。商品入库作业计划是根据仓储保管合同和商品供货合同来编制商品入库数量和入库时间进度的计划。它的主要内容包括入库商品的品名、种类、规格、数量、入库日期、所需仓库容量、仓储保管条件等。仓库计划工作人员对各入库作业计划进行分析，再编制出具体的入库工作进度计划。

(2) 入库作业计划的考虑因素

1) 进货情况。进货情况将直接影响入库作业的组织和计划。仓库接货入库时，必须考虑以下进货信息的影响：

①每天送货供应商的平均数量和最大数量。每天送货的供应商平均数量和每天送货的供应商最大数量对仓库入库作业的影响最大。

②送货的车型及车辆台数。送货的车型主要影响卸货站台的合理安排与利用，车辆台数直接影响作业人员的配置和作业设备与方式的选择。

③每台车平均卸货的时间。每台车平均卸货的时间是用来衡量入库作业效率高低的重要指标之一，平均每台车卸货的时间越短，服务水平就越高，但对设施设备的自动化、机械化的程度要求就越高。

④货物到达的高峰时间。物品到达的高峰时间是制订作业人员轮班轮岗计划的重要依据。

⑤货物的装车方式。货物的装车方式主要影响卸货的方式和方法。

⑥中转运输的转运方式。中转运输的转运方式包括直达转运、直通转运、储存分拣转运、流通加工转运等形式，不同的转运方式有不同的入库作业量和作业方式，会极大地影响货物入库时接运方式、人员配备等方面的选择。

2) 货物情况。货物的内在属性与外在形态也会直接影响入库计划的制订、接货方式与接货人员的安排、装卸搬运机械及仓储设施设备的配备、库区货位的确定、苫垫材料的选择及温度、湿度控制等，具体表现在：每天平均送达货物的品种数、单位货物的尺寸及重量、货物的包装形态、货物的保质期及装卸搬运方式等。

3) 仓库情况。入库作业计划要考虑如何合理利用仓库的人力资源，包括不同技术素质和工作经验的员工的调配，工作时间的合理安排，高峰期的作业组织等。

仓库设备也是制订入库作业计划至关重要的影响因素，叉车、传送带、货架储位的可用性等都要加以综合考虑。同时也要考虑货物在仓库的作业状态、是否需要拆捆开包、再包装工作等，为入库计划安排提供帮助。

2. 入库准备

仓库应根据仓储合同或者入库单、入库计划及时进行库场准备，以便货物能按时入库，保证入库作业的顺利进行。入库准备需要由仓库的业务部门、管理部门、设备作业部门分工合作，共同完成，主要的工作见表2—1。

表 2—1　　　　　　　　　入库准备

工作	内容
熟悉货物	认真查阅入库货物资料，掌握入库货物的品种、规格、数量、包装状态、单件体积、到库时间、货物存期、货物的物理化学特性、保管的要求等，根据这些信息做好场场安排和准备
了解仓库情况	了解货物入库期间、保管期间仓库的库容、设备和人员的变动，以便安排工作。必要时对仓库进行清查，清理归位，以便腾出仓容
安排库位	根据入库货物的性能、数量、类别，结合仓库分区分类保管原则，妥善安排仓库库位
清理货位	及时进行货位准备，彻底清洁货位，清除残留物，清理排水管道或排水沟，必要时安排消毒除虫、铺地，检查照明、通风设备，发现损坏及时通知修理
准备材料器具	货物入库前，根据所确定的苫垫方案，准备相应材料，并组织衬垫铺设作业 准备妥当作业所需的用具，以便能及时使用
准备货物验收	根据货物情况和仓库管理制度，确定验收方法，准备验收所需要的点数、称量、测试、开箱、装箱、丈量、移动照明等工具
准备装卸搬运	根据货物、货位、设备条件、人员等情况，科学合理地制定装卸搬运工艺，保证作业效率
准备文件单证	对货物入库所需的各种报表、单证、账簿要准备好，以备使用

3. 单证核对

货物到库后，仓库收货人员首先要检查货物入库凭证等单据，并将凭证的内容同货物的名称和单位进行核对。入库物品一般应具备以下 3 项凭证。

（1）入库凭证。这是货物入库作业的依据，如入库通知单或其他入库凭证、订货合同副本。

（2）供货凭证。这是由供货单位提供的凭证，如货物清单、说明书、装箱单、磅码单、发货明细表等。

（3）运输凭证。这是由承运单位提供的凭证，如货物运单、货运记录或普通记录等。

核对凭证，也就是将上述凭证加以整理全面核对。入库通知单、订货合同要与供货单位提供的所有凭证逐一核对，相符后才可进行下一步实物验收。若货物在入库前发现残损，要注意核对承运部门提供的货运记录或普通记录，作为向责任方交涉的依据。这里应该注意：核查入库凭证，首先要确认与入库货物有关的单证齐全、无差错、无短缺，核查入库凭证是实物验收的基础。

4. 货物验收

货物验收是根据事先商定的检验内容对货物质量的检验，包括对货物的包装情况、物理特性等的检验。检验后如果发现问题，要填写验收质量报告单。

货物验收的方式主要有全检和抽检两种方式。采用全检时，需要大量的人力、物力和时间，但是可以保证验收工作的全面性，确保没有遗漏。采用抽检时，应根据货物的特性、货物价值的大小、生产技术条件、品牌信誉、物流环境等因素确定抽检比例。

通常对货物的数量和外观验收要求必须全检，而对于批量大、规格和包装整齐、存货单位的信誉较高等情况则可采用抽检方式。但若在抽检过程中发现包装破损较多、质量不稳定等情况时，则可考虑对货物再次进行全检。具体采用哪种验收方式应由供求双方协商，并在采购合同或质量协议中明确规定。

货物入库的实物验收工作主要包括数量验收、质量验收两个方面，即根据入库单和有关技术资料（采购合同、质量保证协定等）对实物进行数量和质量的检验。数量验收包括计件、检斤和检尺求积等；质量验收包括外观检验、尺寸精度检验、成分及理化特性检验、使用性能检验等。

5. 复核交接

货物经验收合格，或对验收中发现的问题处理完毕后，可以进行复核，然后再安排卸货和入库堆码等交接手续。交接手续是指仓库管理人员收到货物后对送货人进行的确认，表示已经接收货物。办理完交接手续，意味着划清了运输、送货部门和仓库的责任。复核和交接的内容见表2—2。

表2—2　　　　　　　　　复核和交接内容

工作项目	内容
复核	货物验收记录及入库单和各项资料凭证是否移交清楚完整
	入库货物与上架、上垛货物是否相符，编号是否正确，件数是否正确，计量测试记录与实物批号是否符合
	残损货物是否已另行堆放，并办理完手续，有无混杂在一起进入库内
	错货或需退货的物品是否在搬运中又混入入库货物中进库
	上垛、上架货物应挂上的货牌是否准确无误地到位，输入计算机的建账数据是否已准确录入，账、牌、物三者是否相符
	需要提出和说明的问题是否在入库单和验收单上均已明确列出，责任方需要出具并签字的证明是否均已收齐并准确无误，责任是否已完全明确
交接	接收货物：通过理货、查验货物，将不良的货物剔出、退回或者编制残损单证等明确责任，确定收到货物的确切数量、货物表面状态良好
	接收文件：接收送货人送交的货物资料、运输的货运记录、普通记录等，以及随货在运输单证上注明的相应文件，如图纸、准运证等
	签署单证：仓库与送货人或承运人共同在送货人交来的送货单、交接清单上签字，并留存相应单证。若送货单与交接清单不一致或货物、文件有差错时，还应附上事故报告或说明，并由有关当事人签章和处理

6. 信息处理

经验收确认和交接手续后的货物，应及时填写验收和交接记录表，并将有关入库信息及时准确地输入信息管理系统，更新库存货物的有关数据。入库信息管理系统包括登账、立卡和建档等，见表2—3。

表2—3　　　　　　　　　　　　　　入库信息处理

项目	概念和作用	内容
登账	（1）建立货物储存的明细账 （2）登记入库、出库、结存的详细情况	货物名称、规格、数量、件数、累计数或结存数、存货人或提货人、批次、金额、注明货位号或运输工具、接（发）货经办人等
立卡	料卡又称货卡、货牌，插放在货架或货垛正面明显位置，用以记录货物信息	料卡上应填上货物名称、规格、数量或出入状态等
建档	为入库的货物建立存货档案，以便货物管理和与客户联系，为将来可能发生的争议保留凭据	（1）各种技术资料、合格证、装箱单、质量标准、送货单、发货清单等 （2）运输单据、普通记录、货运记录、残损记录、装载图等 （3）入库通知单、验收记录、磅码单、技术检验报告 （4）保管期间的检查及保养工作、通风除湿、翻仓、事故等直接操作记录 （5）存货期间的温度、湿度、特殊天气的记录等

三、入库作业常见问题处理

在入库作业中，可能会发现诸如证件不全、数量短缺、质量不符合要求等问题，应区别不同情况及时处理。凡入库中发现问题等待处理的货物，应该单独存放，妥善保管，防止混杂、丢失和损坏。

1. 数量不符

如果经验收后发现货物的实际数量与凭证上所列的数量不一致，应做好详细记录，按实际数量记录，并通知发货人等相关方。

在大数点收工作中，如发生件数与通知单所列不符，数量短少，经复点确认后，应随即在送货单各联上批注清楚，先按实数签收。同时，在收货人与承运人共同签章后，经验收核对确认，由仓库管理人员将查明的短少货物的品名、规格、数量通知运输承运人、发货人和存货人。

对计重验收的货物，如果数量上出现误差时，凡其误差量在规定范围以内的，仓库可按实际验收的数量验收入库，并填写入库验收单。如果超过规定的误差范围，经核对查实后，按实际数量填写磅码单和验收记录，交发货人和存货人交涉处理。在该批货物未做出处理结果前，应将该批货物单独堆放，妥善保管，待结案后方可办理入库手续。

2. 包装问题

在收货中如果发现货物包装有异状或不符合要求时，特别是对不能保护货物安全的包装，收货人员应通知送货人，并会同送货人开箱、拆包检查，查验明确有无残损或内装细数短小情况，由送货人出具入库货物异状记录，或在送货单上注明，且应通知保管人员另行堆放。待送货单位开箱验明无短缺的情况下，分清责任、整理加固或换装后，再行办理入库堆垛。

3. 质量问题

在接货阶段，从外观上若能发现运输过程中造成的质量问题，应会同承运方或送货人清查点验并确认，作为索赔的依据。如确认责任不在承运方，也应做出记录，由承运者签字，以便作为向供货方联系处理的依据。

在开箱和拆包验收阶段，发现货物有残损或变质情况，保管员或验收员应将残损货物另列，好坏分开。签收的单据则根据存货人的规定办理，可同时在一份货物入库单上分完好货物、残损货物签收，也可另设残损货物入库单。残损货物签收后，应及时通知存货人和发货人，并分开堆存，保持原状，以便检查和处理。

当发货人提供的质量证明书与存货人入库单的质量要求不符时，验收人应如实填写"货物检验记录"，暂不办理入库手续，及时通知存货人，由存货人与发货人交涉，待存货人提出办法处理后，再办理是否入库的手续。若入库货物在开箱、拆包验收中发现品名、规格、牌号、产地等与入库单所列不符，仓库可根据实际规格牌号、产地改单签收，但应与存货人联系，并在备注栏内说明情况，等待处理。

学习单元2　仓库出库作业

1. 熟悉商品出库原则和要求。
2. 熟悉出库的形式。
3. 熟悉出库业务流程。

4. 能够进行出库验单、备货、复核、包装、交接、销账和现场档案清理。

5. 能进行正确的出库作业管理。

一、出库作业的要求

货物出库与发运是货物储存阶段的终止，也是仓库作业的最后一个环节，它使仓库工作与运输部门、货物使用单位直接发生联系。货物出库的服务质量直接影响运输部门和使用单位。为了提高货物出库的服务质量，必须遵循三大原则：准确性原则，即发货要准确；及时性原则，即发货要准时；安全性原则，即发货要安全。要满足这三个原则，货物出库就必须严格执行各项规章制度，提高服务质量，使客户满意，杜绝出现差错。具体来说，要注意以下3项要求。

1. 货物出库要求做到"三不三核五检查"

"三不"，即未接单据不翻账、未经审单不备库、未经复核不出库；"三核"，即在发货时，要核实凭证、核对账卡、核对实物；"五检查"，即对单据和实物要进行品名检查、规格检查、包装检查、件数检查、质量检查。

2. 做好货物的有效期管理工作

安全性原则要求仓库保证货物的质量，在同种货物中，应做到"先进先出"，以免货物积压过久超过有效期。一般情况下要做到：保管条件差的先出；包装简易的先出；易变质、易损坏、易腐败、功能易退化老化的商品先出；有保管期限的货物距保质期越近的先出；对可以回收使用的货物，在保证质量的前提下，按先旧后新原则发放；对零星用料要做到"分斤破两"；对专用材料要做到保证重点，照顾一般；变质失效的货物不准出库。

3. 出库凭证、手续必须符合要求

货物出库必须依据一定格式的凭证进行。由于使用单位不同，出库凭证的格式也可能不同，但不论采用何种形式的凭证都必须符合要求，而且要真实有效。不论采用何种方式，都必须是符合财务制度要求的有法律效力的凭证。任何非正式的凭证均视为无效凭证，不能作为出库的依据，例如用白条、电话、口授、凭信誉等发货均无效。特殊情况发货必须符合仓库有关规定。

二、出库作业的形式

货物出库作业的形式主要包括自提、送货、过户、取样、移仓、催提六种。表2—4是这六种出库作业形式的概况。

表 2—4　　　　　　　　　　　　　出库作业的形式

形式	概况
自提	由提货人凭货主填制的发货凭证，用自己的运输工具到仓库提货，仓库凭单发货，它具有"提单到库，随到随发，自提自运"的特点。为划清交接责任，仓库发货人与提货人在仓库现场，对出库商品当面交接清楚并办理签收手续
送货	根据客户的提货单等出库凭证，仓库自行组织货物装运、配送到客户指定的地点。其中又可分为仓库自备运输工具进行运输配送和仓库委托其他运输部门进行运输配送两种形式，后者也叫仓库代办运输
过户	过户是一种就地划拨的形式，货物虽未出库，但是所有权已从原存货户转移到新存货户。过户通常不转移仓储货物，货物过户时，仍由原货主填制正式的发货凭证或者其他正式过户凭证，仓库才可以据此做过户转账处理
取样	由于商品质量检验、样品陈列等需要，货主到仓库提取货样。在办理取样业务时，要根据货主填制的正式样品出库单转开货物出库单，在核实货物的名称、规格、牌号、等级和数量等项后备货，并经复核，将货物交提货人
移仓	货主为了业务方便或改变储存条件，需要将某批库存货物自甲库转移到乙库，这就是移仓（转仓）。移仓分内部移仓和外部移仓。内部移仓填制仓储企业内部的移仓单，并据此发货；外部移仓则根据货主填制的货物移仓单结算和发货
催提	对将要到期的仓储物，仓库要做好催提工作，以空出货位，用来接受新的委托

三、出库作业的流程

1. 出库准备

不同仓库在货物出库的操作程序上会有所不同，但就整个发货作业的过程而言，一般都是跟随着货物在库内的流向，或出库单的流转而构成各工种的衔接。出库程序包括验单、备货、复核、包装、交接、销账、现场和档案的清理等过程。出库采用何种方式，主要决定于收货人。

出库准备工作主要包括整件货物的包装整理、零散货物的组配分装、包装材料用品的准备、场地和装卸的安排、作业人员的安排，具体见表 2—5。

表 2—5　　　　　　　　　　　　　出库准备工作

工作	具体内容
整件货物的包装整理	对待出库的货物加固包装和整理，以适应运输要求
零散货物的组配分装	零散货物出库可能需要拆零或拼箱，为此应做好挑选、分类、整理和配套等准备工作
包装材料用品的准备	从事包装拼箱或改装业务的仓库，发货前应根据要求，准备各种包装材料及相应的衬垫物，并准备好钉箱、打包等工具

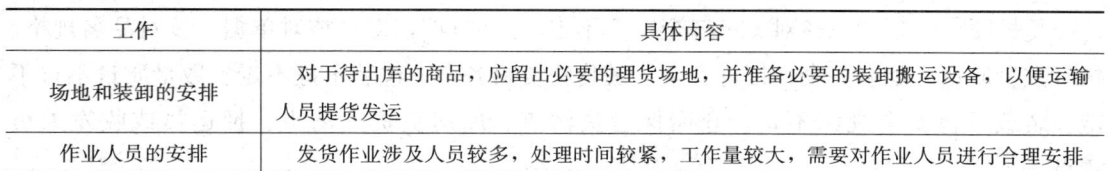

续表

工作	具体内容
场地和装卸的安排	对于待出库的商品,应留出必要的理货场地,并准备必要的装卸搬运设备,以便运输人员提货发运
作业人员的安排	发货作业涉及人员较多,处理时间较紧,工作量较大,需要对作业人员进行合理安排

2. 验单

发放货物必须有正式的出库凭证,严禁无单或凭白条发货。审核凭证是货物出库管理的一个非常重要的环节。货物出库必须有正式有效的出库凭证,仓库方面必须认真核对出库凭证。审核凭证包括:

(1) 审核凭证的合法性和真实性。检查出库凭证的格式是否符合规定,签章是否齐全、是否相符、有无涂改。如果客户另有约定或出库凭证签有提货有效期的,仓库方面还要严格审核出库凭证的有效期。

(2) 账、卡、证的核对。在出库凭证审核无误之后,要按照出库凭证上所列货物的名称、型号、规格、数量、重量、单价、总值等与仓库货账和货卡进行全面核对,同时审核收货单位或者提货单位等内容。

(3) 凭证审核的问题处理。凡在审核出库凭证中发现有货物名称、规格型号、出库数量与库存数量不符的,有签章不相符、不齐全、不清晰的,有涂改或者其他手续不符合要求的,仓库不能发货出库,并且要及时与业务部门或者客户单位取得联系。审核出库凭证,要有高度的责任感,工作疏忽大意不严谨,都可能酿成重大差错事故,给仓库和企业带来巨大的经济损失和负面影响。

3. 备货

仓库保管员对出库凭证进行复核,确认无误后,按所列项目和标注进行备货。一般来说,备货过程中也可以包括分拣作业,即仓库保管员按出库凭证所列项目的内容和凭证上的批注,去相应货位对货,核实后进行分拣和配货。一般地,大宗商品或者整批商品出库,就在原货位上备货,不需要进行分拣。而对于不是整批量货物的出库,尤其是发放各种不同品名、不同类型、不同规格的货物,需要进行分拣,将这些货物从库存的货位上分拣出来,再搬运到指定理货区域待装车。仓库备货主要包括销卡、理单、核对、点数、批注代号和签单。

4. 复核

备货作业完成后应立即对货物进行复核,以保证出库货物数量准确、质量完好、包装完整,以杜绝差错的发生。对货物进行复核时,主要关注的是货物是否与出库单据相符。

同时，为了提高仓库服务质量，仓库保管员还要确保货物质量满足顾客的需要。

复核要求包括"三核对、三齐全、三不走、三清点"，即：核对单据、核对品名规格、核对数量质量；配套齐全、证件齐全、随货物资料齐全；包装不好不走、数量质量不符不走、装载不合安全规则不走；仓库保管员清点、库房负责人清点、押运员或收发人员清点。

复核的具体内容见表2—6。

表2—6　　　　　　　　　　出库复核

工作	内容
复核出库凭证	复核凭证的抬头、印鉴、日期是否符合要求，有无伪造变造等痕迹，各项目填写是否齐全等
复核实物	根据出库凭证上所列项目对所发货物进行核对，核对货物的品种、规格、牌号、单位、数量与凭证是否相符；核对货物的包装是否完好，外观质量是否合格
复核账货结存状况	仓库保管员对取货的货垛、货架上货物的结存数进行核对。检查货物的数量、规格等与出库凭证上标明的账面结存数是否相符，并要核对货物的货位、货卡有无问题，以便做到账、货、卡相符
做好复核记录	复核后根据实际情况做好复核记录，可以填写一份出库复核记录

5. 包装

在货物出库时，往往需要对货物进行拼装、加固或换装等工作，这均涉及货物的包装。对货物包装的要求是：封顶紧密，捆扎牢固，衬垫适当，标志正确、清楚。对出库货物的包装应根据货物特点和运输要求，选择包装材料，确定包装大小。包装应牢固、稳定和便于搬运装卸，并采取适当的防潮防震措施，注意运输安全。对于同一种货物，包装尽量做到标准化，统一材料、统一规格、统一容量、统一标志和统一封装方法，在不影响运输及搬运效率的前提下，尽量做到只对同一类货物进行混合包装，严禁性质不同、互相影响的货物混合包装。若有可能则充分利用原包装皮，节约包装材料，尽量以旧代新，废物利用。包装时，箱装货物应每箱附有装箱单，计重货物应附有磅码单，对于包装好的货物，仓库保管员还要在其外包装上印刷或标打唛头，根据需要在相应的位置印刷或粘贴条形码。

6. 交接

装车完毕，会同提货人签署出库单证、运输单证，收留留存单证，交付随货单证和资料，办理货物交接。交接后，仓库保管员要在出库凭证上签名并加盖"货物付讫"日戳，同时给接货人开具货物出门证，以便门卫放行。

7. 销账

出库交接后，仓库保管员应在出库单上填写实发数、发货日期等内容，并签名。然后将出库单连同有关证件资料及时交给货主，以使货主办理货款结算。仓库保管员把留存的一联出库凭证交给货物明细账登记人员登记做账，核销保管账、卡上的存量，以保证账、卡、货一致。

8. 现场和档案的清理

货物交接发货后，仓库保管员应做好库内清理善后工作。发货后的库内清理，包括现场清理和档案清理。现场清理包括清理库存货物、库房、场地、设备和工具等；档案清理是指对收发、保养、盈亏数量和垛位安排等情况进行分析。

学习单元3　仓库退货作业

学习目标

1. 了解常见的退货原因。
2. 熟悉退货作业程序。
3. 能够根据不同退货原因对退货作业进行管理。

一、退货原因

商品退货，是指仓库按订单或合同将货物发出后，由于某种原因，客户将商品退回仓库。通常发生退货或换货的原因有：一是协议退货，即与仓库订有特别协议的季节性商品、试销商品、代销商品等，协议期满后，剩余商品可以被退回，仓库将给予回收；二是质量问题，即对于不符合质量要求的商品，若接收单位提出退货，仓库应给予办理退换；三是搬运损坏，即货物若在搬运过程中造成产品包装破损或污染，仓库应给予退回；四是过期退回，即食品和有保质期的商品在送达接收单位时或在销售过程中超过商品有效保质期限，仓库按照协议予以退回；五是送错退回，即送达客户的商品跟订单所要求的商品不符，如商品条形码、品项、规格、重量、数量等与订单不符，若客户要求退回并重新发货，仓库应给予退回。

二、退货程序

退货包括接受退货、重新入库、财务结算、跟踪处理等步骤。

1. 接受退货

仓库接受退货要有规范的程序与标准。由运输部门负责运输，质量管理部门负责检验，仓管部门负责接收。

2. 重新入库

退回的货物要进行初步的审核，质量有问题的要堆放在专门区域，退货商品要重新入库登记，及时输入仓储信息系统，核销客户应收账款，并将退货信息通知商品供应商。

3. 财务结算

退货会给仓库带来各种费用，商品供应商也要承担退货的成本等。如果客户已经支付了商品费用，财务要将相应的费用退给客户。

4. 跟踪处理

退货发生时，要跟踪处理客户提出的意见，统计退货发生的各种费用，通知供应商退货的原因，并根据供应商的要求，执行退货处理、退货修改、退回生产地或直接执行销毁程序。

第3节 作业量预测及作业计算

学习单元1 作业量预测

学习目标

1. 熟悉仓库业务量的预测方法。
2. 掌握定性预测法和定量预测法。
3. 能够使用相关方法预测仓库的作业量。

仓库作业中必须做好物流客户的业务量预测,这样更有利于作业计划的制订和仓库作业的规划等。仓库业务量的预测方法有两大类:一是定性预测;二是定量预测。

一、定性预测方法

定性预测方法是指预测者依靠自己熟悉的仓储业务知识进行预测,预测者主要是具有丰富经验和综合分析能力的仓储人员与专家,其根据自己掌握的仓储历史资料和直观材料,运用自身经验和分析判断能力,对仓储业务的未来发展做出性质和程度上的判断,然后再通过一定形式综合各方面的意见,作为预测未来的主要依据。仓储业务的定性预测法主要有德尔菲法、主观概率法和经理判断意见法。

1. 德尔菲法

德尔菲法(Delphi method),是采用背对背的通信方式征询专家小组成员的预测意见,经过几轮征询,使专家小组的预测意见趋于集中,最后做出符合市场未来发展趋势的预测结论。

德尔菲法具有反馈性、匿名性和统计性特点,它是依据系统的程序,采用匿名发表意见的方式,即团队成员之间不得互相讨论,不发生横向联系,以保持专家意见的独立性,避免受权威人士的影响。专家只能与调查人员发生关系,以反复地填写问卷,调查人员集中问卷填写人的共识及搜集各方意见反馈给各位专家,以此来构造团队沟通流程,应对复杂任务难题。

2. 主观概率法

主观概率是仓储人员凭经验或预感而估算出来的概率。它与客观概率不同,客观概率是根据历史资料科学统计出来的一种概率。通常情况下,仓储从业人员没有足够的知识来计算仓储未来业务量的客观概率,因而只能用主观概率来描述未来的业务量。

3. 经理评判意见法

经理评判意见法,就是由仓储企业的负责人把与客户或业务市场有关或者熟悉市场情况的各种负责人和中层管理部门的负责人召集起来,让他们对未来的仓储业务发展形势或某一个市场问题发表意见,做出判断;然后,将各种意见汇总起来,进行分析研究和综合处理;最后得出仓储业务量的预测结果。

仓储业务定性预测方法的优点在于:注重仓储业务在性质方面的预测,具有较大的灵活性,易于充分发挥人的主观能动作用,且简单和迅速,省时省费用。

仓储业务定性预测方法的缺点是:容易受仓储人员的主观因素影响,比较注重于预测人的仓储市场经验和主观判断能力,从而易受仓储企业人员的知识、经验和能力的多少大小的束缚和限制,缺乏对仓储业务量发展趋势的精确描述。

二、定量预测方法

定量预测方法是指利用数学定量方法对仓储业务量进行统计的方法。它通常有平均法和回归分析预测法。

1. 平均法

平均法是指对仓储业务量的历史数据求平均值,用来预测未来仓储业务量的数值。平均法包括简单平均法和加权平均法两种。

简单平均法是指对过去的历史数据求平均值,以平均值作为预测值,其公式为:

$$F_{t+1}=(A_1+A_2+\cdots+A_t)/t$$

其中,F_{t+1} 为第 $t+1$ 期的预测业务量,A_i 为第 i 期的业务量数据。

加权平均法,是指利用过去若干个按照时间顺序排列起来的仓储业务量数值,并以时间顺序数为权数,计算出加权算术平均数,以这一数字作为预测未来期间仓储业务量预测值的一种趋势预测法,其公式如下:

$$F_{t+1}=w_1A_1+w_2A_2+\cdots+w_tA_t$$
$$w_1+w_2+\cdots+w_1=1$$

其中,F_{t+1} 为第 $t+1$ 期的预测业务量;A_i 为第 i 期的业务量数据;w_i 为权重系数。

平均法的优点是计算简单方便,但缺点是不能反映业务量的变化趋势。通常在各期业务量变化不大,没有明显增长或减少的趋势时,可以使用平均法。

2. 回归分析预测法

回归分析预测法是在分析仓储业务中的自变量和因变量之间相关关系的基础上,建立变量之间的回归方程,并将回归方程作为预测模型,根据自变量在预测期的数量变化来预测因变量。回归分析预测法是一种重要的仓储业务量预测方法。

回归分析预测法有多种类型,依据相关关系中自变量的个数不同分类,可分为一元回归分析预测法和多元回归分析预测法。在一元回归分析预测法中,自变量只有一个;而在多元回归分析预测法中,自变量有两个或以上。而依据自变量和因变量之间的相关关系不同,又可分为线性回归预测和非线性回归预测。

以下是关于一元线性回归法的例子。

【例 2—1】

某仓储企业的业务量数据见表 2—7。

表 2—7　　　　　　　　　　　　业务量

年份	玩具业务量
2001 年	48
2002 年	52
2003 年	56
2004 年	60
2005 年	64
2006 年	68

由表 2—7 中的数据可以得知，各年份的玩具业务量依次增加 4 个，跟年份呈线性比例关系，因此可以采用线性回归方法预测，并建立以下方程：

$$业务量 = 48 + (年份 - 2001) \times 4$$

因此，如果要预测 2008 年的业务量，通过以上公式计算，可得预测值为 76。

一般来说，产品的业务量存在逐年增加的趋势，就可以使用回归预测：①如果每年增加量比较稳定，可以用线性回归法；②如果每年增加量逐年稳步扩大或减少，可用二次回归或指数回归等非线性回归方法。

对于每年业务量存在增幅的情况一般不能用平均法预测，否则将不能正确体现出逐年业务量上升的趋势。

学习单元 2　作业相关计算

学习目标

1. 熟悉货物存储量的相关计算。
2. 熟悉库容出租的计算。

一、货物存放量和仓库面积

1. 利用暂存区比例计算货物存放量

计算仓库的有效面积，即仓库中用来进行储存的面积，含暂存区等，公式为：

$$仓库有效面积 = 仓库使用面积 \times 有效面积使用率$$

通常仓库有效面积包括主存储区面积以及暂存区面积，暂存区比例指暂存区占主存储区的百分比。因此，货物的最大存储量（即货物储存上限）的计算公式为：

$$最大存储量（t）=仓库有效面积（m^2）\times \frac{单位面积载重（t/m^2）}{1+暂存区比例（\%）}$$

$$暂存区比例=\frac{每吨仓储容量所配暂存区面积}{每吨仓储容量所占存储面积}$$

2. 利用仓库高度计算最大存储量的体积

仓库的货物最大存放体积量一般等于仓库使用面积乘以仓库高度，再乘以面积利用系数。这种计算方法比较简单，应用广泛，如果考虑的是以体积为单位的货物最大存储量，那么其公式为（不考虑暂存区比例）：

$$货物最大存储量（m^3）=仓库使用面积\times 面积利用系数\times 仓库高度$$

反过来，可以利用上式推出仓库使用面积的计算公式为：

$$仓库使用面积（m^2）=\frac{货物最大存储量（m^3）}{仓库高度（m）\times 面积利用系数}$$

3. 利用地坪承载计算最大存储量的重量

如果考虑的是以重量为单位的货物最大存储量，那么公式为：

$$最大存储量（t）=仓库使用面积\times 面积利用系数\times 地坪承载（t/m^2）$$

$$仓库使用面积（m^2）=\frac{货物最大存储量（t）}{面积利用系数\times 地坪承载（t/m^2）}$$

4. 新老仓库对比计算最大存储量及面积

如果准备投资新建仓库，并以现有仓库的储存能力作为类比，那么计算公式为：

$$新仓库使用面积=\frac{老仓库使用面积}{老仓库平均存储量}\times 新仓库计划存储量\times \frac{老仓库面积使用率}{新仓库面积利用率}$$

根据上式，不难推出新仓库的存储量计算公式，因原理跟上面公式类似，在此不再赘述。

二、库容出租的租金计算

仓库在自用的基础上，如果库容仍有剩余，则从提高经营收入的角度来看，应该积极将其出租。出租收入可用如下公式计算：

$$日总租金=日单位面积租金\times 可出租面积$$

$$=日单位面积租金\times \left(仓库使用面积-\frac{自用有效面积}{面积利用系数}\right)$$

仓库出租通常按面积和时间收取租金，专业性仓库也会对提供的各项作业服务或其他增值服务进行收费。

 **思考题**

1. 仓储作业的目标与要求是什么？
2. 仓储作业有哪几方面的特点？
3. 仓储作业包括哪些组成部分？
4. 入库准备主要有哪些工作内容？
5. 出库作业主要有哪几种形式？
6. 作业量预测有哪几种常用方法？

第 3 章

在库作业管理

第 1 节　储存作业　/48
第 2 节　搬运作业　/57
第 3 节　盘点作业　/64

第1节 储存作业

学习单元1 储存要求

学习目标

1. 熟悉商品储存的要求。
2. 掌握分类分区、先进先出等基本要求。

商品的在库作业处于入库之后和出库之前,属于保管与储存阶段。商品的保管与储存,是仓储管理工作的主要任务和中心环节,包括商品的分区分类储存;正确运用堆码和苫垫技术,合理存放商品;对库存商品进行科学养护;对库存商品进行盘点和日常检查、搬运作业等。

商品的储存有以下8项要求。

一、分类分区储存

分区分类储存是指按照库存物品的性质划分类别,根据各类物品储存量,结合各种库房、货场、搬运设备的具体条件,制订出各库房和货场的分类储存方案。一般来说,分到同一储区的商品必须符合"四个一致"原则,即属性一致、保管养护方法一致、作业手段一致、消防方法一致。

二、考虑周转率

考虑周转率是指按照物品在仓库的周转率来排定储位。首先按周转率由大到小排出序列,再将此序列分为若干段。周转率越高的区段应安排在离出入口越近的库位上。另外,当进货口与出货口不相邻时,可依进仓和出仓次数来进行存货空间的调整,如果进仓次数越大于出仓次数,安排的库位应越往进货口靠近;如果出仓次数越大于进仓次数,安排的库位应越往出货口靠近。

三、考虑物品相关性

相关性大的物品在订购时经常被同时订购，所以应尽可能存放在相邻位置。物品相关性储存具有两大优点：一是可以缩短取货路程，减少工作人员的劳动量；二是可以简化清点工作。物品相关性规律可以通过历史订单数据进行分析。

四、考虑物品互补性原则

互补性高的物品也应存放于邻近位置，以便缺货时可迅速以另一品项替代。但是，相容性低的物品绝不可以放在一起。例如香烟、香皂、茶因为会相互串味，理化性质不兼容，所以不可放在一起。

五、相同货物存放于相同位置

将同一物品保管于同一场所来加以管理的方式效果十分明显，这样既可以让仓储作业人员迅速熟练地记住物品储存位置，也可以提高仓储作业效率；反之，当同一物品散布于仓库内多个位置时，仓储人员很难——记住，导致物品的储放、取出和盘点等作业非常不方便。因此，物品同一性原则是任何仓库都应遵守的重点原则。与物品同一性原则类似的还有物品相似性原则，即将相似物品比邻保管。

六、先进先出

先进先出是指先入库的物品先出库。此原则一般适用于寿命周期短的商品，例如食品等。先进先出是库存管理的重要手段，库存管理中一般情况下都应体现先进先出原则。但是，当处于以下几种情况时：产品品种少；产品寿命周期长；保管时间短、不易产生损耗等，需要权衡先进先出方法的费用与收益，再决定是否要采用先进先出原则。

七、面向通道

面向通道是指将物品面对通道来保管，使仓储作业人员可以更方便地识别出物品的标号和名称，以提高物品的储存和取出效率，这样才能使物流中心内部作业更流畅。

八、重不压轻

重不压轻原是指储放物品时，重物应保管在地面上或货架的下层位置，而重量轻的物品则保管在货架的上层位置。如果用人工进行搬运作业时，人腰部以下的高度用于保管重物或大型物品，而腰部以上的高度则用来保管重量轻的物品或小型物品。此原则的应用可显著提高货架的安全性，提高人工搬运的灵活性，并降低工作的劳动强度。

学习单元2　堆码苫垫

学习目标

1. 熟悉堆码的原则和要求。
2. 熟悉堆码的方法。
3. 熟悉苫盖和垫垛方法。
4. 能够进行堆码和苫垫作业管理。

一、堆码管理

堆码是指根据货物的包装、外形、性质、特点、重量和数量，结合季节和气候情况、存放时间的长短，将货物按一定的规律码成各种形状的货垛。堆码管理的主要目的是便于对货物进行维护、查点和存取等作业，并提高仓容利用率。

1. 堆码的原则

（1）分类堆码原则。不同类别的货物分类分区堆码；不同规格、不同批次的货物也要尽量分开、分堆存放；残损货物要与原货分开堆码；对于需要分拣的货物，在分拣之后，要分位存放；分类堆放还包括将不同流向、不同经营方式的货物分类分存。

（2）选择适当搬运活性原则。为了提高仓库物流速度，可以根据货物自身特性和出入库的要求，合理选择搬运活性。搬运活性是指货物可以快速搬运的能力，散堆在地面上的货物搬运活性最低，置于托盘上或标准容器中的货物搬运活性较高，放于台车或手推车上的货物搬运活性更高，而置于传送带或车辆上的货物搬运活性最高。

2. 堆码的要求

货物堆码是一项技术性工作，在堆码设计上应满足一些基本要求，具体见表3—1。

表 3—1　　　　　　　　　　　堆码设计基本要求

要求	内容
合理	(1) 不同性质、品种、规格、等级、批次和客户的货物应分开堆放 (2) 货垛形式适应货物的性质，有利于保管，能充分利用仓容和空间 (3) 货垛间距符合作业要求以及防火安全要求 (4) 大不压小，重不压轻，缓不压急，不围不堵 (5) 后进货物不堵先进货物，确保"先进先出"
牢固	(1) 堆放要稳定结实，货垛稳定牢固，不偏不倚 (2) 不压坏底层货物或外包装，不超过仓库场地的承载能力 (3) 货垛较高时，上部适当向内收小 (4) 易滚动的货物，用木楔或三角木固定，必要时使用绳索绳带绑扎固定
定量	(1) 每一货垛的货物数量保持一致，采用固定的长度和宽度，且尽量为整数 (2) 每层货量相同或成同比例递减，能做到过目知数 (3) 每垛的数字标记清楚，货垛牌或料卡填写完整，摆放在明显位置
整齐	(1) 货垛整齐，垛形、垛向和垛距标准化，统一垛边，横竖成列，垛不压线 (2) 货物外包装的标记和标志一律朝向垛外
节约	(1) 尽量堆高，避免少量货物占用一个货位，节约仓容，提高仓库利用率 (2) 妥善安排，做到一次作业到位，避免重复搬运，节约劳动消耗 (3) 合理使用苫垫材料，避免浪费
方便	(1) 垛形、尺度、堆码方法应方便堆码、搬运装卸作业，提高作业效率 (2) 垛形方便理货，方便查验货物，方便通风防潮等保管作业

二、堆码方法

1. 散堆法

散堆是将无包装的散货在库场上堆成货垛的存放方式。这种方式简便，便于采用现代化的大型机械设备，节省包装费用，提高了仓容的利用率，降低了运费。但是散堆法有流动性、散落性等特点，堆货时不能堆得太靠近垛位四边，以免散落使货物超出预定的货位。散堆法适用于露天存放的没有包装的大宗货物，如煤炭、矿石、黄沙等，也可适用于库内少量存放的谷物、碎料等散装货物。

2. 堆垛法

堆垛形式主要是根据商品的基本性能、外形等而进行选择的。因此堆垛也就有各种形式。其基本形式主要有重叠式、纵横交错式、仰伏相间式、压缝式、宝塔式、通风式、栽柱式、衬垫式、五五化堆垛等。这些堆垛形式的概念及适用商品见表 3—2。

表 3—2　　　　　　　　　　　　堆垛形式

堆垛形式	堆垛形式说明	适用商品
重叠式	是一件压一件的堆垛方式。堆垛时逐件逐层向上重叠码高而成货垛，为了保证货垛的稳定和计数方便，在堆到一定层数后改变方向继续堆高	适用于袋装、箱装、箩筐装、平板片装商品。如中厚钢板、集装箱
纵横交错	每层都改变方向进行堆垛，将长短一致、宽度排列能够与长度相等的商品，一层横放，一层竖放，纵横交错堆垛，形成方形垛	长短一致的锭材、管材、棒材及狭长的箱装材料
仰伏相间	一层仰放、一层伏放，仰伏相间而相扣，使堆垛稳固。也可以伏放几层，再仰放几层，或者仰伏相间组成小组再码成垛。如果是在露天存放，应该一头稍高，另一头稍低，以利于排水	钢轨、槽钢、角钢
压缝式	将垛底底层排列成正方形、长方形或环形，然后上层压在下层的两个商品之上，类似于纵横交错式	各种纸箱、金属罐、桶装货物
宝塔式	宝塔式堆垛与压缝式堆垛类似，但压缝式堆垛是在两件物体之间压缝上码，宝塔式堆垛则在四件物体之中心上码，逐层缩小	电线、电缆
通风式	堆垛时每件商品和另一件商品之间都留有一定的空隙以利于通风	需要防潮湿通风保管的商品
栽柱式	在货垛的两旁栽上两至三根木柱或者是钢棒，然后将材料平铺在柱中，每层或间隔几层在两侧相对应的柱子上用铁丝拉紧，以防倒塌	金属材料中的长条形材料，例如圆钢、中空钢的堆垛
衬垫式	在每层或每间隔几层商品之间夹进衬垫物，利用衬垫物使货垛的横断面平整，商品互相牵制，以加强货垛的稳固性	适用于四方整齐的裸装商品，例如无包装的电动机、水泵等
五五化	以五为基本计算单位，堆垛成各种总数为五的倍数的货垛，使货物"五五成行、五五成方、五五成包、五五成堆、五五成层"，堆放整齐，上下垂直，过目知数	任何箱装、桶装、袋装或独立成件的堆码商品

三、苫垫

1. 苫盖

苫盖是为了避免商品直接受到风吹、雨淋、日晒、冰冻的侵蚀而采取的一种保护措施。存放在露天货场的商品一般都需苫盖，因此商品在堆垛时必须叠堆成易苫盖的垛形，如屋脊形、方形等，并选择适宜的苫盖物。对于某些不怕风吹、雨淋、日晒的商品，如果货场排水性能好，也可以不苫盖，如生铁、石块等。

通常使用的苫盖材料有塑料布、席子、油毡纸、铁皮、苫布等，也可以利用一些商品的旧包装材料改制成苫盖材料。若货垛需苫盖较长时间，一般可用两层席子，中间夹一层油毡纸作为苫盖材料，既通风透气，又可防雨雪、日晒；若货垛只需临时苫盖一下，可用苫布。为了节省苫盖成本，还可以制成适当规格通用型的苫瓦，既方便使用，又可以反复利用。

苫盖方法有垛形苫盖法、鱼鳞苫盖法、隔离苫盖法和活动棚架苫盖法，具体见表3—3。

表3—3　　　　　　　　　　苫盖方法

方法	内容
垛形苫盖法	根据货垛的形状进行适当的苫盖，适用于屋脊形货垛、方形货垛及大件包装商品的苫盖，常使用塑料布、苫布、席子等
鱼鳞苫盖法	自下而上用席子、苫布或瓦等苫盖材料，层层压茬围盖，外形酷似鱼鳞。适用于怕雨淋、日晒的商品，若商品还需要通风透气，可将席子、苫布等苫盖材料的下端反卷起来，使空气流通
隔离苫盖法	是用竹竿、钢管、旧苇席等，在货垛四周及垛顶隔开一定空间搭起框架，进行苫盖，既能防雨，又能隔热
活动棚架苫盖法	将苫盖材料制成棚架，棚架下装有滑轮，可以推动移动棚架对货垛进行遮盖。需要活动棚架时可以拼搭，并放置在货垛上，用作苫盖，不需要时则可以拆除，节省空间，但需一定的购置成本

2. 垫垛

垫垛就是在商品堆垛前，根据货垛的形状、底面积大小、商品保管养护的需要、负载轻重等要求，预先铺好垫垛物的作业。它能使堆垛与地面隔离，使商品免受地坪潮气和积水的侵蚀，使垛底通风透气，提高储存商品的保管养护质量。

垫垛通常采用枕木、废钢轨、钢板、石墩、水泥墩、木板、防潮纸等材料，根据需求进行合理的选择。

垫垛方法有三种：一是码架式，采用若干个码架，拼成所需货垛底面积的大小和形状，以备堆垛。码架是用垫木为脚，上面钉着木条或木板的构架，专门用于垫垛。二是垫木式，采用规格相同的若干根枕木或垫石，按货位的大小、形状排列，作为垛垫。这种方法最大的优点是，拼拆方便，不用时节省储存空间。适用于底层库房及货棚、货场垫垛。三是防潮纸式，即在垛底铺上一张防潮纸作为垛垫。常采用芦席、油毡、塑料薄膜等防潮材料，适用于地面干燥的库房，同时储存的商品对通风要求又不高时，可在垛底垫一层防潮纸防潮。

此外，若采用货架存货或采用自动化立体仓库的高层货架存货，则货垛下面可以不用垫垛。

 学习单元3　商品养护

 学习目标

1. 熟悉商品的防霉腐、防害虫、防锈蚀、防老化的方法。
2. 能够根据库存商品的霉腐、生锈或老化等特性制定养护措施。

一、商品的防霉腐

商品的霉腐是指在某些微生物的作用下，引起商品生霉、腐烂和腐败发臭等质量变化的现象。引起商品霉变的主要有以下几种微生物：霉菌、细菌、酵母菌。

霉腐微生物生存受外界条件所影响，这些外界条件包括：水分和空气湿度、温度、光线、溶液浓度、空气成分等。因此，控制微生物的滋生，应该注意做好商品验收以及控制仓库的环境条件。具体可包括：加强入库验收；加强仓库温湿度管理；选择合理的储存场所；合理堆码，下垫隔潮，商品堆垛不应靠墙靠柱；商品进行密封；做好日常的清洁卫生，因为仓库里的积尘能够吸潮，容易使菌类寄生繁殖；积极采用各种物理化学防霉腐方法等。

常见防霉腐方法见表3—4。

表3—4　　　　　　　　　防霉腐方法

方法	具体内容
化学药剂	在生产过程中把防霉剂加入到商品中，或把防霉剂喷洒在商品体和包装物上，或喷散在仓库内。防霉剂能使菌体蛋白质变性，破坏其细胞机能；能抑制酶的活性，破坏菌体正常的新陈代谢；能降低菌体细胞表面张力，改变细胞膜的通透性，导致菌体细胞的破裂或分解。例如，食品防腐剂苯甲酸，果蔬保鲜剂托布津等
气调防霉腐	在密封条件下，采用缺氧的方法，抑制霉腐微生物的生命活动，从而达到防腐的目的。主要有真空充氮防霉腐和二氧化碳防霉腐两种方法。气调防霉腐对好气性微生物的杀灭具有较理想的效果。真空充氮需用塑料薄膜进行抽气密封，再将氮气充入。二氧化碳防霉不必将密封货垛抽真空或少量抽出一些空气，然后充入二氧化碳，当二氧化碳气体的浓度达到50%时，即可对霉腐微生物产生强烈的抑制和杀灭作用
低温法	利用各种制冷剂降低温度，以保持仓库中所需的一定低温，来抑制微生物的生理活动，达到防霉腐目的

续表

方法	具体内容
干燥法	是通过降低仓库环境中的水分和商品本身的水分,达到防霉的目的。干燥法,一方面对仓库进行通风除湿;另一方面可以采用晾晒、烘干等方法降低商品中所含的水分
其他	蒸汽法、自然冷却法、盐渍法。食品防霉腐也可以采用射线防霉腐

二、商品的防害虫

仓虫的防治要贯彻"以防为主""防重于治"的方针。

1. 卫生防治

卫生防治是杜绝仓虫来源和预防仓虫感染的基本方法。仓储中要经常保持库房的清洁卫生,使害虫不易滋生,彻底清理仓具和密封库房内外缝隙、孔洞等,严格进行消毒;严格检查入库商品,防止害虫进入库内,并做好在库商品的经常性检查,发现害虫及时处理,以防蔓延。

2. 物理机械防治

物理机械防治,一是以自然或人为的方式调节库房温度,使库内最低温度和最高温度超过仓虫存活的界限,达到致死仓虫的目的;二是利用人工机械清除的方法,将仓虫清除。

3. 化学药剂防治

化学药剂防治是利用杀虫剂杀灭仓虫的方法,具有彻底、快速、效率高的优点,兼有防与治的作用。但也有对人有害、污染环境、易损商品的缺点,因此,在粮食及其他食品中应限制使用。在使用化学药剂防治中必须贯彻下列原则:对仓虫有足够的杀灭能力,对人体安全可靠,药品性质不致影响商品质量,对库房、仓具、包装材料较安全,使用方便,经济合理。化学药剂防治方法见表3—5。

表3—5　　　　　　仓虫防治的化学药剂方法

方法	内容
驱避法	把易挥发刺激性固体药物放入商品包装内或密封货垛中,以驱虫杀虫,例如萘、樟脑精等,可用于毛、丝、棉、麻、皮革、竹木、纸张等商品,但不可用于食品和塑料等商品
喷液法	用杀虫剂进行空仓和实仓喷洒,直接毒杀仓虫,例如敌杀死、敌敌畏、敌百虫等。可用于除食品外大多数商品
熏蒸法	利用液体和固体挥发成剧毒气体用以杀死仓虫的防治方法,例如氯化苦、溴代甲烷、磷化铝等。多用于毛皮库和竹木制品库的害虫防治

另外，还有高低温杀虫、电离辐射、灯光杀虫、微波、远红外线杀虫等方法。

三、商品的防锈蚀

金属防锈要创造良好的保养条件，选择适宜的场所，改善储存环境。储存金属制品的仓库，要求通风干燥，门窗严密，便于调节库内温湿度，防止出现较大温差，相对湿度一般不超过70%。库内严禁与化工商品或含水量比较高的商品同库储存，以免相互影响，引起锈蚀。另外，也应对金属采用一些防锈除锈方法，具体见表3—6。

表3—6　　　　　　　　　　防锈除锈方法

方法	内容
涂油防锈	在金属表面涂一层油脂薄膜，以起到将金属与外界环境隔离的作用，从而防止或减弱金属制品生锈。涂防锈油简单方便，效果较好，但会随着时间的推移逐渐消耗或变质，所以要经常检查，重新涂油，以免造成损失 主要油脂有蓖麻油、变压器油、凡士林、黄油、机械油、仪器油等，并常加一些蜡、松香和缓蚀剂以提升性能
气相防锈	利用挥发性缓蚀剂物质，靠挥发出来的气体达到防锈的目的。气体无孔不入，它可慢慢地充满整个包装空间，乃至空隙和小缝中。因此，气相防锈，具有方便、封存期长、包装干净和适用于结构复杂的金属制品防锈等优点。气相缓蚀剂的使用方法有气相防锈纸法、粉末法、溶液法等
其他	此外，还有可剥性塑料等方法，金属除锈方法主要有手工除锈、机械除锈、化学药剂除锈等。除锈后的金属制品应立即采取有效的防锈措施，以防再次生锈

四、商品的防老化

塑料、橡胶、化纤等高分子材料在光、氧、温度等因素的作用下，会发生老化现象，出现发黏、变软、脆裂、僵硬、龟裂、变色、褪色、透明度下降等，引起各种性能的改变，严重的老化会丧失制品的使用价值。高分子制品的老化原因之一是受外界因素的影响，如光、热、氧等对高分子制品的作用，使制品氧化，分子结构发生变化，由长链分子产生交联或断裂。原因之二是高分子制品内的增塑剂挥发，制品也会老化。根据高分子材料的性能变化规律，可采取各种有效措施，以减缓其老化速度，延长其使用寿命。其基本防治方法是：严格控制高分子制品的储放条件，库房要清洁干燥，避开热源，避免日光直射，控制和调节好库房温湿度，合理堆码，防止重压。在生产中常采用添加抗老剂、涂漆、涂蜡、涂油、涂布等方法，以防止外因的作用。

第 2 节　搬　运　作　业

  学习单元1　搬运作业管理

  学习目标

1. 掌握装卸搬运的特点、原则和分类。
2. 能够制订搬运作业的工作计划。
3. 能够对装卸搬运过程进行管理。

一、搬运概述

装卸搬运是仓储活动的重要内容，贯穿于仓库作业的各个阶段，装卸搬运作业也是造成货物破损、散失、损耗、混合等损失的主要环节。因此，要高度重视搬运工作，注意3个特性：一是搬运的时效性，即要遵守搬运计划规定，按时按量、准确及时地实施搬运。二是搬运的保质性，既要确保被搬运物料的质量不能降低，如不能发生性能损坏、物料变质等。三是搬运的安全性，既要确保在搬运过程中不能使人员、设备、物料等发生人身安全、设备物料损坏丢失等事故，又要准确及时地完成搬运任务。

装卸搬运有多种形式，具体见表3—7。

表 3—7　　　　　　　　　　装卸搬运形式

分类	分类项目	分类详细说明
作业内容	装卸物料	向卡车等运输工具上装料，以及从运输工具上卸料的活动
	搬运移送	对物料进行短距离的移动活动，包括水平、垂直、斜行搬运或由这几种方式组合在一起的搬运移送活动
	堆垛拆垛	堆垛是把物料从预先放置的场所移送到运输工具或仓库内的指定位置，再按要求的位置和形状放置。拆垛则是跟堆垛相反的作业

续表

分类	分类项目	分类详细说明
作业内容	分拣配料	分拣是把物料按品种、出入库顺序进行分类整理,再分别放到规定位置的作业。配料是指把分拣出来的物料按规定的配货分类集中起来或批量移动到一端的分拣场所,再分别送到指定位置的作业
作业场所	仓库装卸	配合出入库、维护保养等仓储活动进行,并且以堆垛、上架、取货等操作为主
	铁路装卸	铁路装卸是对火车车皮的装进及卸出,特点是一次作业就实现车皮的装进或卸出,很少有像仓库那样整装零卸或零装整卸
	港口装卸	港口装卸包括码头前沿的装卸船,也包括后方的支持性装卸运,有的港口装卸还采用小船在码头与大船之间"过驳"的办法
	汽车装卸	汽车装卸一般一次装卸批量不大,由于汽车的灵活性,可以减少中转装卸搬运活动
	飞机装卸	从飞机货运机舱与地面短驳车辆之间或与地面堆放场地之间的装卸作业,近年随着空中货运的发展,飞机装卸也日益重要
机械作业方式	吊上吊下	采用各种起重机械从货物上部起吊,依靠起吊装置的垂直移动实现装卸,并在吊车运行的范围内或回转的范围内实现搬运
	叉上叉下	用叉车从货物底部托起货物,并依靠叉车的运动进行货物位移,搬运完全靠叉车本身,货物可不经中途落地直接放置到目的处
	滚上滚下	指港口装卸的一种水平装卸方式,利用叉车或半挂车、汽车承载货物,连同车辆一起开上船,到达目的地后再从船上开下,"滚上滚下"方式需要有专门的船舶和码头
	移上移下	在两车之间(如火车及汽车)进行靠接,然后利用各种方式,使货物不发生垂直运动,而靠水平移动从一个车辆上推移到另一车辆上
	散装散卸	对散装物进行装卸。一般从装点直到卸点,中间不再落地,这是集装卸与搬运于一体的装卸方式
作业方向	水平作业	以实现物料产生搬运距离为目的的搬运方法,如物料由甲地运往乙地
	垂直作业	以实现物料产生搬运高度为目的的搬运方法,如把物料由地面升到一定的高度
搬运对象	单件作业	即逐个逐件地进行搬运和装卸,主要针对庞大笨重的物料。单件装卸往往是体积很大的物品,其移动一般需要大型搬运机或补助设施
	集装单元	多数量的单元包装是标准化的形式,其大小、形态与设计都要一致,才能节省成本,即像集装箱或托盘一样实施搬运
	散装作业	对无包装的散料,如水泥、沙石、钢筋等直接进行装卸和搬运。散装是最简单且最廉价的货物搬运方法,每次的运送量较大,但散装搬运时较容易破坏货物或造成边缘的损坏
作业手段	人力作业	指主要靠人力进行作业,但也包括使用简单的器具和工具,如扁担、绳索等
	机械作业	借助机械设备来完成物料的搬运。这里的机械设备不仅仅指简单的器具,还包括性能比较优越的器具,如装卸机等

续表

分类	分类项目	分类详细说明
作业手段	自动作业	是指在计算机的控制下来完成一系列的物料搬运，如利用自动上料机、机电一体化传输系统等搬运
按作业原理	滑动法	利用物料的自重力而产生的下滑移动，比如利用滑桥、滑槽、滑管等搬运
	牵引力法	即利用外部牵引力的驱动作用使物料产生移动，如拖拉车牵引、吊车牵引等
	气压输送	即利用正负空气压强产生的作用力来吸送或压送粉状物品，如负压传输管道输送等
按连续性	连续装卸	主要是同种大批量散装或小件杂货通过连续输送机械，连续不断地进行作业，中间无停顿、无间隔
	间歇装卸	有较强的机动性，装卸地点可在较大范围内变动，主要适用于货流不固定的各种货物，尤其适于包装货物，大件和散粒货物也可采用

二、搬运方法及作业指导书

1. 搬运方法选择的考虑因素

事先对选择的搬运方法要有明确的说明，以便搬运人员能够迅速识别并做出选择。选择合适的搬运方法是良好地完成搬运任务、实施有效搬运的先决条件。

一般情况下，决定搬运方法的主要因素包括人、机、料、法、环5个方面。

（1）人的方面指搬运人员状况，包括人员的数量、专业程度、经验技能、组织形式和用工方式等。

（2）机的方面指搬运设备状况，包括设备的功能、能力、数量、完好程度等。

（3）料的方面指被搬运物料的特性，也就是它的物理性、化学性、工艺性、精密性等，如形态、体积、性质、重量、贵重程度、精细程度、包装条件和防护性等。

（4）法的方面指要求的搬运作业量，如搬运数量、行程、时间、成本等。

（5）环的方面指作业环境，如气候条件（温度、湿度、日晒、雨淋）、白天或夜间、地形状况等。

2. 作业指导书的制订

作业指导书是一种规范性的指导文件，它为广大仓库作业人员实施装卸搬运作业提供了指导和依据。它的作用和要求有以下3点。

（1）明确目的，指示适当的搬运方法、明确具体的作业步骤、规范装卸搬运作业，从而确保物料能够得到妥善的装卸、搬运。

（2）明确范围，作业指导书适合于所有在公司内发生的搬运和装卸作业，也包括公司外部人员在公司内部进行的搬运和装卸作业。

（3）指示作业内容，包括搬运人员的职责、搬运设备与工具的使用方法、搬运方式的选择方法、搬运过程注意事项、搬运事故处理方法、装载物品的方法、卸下物品的方法、物品堆放方法、特种物品搬运方法、适当的图示指引、搬运安全事项等。

作业指导书应属于受控文件，由文控中心负责实施受控管理，在作业现场的流通中应使用有效版本的复制文件。

三、搬运计划和过程控制

1. 搬运计划

搬运计划是为确保生产顺利进行而事先拟订的物品装卸、转移和放置等具体活动的方案。

（1）搬运计划的目的。搬运计划的制订目的是有效实施装卸搬运、规范装卸搬运作业、持续改善装卸搬运效率和质量等。

搬运计划的制订目的具体包括：确保物流全局计划的实施；确保满足生产计划、工艺流程的需求；确保物流迅速、均衡、及时地满足客户需求；有利于提高装卸、搬运本身的作业效率；有利于促进社会生产、企业生产的改善。

（2）搬运计划的原则。物品搬运计划是主要生产经营计划下面的从属生产经营计划，它必须是为主要生产经营计划服务的，应遵循的原则包括4点。

1）协调一致性原则，即装卸搬运计划要与物流计划、生产计划、销售计划等保持协调性和一致性。

2）科学性原则，即搬运计划要体现出搬运过程的科学性与先进性，比如合理的搬运方案、有效的搬运行程、最小的损耗、最大的安全、最少的成本等。

3）防错性原则，即要可以识别可能发生的搬运错误，并采取预防性措施，把可能出现的各种隐患消灭在萌芽状态。

4）灵活性原则，即装卸搬运计划要灵活地适应各种变化，并做出必要的调整。

（3）搬运计划的内容。搬运计划内容一般包括5点。

1）作业任务，即搬运物料的数量、时间等。

2）作业目标，即搬运作业的质量、成本等。

3）作业方案，即搬运方式、方法、路线、速度等。

4）作业设备，即搬运作业使用的器具、工具、防护用品等。

5）作业配合，即搬运各相关部门相互之间的联系、职责等。

（4）搬运计划的因素。制订搬运计划时应主要考虑到物品本身因素、物品使用性因素、搬运环境因素、搬运设备因素、搬运者因素。

1) 物品本身因素，如物品的形态、体积、重量、数量、强度、精细性、污染性、包装状态等。

2) 物品使用性因素，如公司的采购计划、进料计划、生产计划、工艺流程、销售计划、运输方案等。

3) 搬运环境因素，如搬运行程、距离、频率、物品活载程度、搬运时段等。

4) 搬运设备因素，如装卸机器的性能、数量、能力，运输设备、工具、辅具、防护器具的功能等。

5) 搬运者的因素，如搬运人员的数量、组成、技术水平、工作经验、报酬方式、责任分担等。

2. 搬运过程控制

搬运过程控制就是为了达成搬运目标而采取的一系列作业技术和活动。控制的目的是为了防止原材料、外协件、在制品、完成品等物品在搬运中发生损坏、变质等，以确保最终产品的质量。

（1）搬运过程控制的类型一般有预防控制、同步控制和跟踪控制三种。

1) 预防控制。搬运系统的前期控制方法，也是对搬运系统输入端的控制。预防控制主要包括对搬运人员实施培训、对搬运设备检查维修、学习操作技能及改善现场环境等内容。

2) 同步控制。搬运系统进行中的即时控制方法，也叫现场控制或实地控制。同步控制主要包括目视管理、现场指导与督促、人机配合工作引导、搬运效果管理等。

3) 跟踪控制。针对搬运结果进行的控制方法（也称为反馈控制），其特点是依据反馈的信息、搬运结果等检讨搬运过程，对发现的偏差采取措施并在下一步作业中实施，包括确认搬运的质量与速度、识别人员的搬运能力、耐受力、检讨搬运设备与搬运能力、确认搬运的安全与效率、对发现的问题分析原因及对策、实施持续改善和研究搬运策略等。

（2）搬运控制的主要项目包括目标控制、质量控制、安全控制、效率控制、速度控制、线路控制、人员控制、成本控制。

（3）搬运控制的主要工作内容。

1) 搬运人员的招聘、培训、考核与管理，实施人员素质管理，奖勤罚懒。

2) 加强搬运设备的选择、认可、维护、修理、应用与改造等。

3) 慎重识别被搬运物品的特性，增进搬运作业的适宜性。

4) 建立搬运制度，必要时编制文件化的程序，规范工作流程、作业标准等。

5) 强化搬运防错措施，及时解决搬运中出现的异常问题。

6) 建立搬运制度，规定搬运权责，明确分工，增强指挥与协调。

7) 改善环境,修缮道路,防风防雨,减少事故发生概率等。
8) 分析和总结搬运效果,优选搬运方案。

学习单元2 搬运作业计算

学习目标

1. 熟悉搬运作业设备、车辆和停车位数量的计算。
2. 能够进行搬运作业设备和所需停车位的计算。

一、搬运设备数量计算

作业过程中货物搬运设备的需要数量要事先计算,最简单的公式是:

$$机器数 = \frac{每天承载时间}{工作小时 \times 使用系数}$$

使用系数是指一部机器每天使用时间的百分比,在这之中必须考虑机器可能的停顿时间。

此外,要估计所需设备数量时,必须考虑很多相互影响的复杂因素。比如,搬运设备因故而停顿的分配特性、搬运的时间、搬运的时机、要搬运而未能搬运等所需的成本。

二、叉车作业的计算

叉车是仓储搬运的主要设备,叉车作业时间的计算,以及根据作业数量计算所需叉车的数量都是比较重要的。

1. 装货总时间

叉车装货总时间的计算公式为:

$$装货总时间 = 托盘总数 \times 单个托盘装货平均时间 / 叉车数量$$

如果采用人工装货,公式为:

$$装货总时间 = 散货总数 \times 单箱散货装货平均时间 / 装卸工数量$$

2. 存取单个托盘的平均时间

在一个货架储存区中,叉车存取单个托盘的作业时间包括叉车提放时间,叉车行驶至每排货架的第一个货位的平均时间,叉车从第一个货位到其他货位的平均时间。平均时间的计算可以用简单的算术平均法,例如共有 5 排货架,叉车到每排货架的第一个货位的时间分别为:2、3、4、5、6。那么,叉车到每排货架的第一个货位的平均时间为 (2+3+4+5+6)/5=4。

单个托盘装货平均时间=叉车提放时间+叉车到每排货架第一个货位的平均时间+
第一个货位到其他货位的平均时间

3. 叉车数量

叉车数量的计算公式为:

$$所需叉车数=\frac{总进货托盘数×单个托盘卸货时间}{时间段长度}$$

高峰业务量下所需叉车数量为:

所需叉车数=平时所需叉车数×高峰业务量倍数

三、装卸车位和停车场面积计算

仓库的出入库往往集中在某一段时间内,由于出入库的车辆较多,货物也较多,因此在出入库的装卸搬运过程中,需要较多的停车位,以备停靠运输车辆。通常停车位的计算公式为:

$$装卸车位数(向上取整)=\frac{\sum(各类车辆的装卸时间×该类车辆的数量)}{装卸作业期的时间长度}$$

装卸货时的车位数通常用各类车辆的装卸总时间之和除以仓库装卸作业期的时间长度。根据上面的公式可以推算出仓库现有装卸车位数还能再容纳的进货车辆数量,其公式为:

$$可容纳某类车辆数=\frac{车位数×装卸期的时间段长度-现有车辆占用时间}{某类车辆卸货时间}$$

仓库装卸货后,经常要停车,因此,需要计算停车场面积。停车场的布局如图 3—1 所示。

图中停车场的车辆之间、车辆和墙壁之间通常要保持安全距离为 0.5~1 m,通常回转半径为 8~10 m。如图 3—1 布局的停车场的面积计算公式为:

停车场宽度=安全距离×(车辆数+1)+车身宽×车辆数停车场面积

$$=停车场宽度×\left(安全距离×3+车身长×2+回转半径+\frac{车身宽度}{2}\right)$$

如果已知停车场宽度,可以根据下式计算出可以停靠车辆的数量。

$$停车数量=\frac{停车场宽度-安全距离}{安全距离+车身宽}$$

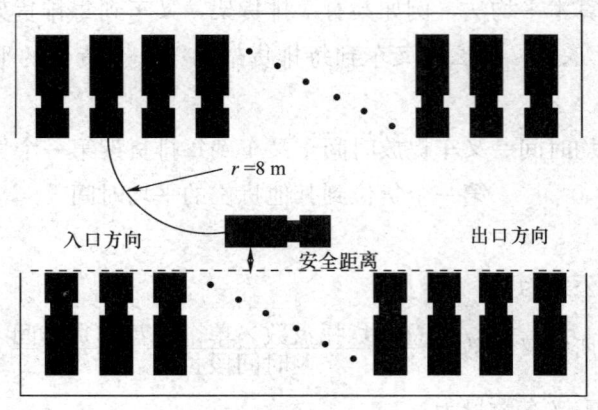

图 3—1 停车场布局

第 3 节 盘点作业

 **学习单元 1 盘点作业管理**

 学习目标

1. 熟悉盘点作业的程序。
2. 熟悉盘点前的准备、盘点实施、盘点结果处理等。
3. 能够对盘点作业过程进行管理和指导。

一、盘点作业概述

盘点是指定期或临时对库存物品的实际数量进行清查、清点作业,即对仓库现有物品的实际数量与保管账上记录的数量进行核对,检查有无残缺和质量问题,以便准确掌握物品的保管数量,进而核对金额。盘点是保证储存物品达到账、物、卡相符的重要措施之一。

二、盘点的程序

1. 盘点前的准备

盘点作业的事先准备工作是否充分，关系到盘点作业进行的顺利程度。为了使盘点能在短促的时间内利用有限的人力达到迅速准确的目标，应做好事先的准备工作，内容有以下5项。

（1）明确建立盘点的具体方法和作业程序。

（2）配合财务会计做好准备。

（3）设计打印盘点用表单。

（4）准备盘点用基本工具。

（5）盘点前培训。

盘点前必须对盘点人员进行必要的指导和培训。第一，针对所有人员进行盘点方法训练；第二，针对复盘与监盘人员进行认识货物的训练。

2. 盘点时间的确定

一般来说，盘点次数越多，货账相符越好，但因每次实施盘点必须投入人力、物力、财力，这些成本耗资不菲，所以也很难经常盘点。事实上，导致盘点误差的关键因素在于出入库的过程，可能是因出入库作业单据的输入、检查点数的错误，或是出入库搬运造成的损失，因此一旦出入库作业次数多时，误差也会随之增加。所以，可以根据货物的不同特点、价值大小、流动速度、重要程度来分别确定不同的盘点时间，盘点时间的间隔可以从每天、每周、每月到每年盘点一次不等。以一般生产厂家而言，因其货物流动速度不快，半年至一年实施一次盘点即可。但在配送中心货物流动速度较快的情况下，我们既要防止过久盘点对公司造成的损失，又得在可用资源限制下，根据各货物的性质制定不同的盘点时间。

3. 盘点方法的确定

因为不同现场对盘点的要求不同，盘点的方法也会有差异，所以为尽可能快速准确地完成盘点作业，必须根据实际需要确定盘点方法。就像账面库存与现货库存一样，盘点也分为账面盘点及现货盘点。账面盘点又称为永续盘点，就是把每天入库及出库货物的数量与单价，记录在计算机或账簿上，而后不断地累计加总算出账面上的库存量及库存金额。现货盘点亦称为实地盘点或实盘，就是实际上去清点调查仓库内的库存数，再依货物单价计算出实际库存金额的方法。目前，国内大多数配送中心都已使用计算机来处理库存账务，当账面数与实存数发生差异时，有时很难断定是账面数有误还是实存数有误。所以，可以采取"账面盘点"和"现货盘点"平行的方法，以查清误差出现的实际原因。

(1) 账面盘点法。账面盘点法就是将每一种货物分别设立"存货账卡",然后将每一种货物的出入库数量及相关信息记录在账面上,逐笔汇总出账面库存结余数,这样随时可以从计算机或账册上查悉货物的出入库信息及库存结余量。

(2) 现货盘点法。现货盘点法按盘点时间频率的不同又可分为"期末盘点"和"循环盘点"。期末盘点是指在会计期末统一清点所有货物数量的方法;循环盘点是指在每天、每周清点一小部分货物,一个循环周期将每种货物至少清点一次的方法。现货盘点法主要有2种。

1) 期末盘点法。由于期末盘点是将所有货物一次点完,因此工作量大、要求严格,通常采用分区、分组的方式进行,其目的是为了明确责任,防止重复盘点和漏盘。

2) 循环盘点法。循环盘点通常对价值高或重要的货物进行盘点,检查的次数多,而且监督也严密一些;而对价值低或不太重要的货物,盘点的次数可以尽量减少。循环盘点一次只对少量货物盘点,所以通常只需保管人员自行对照库存资料进行点数检查,发现问题按盘点程序进行复核,并查明原因,然后调整。也可采用专门的循环盘点单登记盘点情况。

4. 清理盘点现场

盘点现场也就是仓库或配送中心的保管现场,所以盘点作业开始之前必须对其进行清理,以提高盘点作业的效率和盘点结果的准确性。清理作业主要包括以下5个方面的内容。

(1) 库房在关闭前,应通知各需求部门预领所需的货物。

(2) 库房整理整顿完成,以便计数盘点。

(3) 事先鉴定呆料、废品、不良品,以便盘点。

(4) 账卡、单据、资料均应整理后加以结清。

(5) 库房的管理人员在盘点前应自行预盘。

5. 盘点实施

盘点时可以采用人工抄表计数,工作量大,而且非常烦琐,因此,平时的指导与监督也非常重要。

6. 查清盘点差异原因

当盘点结束后,发现所得数据与账簿资料不符时,应追查出现差异的主因。其着手查找原因的方向有6个常见方面:一是因记账员业务能力差,致使货物数目出现差错;二是因料账处理制度的不完善,导致货物数目出现差错;三是因盘点制度的不完善导致货账不符;四是盘点的数据与账簿的资料的差异是否在容许误差内;五是盘点人员是否尽责,产生盈亏时应由谁负责;六是漏盘、重盘、错盘等情况。

7. 盘点结果处理

差异原因追查后，应针对主要原因进行适当的调整与处理，至于呆废品、不良品减价的部分则须与盘亏一并处理。货物除了盘点时产生数量的盈亏外，有些货物在价格上会产生增减，这些变更在经主管审核后必须对货物盘点盈亏表及价目增减更正表进行修改。

学习单元2　盘点作业分析

学习目标

1. 熟悉盘点作业指标的分析。
2. 能够计算盘点作业指标。
3. 能够对各项比率进行分析和解读。

进行盘点的目的主要就是希望能依靠盘点来检查现有货物的出入库及保管状况，因而可以依靠盘点了解存在的问题，例如，在这次盘点中，实际存量与账面存量的差异是多少？这些差异发生于哪些品项？平均每一差异量对公司损益造成多大影响？每次循环盘点中，有几次确实存在误差？平均每品项货物发生误差的次数又为多少？对于这些问题，可由六项指标来找到答案。

$$盘点数量误差 = 实际库存数 - 账面库存数$$

$$盘点数量误差率 = \frac{盘点数量误差}{实际库存数}$$

$$盘点品项的误差率 = \frac{盘点误差品项数}{盘点的所有品项数}$$

$$盘差次数比率 = \frac{盘点误差次数}{盘点执行次数}$$

$$平均每件盘亏金额 = \frac{盘亏金额}{盘亏的总件数}$$

$$平均每品项盘差次数 = \frac{盘差次数}{盘差品项数}$$

当盘点数量误差率高，但盘点品项误差率低时，表示虽发生误差的货物品项减少，但每一发生误差品项的货物数量却有提高的趋势。此时应查看负责此些品项的人员是否尽责，以及这些货物的置放区域是否得当，有无必要加强管理。

相反，若当盘点数量误差率低，但盘点品项误差率高时，表示虽然整个盘点误差量有下降趋势，但发生误差的货物种类却增多了。误差品项太多将使后续的更新修改工作更为麻烦，且可能影响出货速度，因此也要对此现象加强管制。

当盘差次数比率逐渐降低，表示不论是货物出入库的精确度或平时存货管理的方式都有很大的进步。

当平均每件盘亏金额高，表示高价位产品的盘亏发生率较大，可能是公司未实施物品重点管理的结果，对公司营运将造成很不利的影响。因此，最好的改善方式是实施品别分类管理。

若平均每品项盘差次数高，表示盘点发生误差的情况大多集中在相同的品项，此时对这些品项必须提高警觉，并且深入寻找原因。

思考题

1. 通常商品的储存有哪几项要求？
2. 商品堆码的基本原则包括哪些内容？
3. 有哪些常用的堆码方式？
4. 各种不同的堆码方式分别适用于哪些类型的商品？
5. 仓库内的商品防霉腐应加强哪些方面的工作？
6. 有哪些不同类型的搬运作业？
7. 如何根据搬运作业量计算所需时间或设备数量？

第 4 章

仓储流通加工

第 1 节　流通加工基础知识　　　　　/70
第 2 节　流通加工合理化和成本分析　/76

第1节 流通加工基础知识

学习单元1 流通加工概述

学习目标

1. 熟悉流通加工的概念。
2. 熟悉流通加工作用。
3. 熟悉流通加工类型。
4. 了解流通加工和生产加工的区别。

一、流通加工的概念和作用

流通加工是指在流通过程中对流通商品所做的辅助性加工活动，即商品在从生产地到使用地的过程中，根据需要施加包装、分割、计量、分拣、刷标志、拴标签、组装等简单作业的总称。

传统上，仓库被看成是用来长期存放货物的场所，但现在仓库的角色发生了改变。把仓库作为商品移动过程中的滞留点，长期储存的角色弱化了，而成为进行其他一系列流通加工作业的便利场所。

流通加工是物流企业的重要利润源，它在物流中居于非常重要的地位，属于增值服务范围。其具体作用主要表现在：提高原料利用率；进行初级加工，方便用户；方便运输，提高物流系统效率。

流通加工是一种低投入高产出的加工方式，往往以简单加工解决大问题。根据我国近年来的实践可知，流通加工仅就向流通企业提供利润这一点，其成效并不亚于从运输和储存中挖掘的利润。作为物流中的重要利润源，仓储企业必须重视流通加工。

二、流通加工与生产加工的区别

与生产加工相比较,流通加工具有 5 个特点。

1. 加工对象不同

流通加工的对象是进入流通过程的商品,具有商品的属性,而生产加工的对象不是最终商品,是原材料、零配件或半成品。

2. 加工程度不同

流通加工大多是简单加工,而不是复杂加工。一般来讲,如果必须进行复杂加工才能形成人们所需的商品,那么,这种复杂加工应该专设生产加工过程。生产过程理应完成大部分加工活动,流通加工则是对生产加工的一种辅助及补充。特别需要指出的是,流通加工绝不是对生产加工的取消或代替。

3. 价值创造不同

生产加工的目的在于创造价值及使用价值,而流通加工的目的则在于完善其使用价值,并在不做大的改变的情况下提高价值。

4. 加工责任人不同

流通加工的组织者是从事流通工作的人员,所以能密切结合流通的需要进行加工活动。从加工单位来看,流通加工由商业或物资流通企业完成,而生产加工则由生产企业完成。

5. 加工目的不同

商品生产是为交换、为消费而进行的生产,而流通加工的一个重要目的是为了消费(或再生产)进行加工,这一点与商品生产有共同之处。但是流通加工有时候也是以自身流通为目的,纯粹是为流通创造便利条件,这种为流通所进行的加工与直接为消费进行的加工在目的上是有所区别的,这也是流通加工不同于一般生产加工的特殊之处。

三、流通加工的类型

1. 按加工产品类别分类

(1) 食品的流通加工。流通加工最多的是食品行业,为了便于保存,提高流通效率,食品的流通加工是不可缺少的,如鱼和肉类的冷冻,蛋品加工,生鲜食品的包装,上市牛奶的灭菌等。

(2) 消费资料的流通加工。消费资料的流通加工是以服务客户、促进销售为目的,如衣料的标识和印记商标,家具的组装,地毯剪接等。

(3) 生产资料的流通加工。具有代表性的生产资料流通加工是钢铁的加工,如钢板的切割,使用矫直机将薄板卷材展平等。

2. 按加工目的不同分类

根据不同的目的,流通加工具有不同的类型。

(1) 适应多样化的需要。生产部门为了实现高效率,采用大批量生产,但其产品往往不能完全满足用户的要求。这样,为了满足用户对产品多样化的需要,同时又能保证高效率的大生产,可将生产出来的单一化、标准化的产品进行多样化的改制加工。例如,对钢材卷板的舒展、剪切加工;平板玻璃按需要规格的开片加工;木材改制成枕木、板材、方材等的加工。

(2) 方便客户的需要。根据下游生产的需要将商品加工成生产直接可用的状态。例如,根据需要将钢材定尺、定型,按要求下料;将木材制成可直接投入使用的各种型材;将水泥制成混凝土拌和料,使用时只需稍加搅拌即可使用等。

(3) 保护产品的需要。在物流过程中,为了保护商品的使用价值,防止商品在运输、储存、装卸搬运、包装等过程中遭受损失,可以采取稳固、改装、保鲜、冷冻、涂油等方式,延长商品在生产和使用期间的寿命,例如,为实现水产品、肉类、蛋类的保鲜保质的冷冻加工、防腐加工;丝、麻、棉织品的防虫、防霉加工等。还有,为防止金属材料的锈蚀而进行的喷漆、涂防锈油等加工;木材的防腐朽、防干裂加工;煤炭的防高温自燃加工;水泥的防潮、防湿加工等。

(4) 生产加工配套的需要。由于受到各种因素的限制,许多产品在生产领域的加工只能到一定程度,而不能完全实现终极的加工。例如,木材如果在产地完成成材加工或制成木制品的话,就会给运输带来极大的困难。所以在生产领域只能加工到圆木、板、方材这个程度,进一步的下料、切裁、处理等加工则由流通加工完成;钢铁厂大规模的生产只能按规格生产,以使产品有较强的通用性,从而使生产能有较高的效率,取得较好的效益。

(5) 促进销售的需要。流通加工也可以起到促进销售的作用。比如,将过大包装或散装物分装成适合销售的小包装的分装加工;将以保护商品为主的运输包装改换成以促进销售为主的销售包装,以起到吸引消费者、促进销售的作用;将蔬菜、肉类洗净切块以满足消费者要求等。

(6) 提高加工效率的需要。许多生产企业的初级加工由于数量有限,加工效率不高。而流通加工以集中加工的形式,解决了单个企业加工效率不高的弊病。它以一家流通加工企业的集中加工代替了若干家生产企业的初级加工,促使加工效率有一定的提高。

(7) 提高物流效率的需要。有些商品本身的形态使之难以进行物流操作,而且商品在运输、装卸搬运过程中极易受损,因此需要进行适当的流通加工加以弥补,从而使物流各环节易于操作,提高物流效率,降低物流损失。例如,将造纸用的木材磨成木屑的流通加工,可以极大提高运输工具的装载效率;自行车在消费地区的装配加工可以提高运输效率,降低损失;石油气的液化加工,使很难输送的气态物转变为容易输送的液态物,也可以提高物流效率。

(8) 运输衔接的需要。在干线运输和支线运输的结点设置流通加工环节,可以有效解决大批量、低成本、长距离的干线运输与多品种、少批量、多批次的末端运输和集货运输之间的衔接问题。在流通加工点与大生产企业间形成大批量、定点运输的渠道,再以流通加工中心为核心,组织对多个用户的配送,也可以在流通加工点将运输包装转换为销售包装,从而有效衔接不同目的的运输方式。比如,散装水泥中转仓库把散装水泥装袋、将大规模散装水泥转化为小规模散装水泥的流通加工,就衔接了水泥厂大批量运输和工地小批量装运的需要。

(9) 生产流通整合的需要。依靠生产企业和流通企业的联合,或者生产企业涉足流通,或者流通企业涉足生产,形成的对生产与流通加工进行合理分工、合理规划、合理组织,统筹进行生产与流通加工的安排,这就是生产—流通一体化的流通加工形式。这种形式可以促成产品结构及产业结构的调整,充分发挥企业集团的经济技术优势,是目前流通加工领域的新形式。

学习单元2 流通加工技术和方法

学习目标

1. 了解常见流通加工技术。
2. 了解常见产品的流通加工方法。
3. 能选择合适的流通加工方法与技术。

一、常见的流通加工技术

我国常见的流通加工形式包括剪板加工、集中开木下料、配煤加工、冷冻加工、分选加工、精制加工、分装加工、组装加工、加工定制等。

1. 剪板加工

剪板加工是指通过在固定地点设置剪板机进行下料加工,或设置各种切割设备将大规格钢板切小或切成毛坯的流通加工。

2. 集中开木下料

它是指在流通加工点,将原木锯截成各种木材,同时将碎木/碎屑集中加工成各种规格板材,还可进行打眼、凿孔等初级加工。

3. 配煤加工

它是指在使用地区设置加工点,将各种煤及一些其他发热物质,按不同配方进行掺配加工,生产出各种不同发热量的燃料。

4. 冷冻加工

冷冻加工是指为解决鲜肉/鲜鱼等在流通中的保鲜及搬运装卸问题,所采取的低温冷冻的加工方式。

5. 分选加工

分选加工是指针对农副产品规格/质量离散较大的情况,为获得一定规格的产品而采取的人工或机械分选加工方式。

6. 精制加工

在农牧副渔等产品的产地和销售地设置加工点,去除无用部分,甚至可以进行切分、洗净、分装等加工。

7. 分装加工

分装加工是指为了便于销售,在销售地区按所要求的零售起点进行新的包装、大包装改小、散装改小包装、运输包装改销售包装等。

8. 组装加工

组装加工是指采用半成品包装出厂,在消费地由流通部门所设置的流通加工点进行拆箱组装,随即进行销售。

9. 加工定制

企业委托外厂进行加工和改制,是弥补企业自身加工能力不足的一项措施,如加工非标准设备、工具、配料、半成品等。可分为带料加工和不带料加工,前者由使用单位供料,加工厂负责加工;后者由加工厂包工包料。

二、常见产品的流通加工方法

1. 木材流通加工

(1) 磨制木屑压缩输送。木材是容积大、质量轻的货物,在运输时占用相当大的容积,往往使车船满装但不能满载,同时,装车、捆扎也比较困难。

(2) 集中开木下料。在流通加工点将原木锯截成各种规格木材,同时将碎木、碎屑集中加工成各种规格板,甚至还可进行打眼、凿孔等初级加工。

2. 生鲜食品流通加工

生鲜食品的流通加工主要包括:冷冻加工,以方便生鲜食品的保存与运输;分选加工,特别是禽畜肉类生鲜食品,经常要对不同肉块进行分选,以提高产品附加值;精制加工,以适合高端市场的需要;分装加工,以适合多样化需求。

3. 服装流通加工

服装流通加工,主要指的不是材料的套裁和批量缝制,而是在批发商的仓库或配送中心进行缝商标、拴价签、改换包装等简单的加工作业。

4. 鞋类流通加工

比如,阿迪达斯公司在美国有一家超级市场,设立了组合式鞋店,摆放的不是做好了的鞋,而是做鞋用的半成品,款式花色多样,有 6 种鞋跟、8 种鞋底,均为塑料制造的,鞋面的颜色以黑、白为主,搭配的颜色有 80 种,款式有百余种,顾客进来可以任意挑选自己所喜欢的各个部位,交给职员当场进行组合。只要 10 分钟,一双崭新的鞋便可随手可得。这家鞋店昼夜营业,职员技术熟练,鞋子的售价与成批制造的价格差不多,有的还稍便宜些,所以顾客络绎不绝,销售金额比邻近的鞋店多十倍。

5. 平板玻璃流通加工

平板玻璃的"集中套裁,开片供应"是重要的流通加工方式。在此基础上,可以逐步形成从厂家到套裁中心的稳定的、高效率的、大规模的平板玻璃"干线输送",以及从套裁中心到用户的小批量、多户头的"二次输送"。

6. 自行车和助力车流通加工

自行车和助力车的整车运输、保管和包装存在费用多、难度大、装载率低的问题,但这类产品装配简单,不必进行精密调试和检测,所以可以将同类部件装箱,批量运输和存放,在商店出售前再组装。

7. 水泥流通加工

在需要经过长距离输送供应的情况下,以熟料形态代替传统的粉状水泥有很多优点:可以大大降低运费、节省运力;可按照客户的实际需要,随时大量掺加混合材料,容易以较低的成本实现大批量、高效率的输送;可以大大降低水泥的输送损失。

8. 机电产品及零配件流通加工

多年以来,机电设备储运困难较大,主要原因是不易进行包装。如果进行防护包装,会产生较高的包装成本,并且运输装载困难,装载效率低,流通损失严重。但是,这些货物有一个共同点,即装配较简单,装配技术要求不高,主要功能已在生产中形成,装配后不需进行复杂检测及调试。所以,为解决储运问题,降低储运费用,可采用半成品高容量的包装出厂,在消费地拆箱组装的方式,组装一般由流通部门进行,组装之后随即进行销售。这种流通加工方式近几年来已在我国广泛采用。

第 2 节　流通加工合理化和成本分析

 学习单元 1　流通加工合理化

 学习目标

1. 熟悉流通加工合理化要求。
2. 熟悉不合理的流通加工形式。
3. 能够指出流通加工的不合理之处,并加以改进。

流通加工合理化即实现流通加工的最优配置,也就是对是否设置流通加工环节、在什么地方设置、选择什么类型的加工、采用什么样的技术装备等问题做出正确抉择。这样做不仅要避免各种不合理的流通加工形式,而且要做到最优。

一、不合理流通加工的形式

1. 流通加工地点设置不合理

流通加工地点设置即布局状况是决定整个流通加工是否有效的重要因素。一般来说,为衔接单品种大批量生产与多样化需求的流通加工,加工地点设置在需求地区,才能实现大批量的干线运输与多品种末端配送的物流优势。如果将流通加工地设置在生产地区,一方面,为了满足用户多样化的需求,会出现多品种、小批量的产品由产地向需求地的长距离的运输;另一方面,在生产地增加了一个加工环节,同时也会增加近距离运输、保管、装卸等一系列物流活动。所以,在这种情况下,不如由原生产单位完成这种加工而无须设置专门的流通加工环节。

另外,一般来说,为方便物流的流通加工环节应该设置在产出地,而且应设置在进入

社会物流之前。如果将其设置在物流之后，即设置在消费地，则不但不能解决物流问题，又在流通中增加了中转环节，因而也是不合理的。

2. 流通加工方式选择不当

流通加工方式涉及流通加工对象、流通加工工艺、流通加工技术、流通加工程度等。流通加工方式的确定实际上是与生产加工的合理分工。把本来应由生产加工完成的作业错误地交给流通加工来完成，或者把本来应由流通加工完成的作业错误地交给生产过程去完成，都会造成分工的不合理。

流通加工不是对生产加工的代替，而是一种补充和完善。所以，一般来说，如果工艺复杂，技术装备要求较高，加工可以由生产过程延续或轻易解决的，都不宜再设置流通加工。如果流通加工方式选择不当，就可能会出现生产争利的恶果。

3. 流通加工作用不大

有的流通加工过于简单，或者对生产和消费的作用都不大，甚至有时由于流通加工的盲目性，不仅未能解决品种、规格、包装等问题，反而增加了作业环节，这也是流通加工不合理的重要表现形式。

4. 流通加工成本过高

流通加工的一个重要优势就是它有较大的投入产出比，因而能有效地起到补充、完善的作用。如果流通加工成本过高，则不能实现以较低投入获得更高使用价值的目的，势必会影响它的经济效益。

二、流通加工合理化

要实现流通加工的合理化，主要应从 5 个方面加以考虑。

1. 加工和配送结合

就是将流通加工设置在配送点中。一方面按配送的需要进行加工；另一方面加工又是配送作业流程中分货、拣货、配货的重要一环，加工后的产品直接投入到配货作业，这就无须单独设置一个加工的中间环节，而使流通加工与中转流通巧妙地结合在一起。同时，由于配送之前有必要的加工，可以使配送服务水平大大提高，这是当前对流通加工做合理选择的重要形式。

2. 加工和配套结合

配套是指将使用上有联系的用品集合成套地供应给用户使用，例如方便食品的配套。当然，配套的主体来自各个生产企业，如方便食品中的方便面，就是由其生产企业配套生产的。但是，有的配套不能由某个生产企业全部完成，如方便食品中的盘菜、汤料等。这样，在物流企业进行适当的流通加工，可以有效地促成配套，大大提高流通作为供需桥梁与纽带的能力。

3. 加工和合理运输结合

我们知道，流通加工能有效衔接干线运输和支线运输，促进两种运输形式的合理化。利用流通加工，在支线运输转干线运输或干线运输转支线运输等这些必须停顿的环节，不进行一般的支转干或干转支，而是按干线或支线运输合理的要求进行适当加工，从而大大提高运输及运输转载水平。

4. 加工和合理商流结合

流通加工也能起到促进销售的作用，从而使商流合理化，这也是流通加工合理化的方向之一。加工和配送相结合，通过流通加工，提高了配送水平，促进了销售，使加工与商流合理结合。此外，通过简单地改变包装加工形成方便的购买量，通过组装加工解除用户使用前进行组装、调试的难处，都是有效促进商流的很好例证。

5. 加工和节约结合

节约能源、节约设备、节约人力、减少耗费既是流通加工合理化重要的考虑因素，也是目前我国设置流通加工并考虑其合理化的较普遍形式。

对于流通加工合理化的最终判断，是看其是否能实现社会的和企业本身的两个效益，而且是否取得了最优效益。流通企业更应树立社会效益第一的观念，以实现产品生产的最终利益为原则，只有在生产流通过程中不断补充、完善才有生存的价值。如果只是追求企业的局部效益，不适当地进行加工，甚至与生产企业争利，这就有违于流通加工的初衷，或者其本身已不属于流通加工的范畴。

学习单元 2 流通加工成本分析

学习目标

1. 熟悉流通加工成本的构成内容。
2. 了解流通加工的材料费、人工费和加工费等成本的核算。
3. 能正确地核算和分析流通加工成本。

一、流通加工成本构成

在物流系统中进行流通加工所消耗的物化劳动和活劳动的货币表现，即为流通加工成本。流通加工成本由以下几方面构成：

1. 流通加工设备费用

流通加工设备因流通加工形式、服务对象不同而不同，如剪板加工需要的剪板机，印贴标签条码的喷印机，拆箱需要的拆箱机等。购置和使用这些设备所支出的费用，通过流通加工费的形式转移到被加工的产品中。

2. 流通加工材料费用

在流通加工过程中需要消耗一些材料，如包装材料等，消耗这些材料所产生的费用，即流通加工材料费用。

3. 流通加工劳务费用

在流通加工过程中从事加工活动的管理人员、工人及有关人员的工资、奖金等费用的总和，即为流通加工劳务费用。

4. 流通加工其他费用

除上述费用外，在流通加工中耗用的电力、燃料、油料等费用，也是流通加工成本的构成部分。

二、流通加工成本核算

为简化核算，对流通加工成本设置直接材料、直接人工和制造费用三个成本项目。

1. 流通加工直接材料费用的核算

（1）直接材料费用的内容。流通加工的直接材料费用是指对流通加工产品加工过程中直接消耗的材料、辅助材料、包装材料以及燃料和动力等的费用。与工业企业相比，在流通加工过程中的直接材料费用，占流通加工成本的比例一般并不大。

（2）材料消耗量的核算。为了正确计算在流通加工过程中材料的消耗量，企业应当采用连续记录法，及时记录材料的消耗数量；记录生产过程中材料消耗量的原始凭证有"领料单""限额领料单""领料登记表"等。为了正确计算材料消耗量，期末，对于在生产过程中只领未用的材料，应当填制"退料单"，"退料单"也是记录材料消耗的原始凭证。只有严格材料发出的凭证和手续，才能正确计算和确定材料消耗的数量。

（3）材料消耗价格的核算。在实际工作中，物流企业可以按照实际成本计价进行材料核算，也可按计划成本计价进行材料核算，但无论采用哪种计价方式，加工过程中消耗的材料，都应是材料的实际成本。

当采用实际成本计价进行材料核算时，由于同一材料的购入时间和地点不同，各批材料购进的实际单价可能不一致，因此，物流企业必须采用一定的财务方法，正确计算消耗材料的实际价格。

当采用计划成本计价组织材料核算时，物流企业应当正确计算消耗材料应分摊的材料成本差异，将消耗材料的计划成本调整为实际成本。消耗材料的实际成本，等于计划成本加上应分摊的材料成本超支差异，或减去应分摊的材料成本节约差异。

（4）直接材料费用的归集。在直接材料费用中，材料费用数额是根据全部领料凭证汇总编制的"耗用材料汇总表"确定的。在归集直接材料费用时，凡能分清某一成本计算对象的费用，应单独列出，以便直接计入该加工对象的产品成本计算单中；属于几个加工成本对象共同耗用的直接材料费用，应当选择适当的方法，分配计入各加工成本计算对象的成本计算单中。

（5）直接材料费用的分配。需要分配计入各加工成本对象的直接材料费用，在选择分配方法时，要遵循合理、简便的原则。分配方法中重要的因素是分配标准，分配方法通常是以分配标准命名的。分配方法的简便原则，主要指分配方法中的分配标准，其资料应当容易取得，便于计算。

在直接材料费用中，流通加工所消耗的材料和燃料费的分配，一般可以选用重量分配法、定额耗用量比例分配法、系数分配法；流通加工所消耗的动力费用的分配，可以选用定额耗用量比例分配法、系数分配法、生产工时分配法、机器工时分配法等。

2. 流通加工直接人工费用的核算

（1）直接人工费用的内容。流通加工成本中的直接人工费用，是指直接进行加工生产的生产工人的工资总额和按工资总额提取的职工福利费、生产工人工资总额包括计时工资、计件工资、奖金、津贴和补贴、加班工资、非工作时间的工资等。

（2）直接人工费用的归集。计入产品成本中的直接人工费用的数额，是根据当期"工资结算汇总表"和"职工福利费计算表"来确定的。

"工资结算汇总表"是进行工资结算和分配的原始依据，它是根据"工资结算单"按人员类别（工资用途）汇总编制的，"工资结算单"应当依据职工工作卡片、考勤记录、工作量记录等工资计算的原始记录编制。

"职工福利费计算表"是依据"工资结算汇总表"确定的各类人员工资总额，按照规定的提取比例经计算后编制的。

（3）直接人工费用的分配。采用计件工资形式支付的生产工人工资，一般可以直接计入所加工产品的成本，不需要在各种产品之间进行分配。采用计时工资形式支付的工资，如果生产工人只加工一种产品，也可以将工资费用直接计入该产品成本，不需要分配；如果加工多种产品，则需要选用合理方法，在各种产品之间进行分配。按照工资总额一定比例提取的职工福利费，其归集方法与工资相同。

直接人工费用的分配方法有生产工时分配法、系数分配法等。流通加工生产工时分配法中的生产加工工时,既可以是产品的实际加工工时,也可以是按照单位产品加工定额工时,还可以是实际加工量的定额总工时。

3. 流通加工制造费用的核算

(1) 制造费用的内容。流通加工制造费用是物流中心设置的生产加工单位为组织和管理生产加工所发生的各项间接费用。主要包括流通加工生产单位管理人员的工资及提取的福利费、生产加工单位房屋、建筑物、机器设备等的折旧和修理费、生产单位固定资产租赁费、机物料消耗、低值易耗品摊销、取暖费、水电费、办公费、差旅费、保险费、试验检验费、季节性停工和机器设备修理期间的停工损失以及其他制造费用。

在构成流通加工成本的直接材料费用、直接人工费用和制造费用等项目中,制造费用属于综合性费用,明细项目比较多,除机器设备等的折旧费和修理费外,制造费用的大部分为一般费用。尽管有些制造费用和加工产品产量的变动有关,但制造费用多为固定费用,不能按照业务量制定定额,只能按会计期间编制的制造费用预算,控制制造费用总额。

(2) 制造费用的归集。制造费用是通过设置制造费用明细账,按照费用发生的地点来归集的。制造费用明细账按照加工生产单位开设,并按费用明细账项目设专栏组织核算。流通加工制造费用表的格式可以参考工业企业的制造费用表的一般格式。由于流通加工环节的折旧费用、固定资产修理费用等占成本比例较大,所以其费用归集尤其重要。

(3) 制造费用的分配。制造费用是各加工单位为组织和管理流通加工所发生的间接费用,其受益对象是流通加工单位当期所发生的全部产品。当加工单位只加工一种产品时,制造费用不需要在受益对象之间分配,直接转入流通加工成本;若加工多种产品时,则需要在全部受益对象之间分配,包括自制材料和工具,以及生产单位负责进行的在建工程,都要负担制造费用。在选择制造费用分配方法时,同样需要注意分配标准的合理和简便。在实际工作中,制造费用分配方法有生产工时计算法、机器工时分配法、系数分配法、直接人工费用比例分配法等。

三、流通加工成本分析

对流通加工成本的分析,可通过编制流通加工成本报表来进行。在对流通加工成本报表分析的过程中,研究各项成本指标的数量变动和指标之间的数量关系与测定各种因素变动对成本指标的影响程度时,常用以下几种分析方法。

1. 比较分析法

比较分析法也称对比分析法。它是通过两个或两个以上相关指标进行对比确定数量差异的一种方法,用以说明两个事物间的联系与差距。比较分析法是财务分析中最常见的一种方法。在实际工作中,比较分析法有实际指标与计划指标对比、同一指标纵向对比及同一指标横向对比3种形式。这3种比较形式分别揭示企业业绩完成、发展趋势和先进程度3个方面的内容。

运用比较分析法要注意指标的可比性与指标差异的确定。指标可比性是指要求指标间口径相同,包括指标内容、计算方法、评价标准和时间单位等方面的一致,以及业务经营规模和业务范围的基本一致。指标差异的确定是指:差异如果是绝对数,则采用两个指标相减的差额来表示;如果是相对数,则将两个基本点指标相除,以取两者之比率来表示。

2. 趋势分析法

趋势分析法也是企业成本分析中常见的一种方法。它是比较分析法的延伸,是将连续数年(一般3年以上)的财务报表以某1年作为基期,计算每期各项指标对基期同一项目指标的趋势百分比,借以表示其在各期间的上、下变动趋势,从而判断企业的经营成果和财务状况。

3. 比率分析法

在错综复杂、相互联系的经济现象中,某些指标之间存在一定的关联,这种关联可组成各种比率。比率分析法就是一种将两项相互依存、相互影响的财务指标进行计算,形成比率,以分析评价企业财务状况和经营水平的方法。它是从财务现象到财务本质的一种深化。比率分析法比比较分析法更具有科学性和可比性,它适用于不同流通加工企业之间的对比。

4. 标准成本差异分析法

标准成本差异分析法是指以预先制定的标准成本为基础,用标准成本与实际成本进行比较,对成本差异进行分析的一种方法。标准成本的制定是使用该方法的前提和关键,其中成本差异计算和分析是标准成本差异分析法的重点。借此可以促成成本控制目标的实现,并据以进行经济业绩考评。

企业为了消除或减少不利差异,应对差异进行分析,找出原因,核心是按标准成本记录成本的形成过程和结果,并借以实现对成本的控制,寻找决策,以便采取有效管理措施提高经济效益。

思考题

1. 流通加工的概念是什么?它有什么作用和意义?

2. 常见的流通加工技术有哪些?
3. 实际工作中,有哪些商品经常会在仓库中进行流通加工?
4. 有哪些不合理的流通加工形式?
5. 流通加工作业包括哪几类成本项?有哪几种成本计算方式和分析方式?

第 5 章

仓 储 商 务

第 1 节　仓储商务概述　　/86
第 2 节　仓储合同和仓单　/93

第 1 节　仓储商务概述

学习单元 1　仓储商务要点

学习目标

1. 熟悉仓储商务的概念。
2. 熟悉仓储商务的性质。
3. 熟悉仓储商务的作用。
4. 熟悉仓储商务的原则。

一、仓储商务的概念

仓储商务是指仓库的经营企业利用自身所拥有的仓库保管能力和服务，能力向市场提供仓库保管及相关服务，并获得经营收益的一种商业交换行为，是现代市场经济体制下的一种商业性质的服务经济形式。因此，仓储商务主要发生在向市场提供服务的公共仓库和营业性仓库中，一般来说，企业的自营仓库由于不与外界发生直接的服务关系，因此也不存在仓储商务。通过实施有效的仓储商务管理工作，可以帮助仓库经营企业更好地把握自身业务的特点，合理签订商务合同和处理合同履行中的问题，有效规避风险，最大限度地获得经济效益，促进企业的持续稳定发展。

仓储商务覆盖了仓库经营的整个业务链，包括市场调研、商机发现、市场分析、经营决策、商务沟通、合同签订、合同履行、款货交割、争议处理、风险控制，以及塑造企业形象、制定竞争战略、开拓新兴市场等。

仓储商务管理是指仓库经营企业对仓储商务活动所进行的计划、组织、协调和控制的过程，是仓库经营企业管理自身对外行为的一项工作，属于企业运营管理的一个分支。仓储商务管理直接牵涉仓库的服务收益，是关乎仓库经营目标能够实现、经营活动能够持续的重要事项，因此必须给予高度重视。

对于大多数的仓库经营企业而言,仓储商务管理的具体工作有10个方面:一是建立仓储商务部门及商务工作人员队伍;二是制定仓储商务活动的工作制度、管理制度及审核制度;三是进行市场调研与分析,收集市场信息,捕捉商业机会,制定竞争策略;四是根据市场的发展需要,科学地规划和设计产品营销策略,促进产品的销售;五是在现行的法律规范和市场规则下,合理采取措施降低交易成本和经营风险;六是对服务成本进行准确核算,确定合理的市场报价,推进仓库的成本管理工作;七是分析客户需求,开展交易磋商,签订商务合同,为企业争取利益;八是执行合同管理,严格依合同办事,树立企业的商业信誉;九是建立风险防范机制,妥善处理仓储商务活动中的冲突和纠纷,防范和减少商务风险;十是加强商务人员管理,重视商务人员的能力培养,充分调动员工的积极性和激发其智慧与创造力。

二、仓储商务的性质

1. 规范性

仓储商务的主要作用就是要明确仓库与客户之间的权利义务关系,因此必须依照法律法规和市场规则来对其进行规范,以确保仓库经营活动的正常开展。包括商务文本的规范、商务过程的规范、凭据和签章的规范、内部控制流程的规范等。

2. 外向性

仓储商务是仓库对外开展经营活动的窗口,因此具有典型的外向性特征,即不论仓库内部的各个业务部门之间如何协调处理,首先要保证一致对外,确保客户的所见所得符合合同约定和市场规范。

3. 整体性

仓储商务管理不仅是商务部门的工作,更需要其他所有业务部门共同参与,共同给予支持,这样才能确保仓库对外提供服务的及时、准确、高效、高质,才能使仓储合同中所约定的服务收益最终得以实现。

4. 竞争性

市场经济的基本特征就是广泛的市场竞争,仓储商务管理要善于竞争、敢于竞争,要通过制定完整的市场竞争策略,创造和发掘自身的成本优势、服务优势、价格优势、技术优势,充分利用资本经营手段,发挥规模效应,构建竞争优势,形成网络服务,在市场竞争中求生存、求发展。

5. 指导性

仓储商务管理是仓库经营企业的高层管理者最为关心的一项核心工作,需要对如何充分开发利用各类仓储资源、如何提升仓库服务能力和扩大服务范围、如何留住老客户和发展新客户、如何开拓业务领域并形成具有优势的核心竞争力、如何确定服务水平以最大限度地获得利润等问题进行通盘考虑,仓库各业务部门的人员设备配置、资金资源投入、操作流程与服务规范等都必须在仓储商务管理的统一指导下进行安排协调。

三、仓储商务的作用

1. 充分利用资源

仓储商务管理的目的是最大限度地利用仓库可对外提供的服务总量,使仓库经营企业的服务收益最大化。在良好的仓储管理活动的引导之下,仓库可以获得大量的收益,但同时也承担了大量的服务义务,这就引导着仓库必须充分利用各种资源,包括库房、设备、人力和资金等,有效提高资源的利用率,优化资源的使用方式,按时按质完成任务。

2. 满足市场需要

仓库经营企业开展商务管理活动可以促使仓库向市场提供尽可能多的仓储服务,它的一项重要任务就是随时把握市场的需求动态,不断跟随市场的需要调整服务内容、提升服务质量,提高仓库的市场竞争力,更好地满足市场需求。

3. 展现企业形象

在当今市场,品牌与渠道是企业重要的竞争力来源,提升品牌的美誉度对企业来说极为重要。商务人员在对外的交往过程中起着代表企业形象的作用,每一项工作都会对企业形象产生直接的影响。仓库经营企业通过建立一支优秀的商务人员队伍,可以在对外商务交流活动中展现出业务熟练、精明能干、合作性强和服务精神佳等特质,充分体现出服务能力和商务诚信,塑造一个可信赖、高水平的企业形象。同时,品牌是以服务质量为基础逐步积累起来的,通过仓库对服务质量的控制和信守合同、坚持信用的商务管理,将会大大增加仓库的市场机会,并且增强竞价实力,促进经济效益和社会效益的提高。

4. 降低服务成本

仓储商务管理不仅要尽可能地提高仓库的服务收益,还需要有效地控制服务成本。通过签订规范合理的仓储合同,仓库经营企业可以将未来一段时间内的服务内容和服务作业量明确下来,从而有效消除信息不对称,降低经营活动中的不确定性,减少交易成本和变更成本,从比较长远的角度来实现仓库经营活动的优化。

5. 减少经营风险

仓库经营企业的风险绝大部分来自商务风险。按照供应链管理理论来说,由于业务不稳定或局部环节信息失真失信而导致的商务风险不但发生概率高,而且损失大,对仓库的持续稳定经营有着不可忽视的负面影响。通过仓储商务活动的有效开展,可以帮助仓库建立良好的合同管理机制和客户信用机制,加大与合作伙伴的信息共享,在建立良好的经济契约的同时形成良好的心理契约，从而形成合理的共赢互信合作机制，避免发生不必要的零和博弈。同时，仓储商务管理可以为企业建立风险预警机制和风险防范机制，防止事故责任不清，妥善处理协议纠纷，也能从一定程度上起到规避经营风险的作用。

6. 优化内部管理

仓储商务活动是围绕仓储合同开展的一系列管理工作，为了确保合同目标的实现，并尽量多地获得服务收益，仓库经营企业必须依照合同约定，仔细审视自身的内部管理情况，包括资源配置情况、资源利用效率、业务流程合理性、风险防范措施、部门沟通与合作等，通过确定良好恰当的服务水平，从而实现既能提高效率以满足客户要求，又能尽量减少浪费以降低成本的目的，获得收入与成本支出的差额最大化。

四、仓储商务的原则

1. 公平合法

市场经济是在法制框架下的经济，必须以法律来规范市场交易行为，禁止恶性与不正当竞争，维护合法行为和利益，防止侵害合法权益。仓储商务工作必须严格遵守法律法规的规定，法律有规定的按照法律规定进行，法律没有规定的按照行业自律和商业道德精神进行。在商务工作中严格遵守合同法、民法、环境保护法、消防法、劳动法、环境保护法、商标法等法律法规。所有牵涉企业外部和社会公众经济利益关系的事务纠纷，商务管理部门应在遵守国家法律法规和社会商业道德的同时，运用法律武器寻求保护，防止其他企业侵犯自身利益，维护自身的合法权益。

2. 分工合作

按照经济学的理论，现代化社会的分工合作是在充分比较企业内部作业与采购市场服务之间成本效率差异的基础上建立起来的。当获取市场服务的成本小于企业内部成本，并且能够保持一定的效率和稳定性时，企业应当合理缩小自身的业务边界，以求整体利益的最大化。如今的市场中，企业自己从事所有各个环节的运作已不再是普遍现象，仓储服务一样也要参与社会化的分工，充分利用外部专业化的服务力量来充实自身实力和降低自运营成本。因此，仓储商务管理要基于第三方物流的服务理念，在更为广泛的市场空间中实现仓储服务能力的整合，既使仓储资源能够被有效利用，又能为客户和自身创造出新的价值。

3. 多样经营

为了追求仓库服务收益的最大化，在仓储商务管理中需要通过合理确定服务水平，实施有效的营销策略、竞争策略、价格策略等措施，不断开展多样化的仓储增值业务，如融通仓、金融物流、物流期货、中介服务、保税仓储、质押监管担保等，从多个角度促进业务开展，促进资源的充分高效利用。

 **学习单元 2　仓储商务流程**

 学习目标

1. 熟悉仓储商务的流程及各阶段的内容。
2. 能够完整地描述仓储商务的流程及内容。

仓储商务是覆盖整个仓库经营过程的一项管理性活动,从开始制定经营决策到最后存货人提货离库,仓库经营企业在这整个过程中付出了自身的劳动,为客户提供专业仓储服务,并获取利润。一般来说,仓储商务大致可以分为 6 个环节。

一、经营决策

在一切仓储商务活动开展之初,仓库经营企业首先要根据市场对仓储服务的需求、自身所具备的能力和资源、同行仓储市场的供给水平等情况,以充分发挥企业自身资源的作用而满足市场需求,获得最大的经营利润与服务收益为原则,充分分析自身的优势和劣势、市场的机会和风险,制定一个企业长远发展的目标以及实现该目标的经营管理决策。

根据市场需求分析以及对自身运营能力的评估,仓库经营企业既可以选择开展公共仓储、仓库租赁、配送中心或者流通加工等业务类型,也可以在单项专业服务与综合仓储服务、独立经营与联合经营等各种不同的服务形式或经营模式中做出选择。并根据所选择的经营方式逐步建立一支仓储服务人员队伍,配以专业的设施设备,制定出一整套仓库作业的规章制度,形成科学、合理的管理体系。

二、市场开发

当仓库经营企业明确了自身业务的类型与方向后,便需要通过一系列的宣传、调研与商务拜访等手段,让市场充分认可自身的服务能力,从而获得订立仓储合同的业务机会。

首先是在经营决策的指导下对市场进行更为细致的调查,掌握目标客户的分布、地点、类型、规模等信息,从而确定下一步开展工作的方向。市场调查工作是贯穿于仓库经营企业整个生命周期中的一项基本工作,企业的商务部门需要通过周密的市场调查来把握市场的供求关系,了解客户对服务需求的变化,同时进行准确的分析和科学合理的预测,明确市场定位和营销手段，并对服务项目加以更新改良，从而不断发现新的商业机会，与更多的客户建立服务关系。

其次，品牌建设和市场宣传可以采用新闻宣传、广告宣传、企业联系、宣传推广、人员促销等方法进行，是仓库经营企业建立市场形象的必须手段，也是获得客户和市场认同的一条主要途径。企业的市场形象与品牌不但是企业的一项重要的无形资产，同时也是提升服务价值、扩大服务收益的一种基本手段。仓储商务部门应合理和充分利用各种资源，采取针对性的措施，对潜在客户和竞争性客户进行有效宣传和推广，建立良好的客户关系，促进仓储服务合同的订立。

最后，在进行品牌建设与市场宣传工作的同时，仓储商务部门还应针对若干有合作意向的客户开展定向拜访工作，经过调研客户需求、制订服务方案、服务报价、现场考察等多个环节的沟通，向客户阐明所能提供的服务功能，以及相关的质量、价格、配套服务等信息，充分获取客户的信任，与客户之间达成切实的合作承诺。

三、订立合同

合同是在市场经济中两个业务主体之间为表示意见达成一致而签订的一种书面文件。需要仓储服务的存货人与从事仓库保管业务的保管人双方通过订立仓储服务合同确立货物交付与保管的服务关系，并通过仓储合同明确双方之间关于仓储服务的权利和义务。仓储合同要求签署合同的双方分别做出要约与承诺，并当双方意见达成一致时正式履行签订手续以确认合同成立。

由于仓储服务的过程往往需要比较长的时间，期间还可能需要对客户委托保管的商品进行分拆、包装、组合等流通加工作业，因此为了使保管人能够严格履行合同，按照存货人的要求对货物进行保管，避免因时间久远而遗忘甚至出现争议，仓储合同要求条款细致、内容完善，对货物的质量要求、服务的时间要求、保管责任的区分、服务价格或赔偿等都做出非常明确的约定。

四、货物交付

签订仓储合同后，存货人应按合同中的约定，在指定的时间地点向保管人交付委托保管的货物。存货人交付货物是存货人履行合同义务的行为，在某些类型的仓储合同中，存货人交付货物还是表示相关仓储服务正式开始计算费用的标志。存货人交付货物前必须对货物进行细致的检查，保证货物能够适合存放在保管人的仓库中进行长期保管。若须存放危险品、易变质物品等特殊货物时，存货人还应向保管人提供各种必要的资料，以说明货物的性质和处理方式，并按照合同中验收条款的约定，对货物的状态、质量程度等提供相应的证明，配合保管人共同查验货物。

按照仓储合同中的约定，存货人交付货物时可以采取存货人送货、第三方送货、保管人提货等不同的形式。有关仓库保管费一般可分为事先预付、到货支付、提货支付、按期结算等几种主要类型。

五、货物保管

按照仓储合同中所确认的保管时间、保管数量等信息，保管人应提前为货物准备好货位及相关的人员设备，对场地进行清洁整理使之适合货物的存放和保管。保管人在接收货物时必须先对其进行验收，确认货物的状态、质量符合保管要求，确认交付货物的准确数量，以避免承担不必要的货损责任。货物接收完毕，保管人应根据约定向存货人签发仓单。

在货物进入仓库后，相关的保管义务即正式交由保管人开始履行。保管人应采取合理的方法和有效的措施，确保货物在库期间不发生质量和数量的非正常变化，直至货物被存货人提取出库。在存放期间，若发生货物损害或变化，保管人应及时通知存货人，并及时采取正确的方法进行处理，尽量降低损失。

一般来说，为加强对商品的安全管理、降低存货人的经营风险，保管人应同意存货人或者仓单持有人在保管期间采取抽样检查、实地检查等方式来确认在库货物的状态。

六、货物提取

当仓储合同中所约定的保管期满、存货人要求提取全部货物离库并结算、仓单持有人凭仓单向保管人要求提取货物等情况发生时，即表示仓储合同的终止。如果合同中未写明确定的存储时间期限，存货人或者仓单持有人可以随时要求提取货物，但必须提前一定的时间通知保管人。

货物提取时应由存货人或仓单持有人对货物进行检验，确认货物完好且数量齐全，随后结清仓储保管费、服务费、超期存货费以及由保管人收取的其他合理费用，再行提货出库。一般情况下，货物在仓储过程中产生的残损货物、收集的地脚货、货物残余物等应一并交付提取。货物在存放期间产生的孳息，若合同中没有规定由保管人享受的，保管人也应将之一并交付给存货人或仓单持有人。

提货手续完毕后，存货人或仓单持有人应在相关单据（如仓单）上签章，将之交给保管人作为说明仓储合同中约定义务已履行完毕的凭据。

第 2 节　仓储合同和仓单

 **学习单元 1　仓储合同**

 **学习目标**

1. 熟悉仓储合同的定义、格式与原则。
2. 熟悉仓储合同的分类。
3. 熟悉仓储合同的条款及各项权利义务。
4. 能够选择正确的仓储合同形式。
5. 能够签订仓储合同保护仓储经营者的权益。

一、仓储合同的定义

仓储合同又称为仓储服务合同、保管服务合同、委托保管合同等,是指仓库经营企业以保管人的身份收取保管服务费用,接受存货人委托保管的货物,对之进行妥善保管,并在服务期满后将货物按质按量地送还给存货人或其他有权利提取该批货物的仓单持有人的协议。按照我国《合同法》第 381 条的规定:"仓储合同是保管人储存存货人交付的仓储物,存货人支付仓储费的合同。"

根据仓储合同的定义和实际仓库经营保管业务的开展情况,仓储合同具备以下 4 个特征:①合同中约定有一批特定的标的物;②仓储合同属于劳务合同,即保管人所收取的费用是其劳动成果的价值体现,而非实物价值;③仓储合同为诺成合同,指存货人与保管人意思表示一致合同即为成立,存货人交付标的物属于履行合同的行为,而与合同成立与否无关;④仓储合同中明确约定了货物交付与提取时的数量和质量要求。

二、仓储合同的原则

1. 平等协商的原则

平等协商的原则是两个自由经济主体签订合同的基本精神,是任何市场经济制度下所有合同行为都需要遵循的原则。保管人和存货人作为该合同中的双方当事人,其在法律的地位是完全平等的,所有合作事项均应由双方共同协商约定,所有合同约定的条款应公平合理,同时对双方都有利,任何一方采取恃强凌弱,或者以大欺小、以行政命令的方式订立的合同都将是无效合同。合同若未经协商一致,会导致履行过程中发生争议,造成合同无法完成。

2. 等价有偿的原则

仓储合同是双方平等协商的结果,因此合同双方都要为履行合同约定承担相应的责任或义务,并平等享受相应的合同收益。从保管人的角度来看,收取仓储费和劳务费体现了保管人的利益,其付出的仓储过程中的劳动服务和投入的人力及设施设备的数量决定了其所能获得报酬的多少。同样,站在存货人的角度来看,其付出的费用决定了所能获得的仓储服务的内容、数量和时间长度。

3. 守法诚信的原则

仓储合同在订立时要严格遵守法律法规的规定,双方所有的约定行为均应在法律规定的范围内,所有的合同条款应尽量按照法律和行规加以阐述,避免因约定不明而导致纠纷。特别是由于仓储合同所涉及的标的物和服务内容错综复杂,合同双方应注意遵守不损害第三方的原则,即要求在未来履行合同时,不得产生有损于合同以外第三方利益的行为,包括对具体个人或经济实体的侵害和对社会公共利益的侵害。

签订合同的双方应本着诚信原则,如实表达各自的合作意愿及要求,如实承诺对合同约定的责任担当,并切实加以履行。不得以欺诈、隐瞒等方式在骗取对方信任后,又拒不履行自己的责任或追加提出不合理的条件要求,以谋取超额利润。在合同执行过程中若发生意外事件,也应本着诚信的原则及时通报,双方协商共同解决问题,而不应采取隐瞒伪装的方式逃脱自身的责任。

三、仓储合同的签订

在签订仓储合同前,必须要经过要约和承诺的过程,即由一方向另一方提出要约,再由另一方予以承诺的过程。所谓要约,是指一方当事人向对方发出的希望与对方订立合同的意思表示。一项有效的要约需要包含明确的订立合同的愿望和完整的交易条件,这些条件一般都应在要约中加以明示,但在无歧义纠纷的情况下也可以是受要约人依照行规常理合理判断确定的条件。要约送达受要约人后,要约人须在一定期限内承担遵守要约的责任,若对方在该期限内做出无须修改的接受要约的行为,即称为承诺。承诺必须是明确的、有确切表现形式的,承诺到达要约人时发生效力,承诺人即刻开始受到承诺的约束,合同即宣告成立。

除了在合同法中明确指出的要约与承诺这两个必需的环节外,在仓储合同的签订过程中,往往还存在其他一些商务环节。

邀约,是指一方向另一方发出信息,邀请另一方向自己发出要约的行为。

要约引诱,是指一方向另一方发出不明确的交易愿望,期望促成对方的进一步意思表达的行为。要约引诱一般不具有约束力,如广告、推销宣传等,但若在其文字中明确表达了交易条件和交易愿望,且明示有约束力的,它也可成为要约。

反要约,是指当一方收到另一方的要约后,对要约中所列的条件进行实质性的变动,并发还给另一方的行为。

预约,是指一方(一般指存货人)向另一方发出愿意订立仓储合同的要约,但没有明确仓储合同中主要事项的行为。这种不明确细节的要约行为组成了双方订立预约合同的要件,另一方(一般指保管人)做出承诺后即表明双方订立了预约合同。预约合同并不是仓储合同,仅仅是双方达成了将要订立仓储合同的协议。但是,正式签订的预约合同也是有效的合同,意味着双方需承担将要订立仓储合同及开展相关交付及服务工作的义务,否则也将承担一定的违约责任。

合同签署,是指有关合同当事人对合同协商一致的正式表示形式,是仓储合同成立的标志。仓储合同由法定代表人或者拥有授权的主管业务人员签名注明签署时间,并盖单位公章或合同章。个人签订仓储合同时只需要签署个人的完整姓名。合同一经签署便开始生效,表示之前的要约及承诺等环节的正式完成,双方已经就合同上所表达的内容达成一致意见。

四、仓储合同的分类

由于仓储服务工作所涉及的货物数量比较大,价值比较高,还可能进行配送、加工等多种作业,并且可能引入第三人作为仓单持有人,因此为了避免纠纷,仓储合同一般应采取书面形式确立,包括电报、传真、电子邮件等,都可以作为表达仓储合同双方真实意思的书面形式。书面形式的合同有利于审核、保管,也有利于合同的履行及发生争议时的处理。但根据合同法的规定,在有明确证据和理由的情况下,口头形式或其他形式也可以用来确立合同。

一般来说,订立仓储合同前需要存货人与保管人双方就保管服务的具体内容进行磋商并达成一致意见。而在实际工作中，为了节省时间和方便操作，在周转较为频繁的公共仓库或第三方仓库中，保管人可以采用预先已设定好条件的格式合同。在格式合同中，存货人只有签署或者不签署合同，和少量添加说明的权利，而没有商定格式合同条款的权利。但为了保护弱势方的利益，行政主管机关或行业协会可以对格式合同的内容进行审核，避免发生隐瞒风险、虚高价格、合同陷阱、欺行霸市等行为。依照仓储合同所约定的时间周期，可以分为单次仓储合同和长期仓储合同。而依照保管业务的不同，又可分为如下几种类型：

1. 保管式仓储合同

由保管人提供完善的仓储保管条件，根据与存货人的合同约定，向其提供储存保管货物的服务，并在保管期满时将原先收保的货物按照原样交还给存货人，收取仓储保管费用的一种仓储合同形式。该合同中所涉及的货物一般为确定的标的物，存货人有时会允许货物在保管期间存在一定的合理损耗。保管人应承担在合同到期后原样交付返还货物及其孳息的明确责任。

2. 混藏式仓储合同

混藏式仓储合同主要是在品类少、批量大、货物品质鉴定比较规范的情况下而签订的服务合同，是指多个存货人将相同种类、品质、一定数量的可替代货物交付给一个保管人进行存储。保管人将不同存货人的同样货物混合在一起进行保存，存期届满时，保管人只需以相同种类、品质、数量的商品返还给存货人，并不需要原物归还。

混藏式仓储合同常见于粮食、油品、矿石或保鲜期较短的商品仓储业务。其标的物为确定种类的货物，保管人应在合同到期或存货人要求提货时严格按照约定的数量、质量承担同类货物交付返还的责任，且没有合理损耗的权利。因此，混藏式仓储合同具有保管货物使用价值的功能。

3. 消费式仓储合同

消费式仓储合同是指存货人将某个种类的货物交付保管人进行储存保管，同时将商品的所有权转移给保管人，在仓储期间保管人享有该项种类货物的所有权，等保管期满后保管人只需将相同种类、品质、数量的替代物交付给存货人的合同形式。

消费式仓储的保管人一般具有商品的消费能力，如面粉加工厂的小麦仓储、加油站的油库仓储、经营期货交易的保管人等。合同生效以后，随着货物的交付存储，货物的所有权便从存货人转移到保管人，这是消费式仓储与其他仓储形式的最大不同之处。在保管期间货物所有人的权利和义务均由保管人承担，保管人可以选择将该批货物进行使用甚至销售。但在仓储合同到期提货时，保管人必须履行同等货物交付返还的责任，或也可依照合同约定采取等价替代物返还的形式。

4. 加工式仓储合同

加工式仓储合同是在保管式仓储合同的基础上发展而来的。它是指由于存货人委托保管的货物在市场销售、生产加工、运输配送等环节中存在一些特殊要求，比较适合于在仓储过程中进行流通加工，因此存货人会根据实际情况的进展在货物的存储期间向保管人发出指令，要求其按照合同约定对货物进行加工，使货物以存货人所期望的方式出库的一种合同形式。

一般来说，在仓储合同中可约定的常见流通加工作业包括包装或改包装、分割、计量、分拣、刷标志、拴标签、组装等，比较适用于部分生鲜食品、纺织服装、五金工具等货物类型。

5. 仓库租赁合同

仓库租赁合同是仓储合同中最为简单的一种形式，在该合同的约定下，仓库的所有人只需将所拥有的仓库以出租的方式提供给对方，并由对方负责开展仓储保管作业，自行保管商品的仓储经营方式。

在仓库租赁合同中一般只提供基本的仓储硬件，偶尔会提供一些配套的管理服务，如环境管理、安全管理、设备维修、供电供水供暖等，但不直接对所存放的货物进行管理。从合同内容上来说，仓库租赁合同由于所包含的仓储服务量比较少，而场地设备等硬件含量比较高，因此具有比较明显的租赁合同性质。

五、仓储合同的主要条款

仓储合同为没有严格格式和手续规定的不要式合同，当事人在订立合同时依法并不需要采取特定的形式或履行特定的手续。在双方意思达成一致并明确表达后合同即宣告成立。但是，仓储合同是确定当事人民事责任的重要依据，无论采取何种形式订立，均应写清当事人条款、仓储物条款、仓储作业相关条款、违约责任、合同变更解除和争议处理等条款。

1. 当事人条款

仓储合同中的当事人包括存货人和保管人。作为履行合同的主体，存货人和保管人都需要承担合同中约定的责任和履行合同中约定的义务。其中，将货物交付存储的一方为存货人，收取货物并进行保管的为保管人。各类能对外承担民事责任的法人单位或非法人单位，都可成为仓储合同的当事人，如各类内外资企业、子公司或分公司、民营非企业、事业单位、国家机关、群众组织、个人等也可成为合同当事人。

大多数情况下，存货人应该是拥有货物原始所有权的人，但有时也可能是只有货物保管权利的临时占有人，如承运人，或者是受让该货物但未实际占有的所有人和处分人，如法院等。

根据《合同法》规定，保管人必须佣有一定的仓储设备和专门从事仓储保管业务的资格。具体包括如下几个条件：一是不管是自有产权或是租赁使用权，保管人必须拥有一定数量的符合要求且经过审验的仓储保管设备和设施，如仓库、场地、货架、装卸搬运设施等；二是具备对仓库及货物采取安全消防措施的基本条件，并取得相应公安、消防部门的许可；三是必须进行工商登记，获得工商营业执照，且经行业主管部门认定取得从事仓储保管业务的资格。保管人既可以是专门从事仓储业务的经营企业，也可以是车站、码头的兼营分支机构和从事运输配送业务的承运公司或配送中心。

当事人条款中应注明存货人和保管人的明确信息，包括单位名称（个人姓名）、地址（经营地址、注册地址、个人住址）、组织机构代码或个人身份证（护照）代码。为了避免误读误用，要尽量采用完整的企业注册名称和登记地址。若当事人为个人时还可在合同中增加通知人。

仓储合同中的当事人条款以唯一确定当事人的身份为基本原则，以确保未来履行义务或发生纠纷时能够明确指向单一的责任主体。

2. 仓储服务条款

合同中所明确指向的交易对象即称为合同标的。在仓储合同中，虽然说约定交付和保管的是实体货物，但由于合同中一般并不发生所有权的转移，因此货物并非是真正合同的标的。

真正的合同标的是合同中所约定的仓储保管服务，包括由保管人提供的仓库空间、服务作业、设备使用、保管环境等。正是由于保管人提供了这些服务，存货人才会向其支付费用，因此仓储合同属于行为合同，是一种当事人双方都需要实施一定行为的合同形式。

（1）货物交接。仓储合同中首先应该明确货物的计划交接时间，以便保管人在此之前做好准备工作。货物的交接时间是计算仓储服务费用的一项重要依据。例如对于签订保管式仓储合同的保管人而言，有时存货人拖延若干天交货导致仓储保管服务未能准时开始，但由于保管人已经事先腾出仓储空间并安排了相关的人员设备到岗待命，因此大部分的保管成本已经产生，仍应由存货人负责支付。随着现代物流业务模式的不断调整和发展，目前市场上已经出现了一批物流配送中心和仓储中心按照货物的实际到库时间为计算仓储服务费用的起点。

货物的交接地点关系着货物运输的责任分配及相关运输费用的计算，既可以在保管人处或存货人处交接，也可以选择双方都方便的车站码头进行交接，还可以选择委托第三方运输货物并分别与存货人和保管人进行交接。保管人根据不同的交接方式及所产生的成本向存货人进行收费。交接地点的有关合同条款还需要明确卸车搬运的承担人、交接理货方法等细则。

（2）货物验收。货物验收工作明确了货物在交接前后质量变化的责任归属。一般的货物验收应根据国家的有关质量标准进行，当没有国家标准或标准不明确时也可依照行规或双方的合同约定标准进行验收。

仓储合同中约定了验收标准的，保管人在今后的保管工作中仅对验收事项负责。例如，合同中约定保管人在交接货物时仅对外包装进行验收，则当返还货物时保管人也仅对外包装的损坏承担责任，但对包装中的内容物无须承担责任，除非存货人有证据表明是保管过程中的温湿度失调、装卸搬运不当等严重错误所造成的货物损害。

（3）损耗标准。委托保管的货物在经过长期存放和多次装卸搬运后，由于挥发、散发、氧化、风化等自然原因会造成一定程度的损耗，也会由于不同地区环境影响或测量计量方式的不同造成一些差异。因此，一般应在仓储合同中采用协议免责的方法进行处理，以避免保管人承担不必要的责任。也就是说，在仓储合同中应明确合理耗损的标准，当货物损耗低于该标准时，存货人不应追究保管人的责任，也不得要求赔偿。货物的合理损耗标准既可以直接采用国家标准或者行业标准，也可以由双方协商约定。

（4）保管地点。在仓储合同中，存货人与保管人可以就货物的保管地点进行约定，写明仓库的地理位置、门牌号码及仓库编号。保管地点条款代表了保管人在本项合同中所投入的具体保管场地及附属条件，同时也客观上表达了存货人的保管要求及对场地条件的认同。保管地点条款也是双方选择运输方式和计算运输成本的依据。

根据仓储合同中所约定的具体服务内容的不同，保管地点条款并非是必需的。有时可以由保管人在接收货物后自行选择其认为便利的保管地点，只需确保能够按照存货人的要求及时履行供货义务即可。

（5）保管时间。保管时间既是保管人计算仓储服务费和安排仓储资源的主要依据，也是保管人承担货物保管责任的时间界限。对不能遵守保管时间条款的存货人，保管人有权要求其承担违约责任。合同双方关于储存时间的约定通常有三种方式：一是固定期限表示法，如自货物入库之日起算的 3 个月时间；二是起止日期表示法，如 4 月 1 日至 12 月 31 日；三是约定到期方式表示法，如存货人提前 15 天通知提货。

（6）保险约定。由于保存在仓库中的货物金额较大，一旦发生保管事故，保管人和存货人都将面临巨大的损失，因此对货物进行保险是一种降低风险的必需手段。在仓储合同中，必须就保险人、保险金额、保险期间、保险品种、保险费支付方式等信息进行约定。

一般情况下，保管人可就货物的投保事宜向存货人给出建议，并由存货人进行最终决策。存货人通过直接投保或委托投保的方式支付保费，保管人就保险及免责条款之外的保管损失承担责任。

（7）保管费用。仓储合同中应该确定所涉及的费率及总费用的计算方法、支付方式和支付时间。按计算方法的不同，有额定计费、按保管量计费、按空间量计费、按服务量计费及组合计费等多种方式。按支付的时间不同，有预先支付、定期支付、结算支付三种支付方式。《合同法》规定当事人没有约定支付时间的，在交付仓储标的物时支付费用。当事人未约定仓储费的，保管人可根据所提供服务的同类市场标准计价向存货人要求支付报酬。

3. 标的物条款

仓储合同中所约定交付和保管的货物被称为标的物，它可以是矿石、粮食、油料、塑料、配件、组件等原材料或半成品，也可以是在生产过程中使用的工具或劳防用品，也可以是用于销售的各类生活用品。但无论如何，交付给保管人的货物必须是动产且是有形的实物，具有特定的物理形状，能够被搬移到仓库内进行保管。因此，所有的不动产都不可能成为仓储合同的标的物，如楼宇、建筑、图书馆等。同样，所有的知识产权、信息数据等无形资产也不能作为仓储合同的标的物，但承载该无形资产的实物，如图书、电影胶片等因具有一定的物理形状，具有可搬移可保管的性质，所以可以成为仓储合同的标的物。

在仓储合同中，对于标的物必须进行完整准确的描述。例如，在记录货物名称时应采用完整的货物名称或种类名称；在记录货物数量时应采用通用的计量方法并要求达到一定的精度；在记录货物件数时应用最小的独立封装单元或最小的组成单位来确定（如箱装货物以封口的外包装为单位、成捆的管材用具体管材根数表达）；在记录货物质量等级时采用行业通用的规范进行描述，或采用第三方检验报告等。

4. 违约责任条款

存货人或者保管人不能履行合同约定的义务或者履行合同义务不符合合同约定的称为违约。仓储合同中应该对各项能够预见的主要违约行为及违约责任予以约定。通过法定的和合同约定的违约责任的承担，可以增加违约方的违约成本，从而减少违约的发生，并弥补违约给对方造成的损失，对市场的稳定和建立市场秩序十分有利。

违约责任一般包括存货人未（按时）交付货物或提取货物、保管人不能（按时）接收货物、货物保管期间出现超过正常标准的损耗或毁坏、保管人不能（按时）交付货物等。

根据不同的违约责任，合同中应约定相应赔偿责任，一般以对方的损失来确定违约责任的大小。违约方需对对方的损失，包括直接造成的损失和合理预见的利益损失给予弥补。支付违约金、赔偿损失、恢复原状、继续履行合同等都是违约责任的承担方式。

采取违约金的形式对违约方进行惩罚是比较常见的,分为未履行合同的违约金、不完全履行合同的违约金、迟延履行合同的违约金等。违约金条款一旦签订,即以合同约定和违约行为的发生为前提,而无论另一方是否实际发生损失。仓储合同中一般须明确违约金的数额标准或者计算方法、支付方式等。例如存货人未按时提取货物应支付超期存储费用;货物在保管期间发生损坏或灭失的由保管人照价赔偿等。

赔偿损失也是一种比较常见的承担违约责任的形式。当事人一方由于违反合同的约定,不履行合同义务或者履行合同义务不符合约定,使对方蒙受损失的,该损失赔偿责任也应该由违约方承担。违约和使对方产生损失是赔偿损失的前提条件。违约所直接造成的损失和违约方在订立合同时所能预见的履行合同后对方可以获得的利益都应包括在这种损失内。

除上述几项主要内容外,违约责任条款中有时还须列明当违约事件发生时双方的补救措施及处理方法等。

5. 争议处理条款

争议处理是指在仓储合同的履行过程中出现争议时所应采取的解决办法。在实际操作中,一般先由双方自行友好协商,协商不成再申请第三方仲裁机构进行仲裁,当仲裁解决不了问题时,才采取法律诉讼的方式处理。

6. 合同变更解除条款

订立和履行合同是当事人双方都期望发生的结果。但由于仓储经营具有极大的变动性和复杂性,倘若客观环境或双方自身条件发生巨大变化,原合同的继续履行可能造成对某一方面的不利,为了避免当事人的利益受到更大的损害,可以采用合同变更或解除的方法避免不利局面的发生。仓储合同的当事人在订立合同时就要确定合同变更或解除的前提条件、合同变更或解除的方法、双方责任义务等条款。

(1)仓储合同变更。对已生效的仓储合同内容进行修改或者补充,但不改变原合同的基本合作关系和主要事项的行为称为仓储合同变更。仓储合同的当事人一方可以因为客观情况的变化和自身利益需要,向另一方提出合同变更的要求,并要求另一方在一定限期内答复。另一方在期限内答复同意变更,则合同发生变更。如果另一方在期限内明确拒绝变更,则合同变更不能成立。

合同变更后双方即按变更后的合同履行各自的责任义务,对变更前已履行的部分没有追溯力。但因为变更而造成的某一方未能完全履行其之前合同约定的义务而导致的利益损失,另一方可以提出赔偿要求,或将之作为变更合同的前提条件。

(2)仓储合同解除。在仓储合同正式订立但尚未履行完毕之时,一方当事人即提出不再履行合同,希望解除之前所约定的权利义务关系的行为称为仓储合同的解除。一般分为几种情况：

协议解除。与协议订立合同一样，合同的协议解除也是双方意见一致的结果，具有最高效力。双方可以在合同生效后、履行完毕之前共同协商，并根据解除合同的要约方利益、未完成事项的损失和费用等因素进行综合考量，确定补偿金额及方式，达成合同解除协议。

条件解除。仓储合同的当事人双方可以在订立合同时即约定今后解除合同的条件及条款。一旦约定解除合同的条件发生，双方即可开始履行解除条款的约定，并完成解除合同的行为。同时，尽管未在合同中约定，但一旦发生我国《合同法》中规定的若干条件，可采取解除合同的措施。例如，仓储合同的一方当事人迟延履行合同义务，经催告后在合理期限内仍未履行，另一方可以解除合同；仓储合同一方当事人有严重违约行为，致使合同目的不能得到实现，另一方可以解除合同；因不可抗力致使合同的目的不能实现，任一方可通知对方合同被解除。

合同的一方依法选择解除合同时，要书面向对方发出解除合同的通告。通告被证实正式到达对方后，合同即告解除。有权解除合同的一方也可以要求人民法院或仲裁机构来确定合同的解除。

合同解除后，尽管仓储合同中存货人和保管人的权利义务关系已经终止，所有未履行的合同都应该停止履行。但合同中的结清算条款和解除条款的效力并不受影响，双方仍需要按照这些条款的约定承担支付费用、承担责任和赔偿损失。例如，需承担违约责任的一方在解除合同后仍要依据合同规定的条款承担违约责任，包括采取补救措施和赔偿经济损失；提出解除合同的存货人需要对保管人的仓库空置给予补偿；提出合同解除的保管人则需要对存货人所支出的运输费、转仓费、仓储费差额等损失给予补偿。

六、当事人的权利和义务

仓储合同的当事人在履行合同过程中，有权要求对方采取的行为和自身可决定是否采取的行为称为当事人的权利；自身必须要做到的行为或不行为称为当事人的义务。

仓储合同中表达双方权利义务的条款可以分为明示条款和默示条款两种类型。明示条款是合同中具有绝对效力的条款，签订合同的当事人都应尽可能采用明示条款明确双方的权利和义务。默示条款是指在合同中没有明确写出的，但是根据订立合同的环境和合同中的其他约定，依据通常的专业知识和行业规定可以合理地推断出当事人应当在合同履行中的权利及义务。

仓储合同对双方当事人所赋予的权利和义务主要包括：

1. 存货人的权利与义务

（1）如实告知。在订立仓储合同之时，存货人要完整细致地告知保管人有关委托保管货物的名称、数量、包装、性质、作业要求、保管环境、验收方法、交付方式等信息，使保管人能够及时准确地安排好有关接运、保管的措施和环境。如果是储存易燃、易爆、有毒、有放射性、易腐蚀、易霉烂、易发生虫害的特殊货物，存货人还要提供详细的说明资料，以便保管人掌握货物的消防、救治等方法。存货人未明确告知的委托保管货物属于夹带品，保管人可以拒绝接受。

存货人还应将货物是否存在包装不良、潜在毁损等已知缺陷以及货物的不稳定状态或将会发生的损害等情况都明确告知保管人，保管人才能根据所掌握的货物情况采取针对性的操作和管理，以避免更大的损害及危险灾害现象的发生。因存货人未告知货物的性质、状态、缺陷而造成的保管人验收错误、作业损害、保管损坏等情况，存货人不但不能追究保管人的赔偿，还应对保管人的损失承担责任。

（2）妥善处理。存货人应对即将委托保管的货物进行妥善处理，根据合同对货物采取分类、包装、稳固等措施，使货物能够适合装卸搬运及保管作业。对于易燃易爆的危险货物要做好包装，防止发生意外事故。对于易霉易腐易生虫的货物要提前做好相应处理，并及时通知保管人做好准备，以免入库后对仓库内的其他货物造成损害。

（3）准时交付。存货人应在合同约定的时间向保管人交付货物，并提供相匹配的验收单证。存货人未按照约定交付货物即构成违约。

（4）支付费用。收取费用以获得收益是保管人订立仓储合同和提供仓储服务的根本目的，也是保管人的合同权利。存货人应根据仓储合同的约定，按时按量采取约定的方式支付货物的保管服务费用，否则即视为违约。如果存货人提前提取货物出库，保管人无须减收费用。如果存货人逾期提取，超长占用保管人的仓储空间和服务资源，则应加收费用。倘若存货人未能及时支付费用，保管人有权对货物行使留置权，以督促存货人。除仓储服务费外，在保管期间发生的保险费、货物自然损害的处理费、转仓费、运输搬运费等也均应由存货人承担。

（5）及时提货。存货人应该按照仓储合同的约定及时将货物提取出库，以便于保管人合理安排其库房等仓储资源的使用计划。如果存货人未能及时提取货物，不但会超期占用保管人的仓储资源，而且可能导致保管人已签订的下一个仓储合同无法履行。倘若存货人已预知无法履行该项义务时，应提前告知保管方以便其做好准备，抓紧调度以降低损失，并按照合同约定承担相应的补偿责任。

（6）取样查验。由于存货人拥有货物的所有权，因此在仓储保管期间，存货人有权提取部分货物样品进行取样查验。保管人对于存货人合理的取样查验必须给予配合，不得拒绝。存货人的取样查验不得妨碍保管人正常工作的开展。

（7）提货与转让。存货人可以依照仓储合同的约定，在指定的时间期限内提取货物出库。同时，存货人还可以按自己意愿将委托保管的货物的所有权转让给第三方，并直接获得等同于出售货物的经济收益。

2. 保管人的权利和义务

（1）妥善保管。具有合适的仓储保管条件以确保货物的安全是保管人从事该项业务的先决条件。保管人需要拥有保管货物的场地、容器、仓库、货架、作业搬运设备、计量设备、保管设备、安全保卫设施等，同时配备有一支合格的保管人员、商品养护人员队伍，以及有效的管理制度和操作规程等。

保管人必须对其保管的货物负责，充分利用其拥有的各项仓储资源确保货物的安全。应在合同所规定的仓储地点存放货物，采用合理的技术与方法对货物进行操作，科学保管、合理维护。

若在保管期间发生货物损坏或灭失，除可被证明为自然原因或存货人原因的免责情况外，其余都应由保管人承担责任。

（2）货物验收。验收货物不仅是保管人在货物保管工作正式开始前一项必须履行的义务，同时也是合同赋予的权利。在接收货物时，保管人应对货物进行理货、计数、核对等工作，并在合同期限内按照约定的标准和方法验收货物。

保管人有权对存货人交付的货物进行验收以确保货物的交付正确，否则可以拒绝承接该批货物或拒绝承担保管责任。保管人在验收中若发现货物数量有差异，可以拒收或按照合同追加费用，也可要求对方承担违约责任。对于验收时发现货物存在不良状况的，保管人有权要求存货人更换、修理或拒绝接收。

依照现行的法律规定，保管人必须会同存货人，共同如实对验收工作情况进行记录，以使责任明确。保管人未对货物进行验收的，则推定为存货人所交付的货物没有缺少或损坏，保管人必须要承担完整归还货物的责任。

（3）签发仓单。在某些情况下，保管人在接收货物后还应根据合同约定向存货人签发仓单，以进一步证明存货人所拥有的货物权利。在货物保管期满后，根据仓单的记载向仓单持有人交付如数货物，并承担仓单上所明确的各项责任，而非根据合同将货物交还给当初的存货人。保管人应根据实际收取的货物情况签发仓单，并根据合同确定仓单的责任事项，以避免将来向仓单持有人承担不合理的超额责任。

（4）返还货物。与存货人及时提取货物的义务相对应，保管人应在合同规定的地点和时间向存货人或仓单持有人返还约定的货物。仓储合同中没有约定保管期限和交还地点的，存货人或仓单持有人可以随时向保管人提出提货要求，保管人应在合理的时间内做好交货准备。

（5）危险处理。在仓库中的货物发生危险或预见危险时，保管人应采取紧急措施处置，对未损坏的货物进行保护，对已损坏的货物进行救治，对造成危险的原因积极进行排查和维修抢救，防止危害扩大。

（6）危险告知。当存货人委托保管的货物出现危险时或即将出现危险时，保管人有义务及时通知存货人或者仓单持有人。例如，货物验收时发现不良情况、不可抗力造成的损害、货物的非正常变质或数量减少、仓库作业事故造成损坏、保险到期、仓库保管条件丧失等情况都应及时告知。存货人掌握货物的保管状态是其所有权的具体体现，保管人的危险告知义务有利于存货人能及时掌握和采取措施处理，对减少损失十分有利。

（7）提存权。由于存货人的破产、逃逸等原因致使保管人无法向其交付货物，或储存期届满后存货人或仓单持有人不按约定提取货物的，保管人有权将货物交给提存机关而解除合同。提存货物必须依照法定程序进行，保管人应当提供证据证明自己已催告存货人或仓单持有人提货而对方没有提货，致使该批货物无法交付其权利所有人。提存机关对申请的提存材料进行审查后，如果认为符合提存条件的，应向保管人授予提存证书，该证书的效力等同于保管人的债务已得到清偿。货物被提存后，保管人应通知存货人或仓单持有人到提存机关领取货物，或由提存机关公告通知。如果保管人违反法定条件进行提存则属不法行为，应负赔偿责任。

七、仓储合同的生效和无效

仓储合同为诺成合同，即在当事人双方明确意思表达一致时合同就成立生效。此处所说的双方明确意思表达一致可能有几种情况，如：双方签署合同书；合同确认书送达对方；受要约方的承诺送达对方；由公共仓储企业的业务受理人员签发格式合同或仓单等。当仓储合同生效后，存货人未及时交付货物、保管人不能接收货物等情况都属于未履行仓储合同，应承担违约责任。

对于已经正式订立的合同，倘若合同出现了违反法律规定的条款，可被人民法院或者仲裁机构、工商行政机关认定为无效合同。

无效合同包括如下几种情况：一方以欺诈、胁迫手段订立的；恶意串通损害公共利益或第三方利益的；以合法形式掩盖不法目的的；违反法律法规中的强制性规定的；未获得有效代理权而签订的；因重大误解签订的；显失公平的合同等。无论无效合同于何时被订立都是自始无效，认定合同无效可以在任何时候进行，包括合同订立之后、履行之前、合同履行之中或者合同履行之后，都可由一方当事人提出，经主管机构审议后认定合同无效。无效合同中获利的一方应依法采取返还财产、折价赔偿等使因无效合同所产生的利益消亡，有时也会通过没收所得对违法的合同当事人给予处罚。

八、仓储合同的格式

1. 合同书

合同书是仓储合同中最常用的格式，由合同名称、合同编号、合同条款、当事人签署四部分构成。合同书具有形式完整、内容全面、程序完备的特点，十分有利于双方当事人进行合同的订立、履行、留存及争议处理。

2. 确认书

在采取口头、传真、电话、电子文件等形式磋商合同时，为了明确表达当事人对于合同条款的认可及对订立合同的意愿，可以采用一方向另一方签发确认书的方式。该方式的特点是比较方便易行，避免了双方正式签订合同的烦琐流程。但由于确认书仅由发出确认书的一方签署，因此它与完整的合同书有较大的不同，应用背景也不一样。确认书可以分成两种形式，一种简易，仅列明合同的主要事项，合同的其他条款参照行规或在其他文件中表达，如：一方可向另一方发出电邮确认，写明"本公司已同意接受贵公司于6月10日送300台21英寸平板电视机到长桥路221号仓库进行保管的要求，保管期1个月，相关费用等已于之前邮件中说明，请准时安排送货"。另一种则是将完整的合同事项等列在确认书上。

3. 计划表

当存货人的业务周期比较长，需要频繁地进行出入库作业，此时比较适合订立长期仓储合同。但由于长期合同中对于具体的存储量、出入库时间等都无法进行细致的约定，因此通常采取对具体仓储业务进行安排的计划表形式作为补充合同。

一般是由存货人根据自身业务的进度定期制定，再交由保管人编制成为仓储执行计划。计划表中所产生的相应费用一般应依照长期仓储合同中的约定进行计算。

4. 格式合同

对于保管的货物批量少、次数多、总量大的公共仓库而言，保管人常采用格式合同以简化磋商的过程。格式合同一般先由一方当事人（多数是保管人）先行拟订合同文本，并在工商管理部门备案后成为单方确定的合同，在合同具体订立时由保管人将货物名称、存期、数量、费用等变动事项填写完善后，直接发于存货人签订，对条款不进行协商。

 **学习单元2　仓单**

 学习目标

1. 理解仓单的概念、形式和内容。
2. 能够正确地使用仓单。
3. 能够设计仓单并服务于仓储业务。

一、仓单的概念

仓单是按照我国《合同法》第385条规定,保管人在收到货物以后签发的表明一定数量的保管物已经交付仓储保管的法律文书。签发仓单是保管人的法律义务,根据《合同法》规定,存货人交付仓储物时,保管人应将仓单交给存货人。保管人签发仓单表明仓储物已经到库,并用以证明货物已经处于保管人监管之下,承诺由保管人按仓单所列事项返还货物和承担对货物的保管责任。

1. 仓单的特性

《合同法》第386条对仓单的内容作了具体规定。要求仓单的内容与仓储合同的基本内容一致,即仓单是仓储合同的一种体现形式,仓单也证明了仓储合同的存在及有效性。存货人或仓单持有人在仓单上背书并经保管人签字或盖章确认的,可以转让该仓单所对应的提取货物的权利。

仓单有以下四点法律特性:

（1）提货凭证。提货人必须出示仓单才可以提取之前交付保管的货物,保管人必须按照仓单所列事项保证交付货物给仓单持有人。每一张仓单都对应一定的提货权,提货完成后应立即销毁对应的仓单。

（2）所有权凭据。保管人在查验并接收货物后向存货人签发出仓单,承担起货物的保管义务。但此时货物的所有权依然属于存货人,保管人只拥有货物保管的义务和责任。仓单作为证明货物所有权归属的凭据由存货人持有。

（3）有价证券。仓单是货物存在性及安全性的书面证据,它代表着一批特定货物的提货权和所有权,所以自然包含了该批货物的财产价值。因此,受让仓单需要付出等价的资产或钱款,这体现了仓单作为有价证券的特性。只不过由于仓单所表示的是实物资产的价值，其价格受市场供求关系的影响上下波动，在其定价方面需要根据交易当时的实际情况和未来市场的走势来判断。

（4）仓储合同证明。仓单本身并不是仓储合同，但当双方没有订立正式的书面仓储合同时，仓单作为仓储合同的一种书面证明形式，证明存货人与保管人双方仓储合同关系的存在，存货人和保管人都按照仓单内容承担相应责任和拥有权利。

2. 仓单的作用

仓单是在现代化的商品流通和市场贸易的环境下所发明的一种新型的仓储合同形式，它不仅具有仓储合同中关于证明双方权责的功能，而且因为具备了上述的法律特性，仓单同时还起到其他的一些作用。也正是因为拥有这些作用，仓单才在现代社会中得以被广泛应用。

（1）物权证明。拥有仓单即意味着合法拥有了仓单上所记载的货物所有权，但这种所有权是一种明确的物权，只表示占有该仓单上所描述的具体"物"，并不意味着占有固定的价值。同时，这种物权有可能由于不可抗力、自然损耗等保管人免责的原因造成灭失，还会由于保管到期产生超期费以及保管人提存的风险，甚至可能由于其他财产损失或货物本身的原因造成赔偿风险。仓单持有人因持有仓单而获得的货物所有权仅仅是仓单所载有的物权，并不一定获得存货人与保管人订立仓储合同时所约定的其他所有权利。仓单持有人只能拥有仓单中所列明的权利，而保管人也不能采用未在仓单明示的仓储合同条款对抗仓单持有人（除非仓单持有人即为存货人）。

（2）物权交易。仓单作为委托保管行为的一种证明，代表着货物交付保管人后，保管人收取保管费和履行保管职责，但货物的所有权仍然属于存货人，存货人可以完全按照自己的意愿来处理货物或转让货物。同样，倘若保管人签发出仓单，存货人和保管人之间便达成了凭单提货的契约，保管人可以拒绝除仓单持有人以外的其他任何人行使提货权，即使存货人本人在没有仓单的情况下也不能直接提货。

（3）金融工具。仓单不但可因为其所体现出的财产价值及可转让特性而成为一种有价证券，而且凭其所代表的实物价值还可作为一种担保，被作为质押、抵押、财产保证的金融工具和其他的信用保证。

二、仓单的形式与内容

根据《合同法》规定，仓单的内容包括下列事项：货物的品名、数量、质量、件数、包装和标记；存货人的名称或者姓名、住所；储存期限；仓储费；货物的耗损标准；储存场所；填发人、填发地和填发日期；货物的保险金额、期间以及保险人的名称。

1. 货物的品名、数量、质量、件数、包装和标记

货物即是指仓单中所指明的被仓储保管的标的物。货物的品名、质量、数量、件数、包装和标记是保管人对货物做出的准确描述，凭借这些描述可以准确地指向某一批特定的货物。这些描述是存储期满时保管人依据仓单约定交付的货物标准，保管人不能按期交付仓单所描述的货物时也需要以此为依据给予赔偿。

货物的品名、质量、数量、件数、包装和标记应为保管人在接收货物时查验和理货所得结果的准确表达。货物的品名应为国家和行业所认同的标准名称；质量既可以采用公认的等级质量标准，也可以直接依照检验结果来标明质量水平；包装必须是在存储期间可存续的包装方式。

2. 存货人的名称（姓名）、住所

存货人是在仓储合同中对货物拥有所有权的一方，有权对货物进行处理和转让。从法律上来讲，仓单上所列明的存货人必须要对其名称（姓名）等有完整的记录，这是判定仓单背书转让的依据。

当存货人为法人时，其名称应与其在工商局登记的法人名称完全一致；当存货人为个人时，其姓名应与个人身份证件（身份证或护照等）上的姓名完全一致，一般来说为避免姓名相同还须附加证件号码。

住所为存货人的营业部所在地或发生仓储业务关系的分营业部所在地、个人居住地或者常住地。住所地址的填写要求具体到街村弄的门牌号码，并且必须完整，可以精确定位到某一特定住所。住所地址是仓单发生争议时司法管辖权的确定因素，同时也是保管人与存货人进行联系的重要途径，因而一般还会注明联系电话或其他联系方式。

3. 储存期限

仓储是一种有时限的合同形式，保管人在约定的时期内对货物承担保管责任，并在到期后履行交付义务。为了使仓单持有人明确掌握该份仓单所对应的储存期限，需要将储存期限特别是储存到期时间明确记录在仓单上。储存期限是计算仓储费的依据（包括超期费、空置费），一般采用起始日期＋期限、起始日期＋到期日期两种方式进行记载。

4. 仓储费

仓储费是保管人承担保管责任所应得的报酬，也是保管人订立合同的目的。仓储费的数额及计算方式均由保管人和存货人约定，包括计费标准、支付方式、支付时间、地点、超期保管费的计算方式等。仓单上必须列出对仓储费的详细说明，以便在提货时明确对仓单持有人的支付义务进行约束。同时这也是仓单转让时，便于受让人知道其所要承担支付额的一种举措，是构成仓单价值的一项重要因素。

5. 货物的耗损标准

货物在长期的保管中因自身原因（如干燥、挥发、风化等）或作业原因（如计量误差、除锈等）都会造成减量或耗损，这些合理耗损如果都由保管人承担是极不合理的。因此，仓单中须对货物的耗损标准进行约定，就是交还货物数量在仓单所约定的货物耗损标准之内时，保管人不需赔偿。

关于货物的耗损标准，有国家或者行业标准规定的则按规定标准执行，无标准的则由双方约定。耗损标准一旦确定后即成为合同约束条件，保管人交付货物时对货物在耗损标准内的数量、质量变化等不予以赔偿。

6. 储存场所

储存场所蕴含着货物的保管标准、保管条件、操作方法、保管风险等信息，是仓单持有人对在提货时所产生的运输成本和便利条件等各因素的判断依据，同时也是发生仓储争议时的财产所在地、合同履行地和司法管辖权的决定因素。仓单中所记载的储存场所一般由仓储合同做出明确规定，代表货物的实际存放地点。储存场所的信息应包括储存的仓库名称和地点，有时必须注明存放货物的仓库号、货位号、堆场等存货的具体位置。

7. 填发人、填发地和填发日期

填发人一项应包括保管人的企业名称、单位公章及法定代表人姓名。填发人签署后即表明仓单从此对双方具有约束力。填发地和填发日期不仅表示仓单发生效力的时间和地点，也是司法属地管辖的依据和计算时间的依据。

8. 货物的保险金额、期间以及保险人的名称

对货物进行投保是降低货物在保管期间风险的一种最常用手段。购买保险的成本原则上应该由货物的所有权人来承担。即使有时保管人也可代为购买保险，但该笔保险成本也必须通过仓储费等形式转移给货物的所有权人。

另外，货物是否购买了保险对仓单受让人具有直接的利益关系。仓单转让只是转让了货物的所有权，但并不确保受让人一定能够得到完整的货物，保管期间可能出现的价值变化是受让人所面临的风险。因此，为了使受让人明确掌握仓单的实际价值，也应该将保险金额、保险人和保险期间等信息记载在仓单上。同时，采取这种方式也有利于发生事故时的保险处理，如通知保险人和办理保险索赔等。

一份有效的仓单应该包含以上所有内容以及一些其他必要的内容，但有时在不引起歧义和纠纷的情况下也可以省略部分内容。只要仓单能够充分表达出货物、保管人责任、持有人权利等关键信息，该份仓单就应该是有效的。

三、仓单的使用

1. 签发

仓单的产生首先应由保管人依照合同向存货人签发。在此之前，保管人应对货物进行查验和理数，确认货物的状态和数量，在全部货物验收入库工作完成后，再填制并签发仓单给存货人。

保管人在填制仓单时必须如实反映货物的实际情况，特别是对货物的不良状况更要进行准确的描述，以便到期交付时能按仓单的记载返还货物，免于承担超出自身合理范围的责任。倘若存货人不同意该状态描述时可以提出异议，对于货物瑕疵并不影响质量的微小问题，保管人可以采取接受存货人质量担保等方式免于在仓单上对货物状态进行描述；倘若存货人与保管人双方关于货物状态的意见有较大分歧，保管人可以拒绝货物入库并拒签仓单。

保管人在签发仓单时应准备好一式两联的仓单簿，第一联为仓单，经过签署后交付给存货人；第二联为存根，由保管人保存以便核对仓单。根据《合同法》规定，保管人一次只能签发一式两份仓单。其他因业务需要可以复制一些仓单，但必须标注出"副本"字样。

2. 分割

仓单持有人可以向保管人返还原始仓单，并要求保管人将之分拆成多份仓单以便向不同人转让（仅适用在数量上可以分割的货物，特别是大宗货物）。

仓单分割不仅只是单证处理方面的工作，还需要保管人对货物进行数量上的分拆，属于保管人向存货人和仓单持有人提供的额外服务。仓单分割完成后，相关的残损、地脚货的分配应纳入分割后的仓单，以使分割后的仓单总数量与原先保持一致。

3. 仓单转让

存货人可以通过转让仓单的方式来转让货物的所有权。相比于取出货物再进行实物交割的烦琐流程，仓单转让不涉及实物的任何作业，既简单易行又可以降低交易中的各项成本，同时还具有安全可靠的特点。存货人可以通过直接转让仓单的方式转让货物，而受让人则可以凭仓单提货，省去了货物验收、运输等许多作业环节。

仓单转让这种物权交易形式得以实现的前提在于保管人对于其签发仓单所做出的返还货物承诺。这不但基于保管人良好的市场信用，还要求保管人具备理货验收、货物保管以及单据防伪等方面的能力。仓单的转让有两种基本形式。

（1）不记名转让。在存货人和保管人依据合同的约定，由保管人签发存货人项为空白的不记名仓单的情况下，仓单持有人可以通过直接交付给受让人的形式完成仓单转让。

不记名的仓单在转让时无须背书，一般情况下也不能提前提货，到期时只需仓单持有人凭身份证明或仅凭仓单就能提货。

采取不记名仓单的情况时，由于保管人无法控制仓单转让的过程，也无法知道最终交付货物给谁，因此对于保管人和存货人来说都存在一定的风险，特别是对于存货人而言，遗失仓单即意味着遗失整笔货物。

（2）背书转让。对于记名仓单而言，其转让必须采取背书转让的方式进行，即由出让人对仓单进行背书注明受让人的名称，保持仓单的记名性质及过程的连贯性。同一张仓单可以被多次背书转让，第一次背书的存货人为第一背书人。在第二次转让时，第一次被背书人就成为第二背书人，这一过程必须是完整衔接的过程，任何参与该仓单转让的人都要记载在仓单上。

仓单转让生效的条件为：背书必须经保管人签署，且过程必须完整。在仓单背书转让的过程中，仓单的出让人称为背书人，受让人称为被背书人。背书格式如图5—1所示。

```
兹将本仓单转让给×××（被背书人的完整名称）
×××（背书人的完整名称）
                         背书经办人签名、日期
```

图5—1　背书格式

仓单转让即意味着原先同保管人订立仓储合同的存货人将凭仓单提取货的合同权利转让给了受让人，货物的所有权也随之转让，受让人因拥有了仓单而成为仓单持有人和货物所有权人。

同时，仓单转让的过程也意味着保管人需要开始对其他第三人来履行交付义务。根据《合同法》规定，债权人转让权利的，应当通知债务人；债务人转让义务的，应当经债权人同意。仓单转让因其可能涉及存货人债权的转让，也可能存在受让人支付仓储费等债务的转让，保管人在其承担凭单交货的义务过程中需要时刻注意交易对象的变化，因此仓单转让必须要获得保管人的认可，经保管人签字或者盖章后，仓单受让人才能获得提取货物的权利。同时，这种做法是防范仓单转让过程中法律风险和道德风险的有效措施，使仓单成为有利于促进市场经济繁荣发展的一种安全可靠的工具。

4. 凭单提货

仓单持有人可以在保管期满后进行提货，也可以与保管人协商提货时间。提货时，仓单持有人应向保管人提交仓单并出示身份证明，经保管人核对无误后，可以办理提货。具体分为以下4个步骤。

（1）保管人对提货人及其所出示的仓单进行核对，确定仓单的真实性。包括确认仓单与保管人处的仓单底单是否一致、仓单的背书过程是否完整清楚、仓单上的存货人或者被背书人与提货人所出具的身份证件是否一致等。

（2）保管人依据仓储合同的约定，对仓单上所记载的货物在仓储期间发生的保管费、保险费、其他垫支费等各项费用进行核算，并要求提货人支付。

（3）保管人在核验及收费工作完成后，收回仓单同时签发出提货单证，安排仓库作业人员做好货物的出库准备。

（4）提货人根据仓单的记载前往保管仓库进行提货，并与保管人共同查验货物，若货物一切正常则签收提货单证，收取货物。若查验时发现货物已经受损，不符合仓单所记录的货物标准，则应现场编制记录，并由保管人签署，必要时可申请有关部门进行商品检验，以备事后索赔。

5. 仓单灭失的提货

仓单损毁或灭失会使得提货人无法正常提供仓单作为提货凭据。原则上来说，根据仓储合同的约定，提货人不能提交仓单时保管人是不能交付货物的，不管提货人是否为当初签订合同的存货人。因为保管人签发出仓单就意味着承认只能对仓单持有人交付存储物，不能向仓单持有人交付存储物就需要给予赔偿，其他任何人都没有提取货物的直接权利。

但是，如果事实上仓单的确被损毁或灭失了，那么为了减少货物资源的浪费，应该有一个合乎法律的提货流程能够使货物被正常提取以实现其价值，同时能够合理规避保管人的风险。目前来看，无单提货的方式主要有两种。

（1）担保提货。提货人在无法提供仓单的情况下，可以选择向保管人提供足额担保后进行提货。这样货物被提货人提取后可以进行生产或销售，从而不耽误货物价值的实现，而保管人通过掌握担保财产来弥补自身的风险。如果以后再有人凭仓单来提货时，因保管人不能交付货物，保管人可使用担保财产进行赔偿。由于提货人一般无法证明仓单的事实存在与否，因此保管人必须等到仓单失效后才能解除该笔财产的担保关系。

（2）公示提货。根据我国的民事诉讼法规定，原仓单持有人或者仓储合同中的存货人在仓单损毁或灭失的情况下，可以申请人民法院对仓单进行公示催告，当60天公示期满而无人争议的话，仓单即可被判失效，之后便可以向保管人要求提取货物。在公示期内有人争议则由法院进行审理判决，确定有权提货的一方，并凭法院判决书向保管人提货。

 **思考题**

1. 仓储商务的基本性质是什么？
2. 仓储商务可起到哪几方面的作用？
3. 仓储商务的大致流程是怎样的？
4. 仓储合同有哪几种类型？
5. 仓储合同一般应包括哪几方面的条款？
6. 仓单的概念是什么？
7. 仓单的作用与特性是什么？

第 6 章

运输与配送

第 1 节　运输　/116
第 2 节　配送　/135

第1节 运　　输

学习单元1　运输要点

学习目标

1. 掌握运输方式选择处理方法。
2. 了解运输方式的分类。
3. 熟悉运输中的接运与发运业务。
4. 能够进行运输损失处理及保险。
5. 能够处理商品运输中的接运和发运问题及责任。
6. 能够进行运输损失处理和保险理赔。

一、运输方式的分类

1. 运输概述

从概念上来理解，物流即是物的空间位置的转变，而运输正是承担了这一改变职能的主要手段。运输可以将一大批货物从一个地方同时转移到另一个地方，再配以搬运、配送等工作便能圆满完成改变货物空间状态的全部任务，甚至在现代物流观念未充分被社会所理解之前，曾有不少人就是将物流完全等同于运输，其原因就在于运输在物流工作中所占有的地位非常重要。

目前，世界上主要的运输方式共有五类，即铁路运输、公路运输、水路运输、航空运输和管道运输，所采用的工具、适用范围、运输成本、运输效率都不尽相同，具有各自的优势和缺点。搞好运输工作的前提就是要对这五种运输方式进行综合利用，形成统一高效的综合一贯制运输模式，根据市场的需求发挥各种运输方式的优势和特点。

2. 铁路运输

铁路运输就是在铁制轨道上，由牵引机车拖动一组轨道货车进行货物运输的一种方式。

铁路运输的优点是速度快，单次运输量大，运输稳定性好，不易受自然条件限制，平均每吨货物的运输成本较低，适合于大量货物的长途运输。而且为了适应现代化的物流产业发展，铁路运输目前也已经拥有一套比较完备的管理机制，不但在车辆配备上能够满足集装箱运输、联合一贯制运输的要求，而且在装卸设备、场站设施等方面也一直在持续改良，使得铁路运输能够与水空陆等运输方式之间进行顺畅的连接。

但是，由于铁路运输线路的铺设要求比较高，成本投入很大，因此铁路项目一般建设周期很长，投资规模较大，而且需要有一系列的列车运维、编组、中转等配套服务，故其只能在经济发达地区或主要工矿产区建设，不能实现大范围的全面覆盖，必须依靠公路或支线水路运输进行补充。同时，从铁路运输的作业角度分析，由于单次货运量比较大，因此管理和操作量也比较大，容易产生货物包装破损、受潮等物损情况。

铁路运输具有较强的计划性，发车和到达时间都有比较严格的规定。按照中国目前铁路技术条件，现行的铁路运输可以分为整车、集装箱、零担三种类型。整车运输适于大宗货物，一般是由客户企业或承运人与铁路部门直接签订整车车皮的运输协议，按车皮数量、货物重量和运输里程进行计费；集装箱运输与整车类似，但由于箱体的保护作用，且在运输过程中无须拆箱倒装，因此比较适于精密、贵重、易损的货物；零担适于运输小批量的零星货物，一般是由铁路运输部门或承运人向社会揽货后并分别收取费用后集中装车发运，按单件货物的重量、体积及运输里程进行计费。

3. 公路运输

公路运输主要是指使用汽车在国家公共道路上进行运输作业的一种方式。公路运输由于其机动灵活等特点，主要用在铁路、水运等难以发挥优势的短途运输中，承担了我国大量的近距离、小批量的货运任务。在部分水运、铁路运输难以到达的地区，也必须采用公路运输才能将货物物资送达。

公路运输主要优点体现在两方面：一是单车运输量相对铁路和水运而言较小，灵活性比较强，适合于承担小批量的各类运输任务，常用来实现门到门的最后一公里运输，即从发货者门口直到收货者门口，而不需转运或反复装卸搬运；二是公路基础设施的建设期较短且投资较低，可以适应多种复杂的地面情况，而且对装卸货站的设施要求不高，因此可以便捷地通达到很多偏远地区，能够覆盖到非常广阔的空间领域。

公路运输是所有运输方式中灵活性最高的方式。公路运输可以自由制定工作时间表，可以自由选择发出和到达地点，也可以随时更换车辆和驾驶人员，所以它可作为与其他运输方式之间的衔接手段。

但是，公路运输由于采用的是单车作业，因此规模经济效应比较低，平均每吨货物的能耗及人员成本比较高，如果是长途大量货物的运输会导致企业的经济负担加大。一般来说，公路运输的经济半径普遍在 400 km 以内。

公路的运输形式比较多变，目前比较常见的有 4 种。

（1）协议运输。即由客户企业与承运人签订运输合同，委托承运人组织车辆和人员在一定时期内运输特定批量货物的方式。

（2）租车运输。即由客户企业向租车公司租赁运输车辆，并自行安排驾驶及装卸等人员进行运输，客户企业按照车辆进行付费，租车公司也不再承担其他运输任务。

（3）班车运输。即承运人定期定线路地向社会提供运输服务，向多个客户企业分别收取费用，并将其货物汇总后一起进行运输。

（4）托运。即客户企业就某一单次货物委托承运人进行运输，承运人可根据自身运营情况组织调配车辆和线路确保客户企业的货物到达目的地。

4. 水路运输

水路运输是指利用船舶在江海河湖中进行运输的一种方式。水路运输是最为古老的批量运输方式，也是在运输能力尚不发达的年代实现大规模批量运输的唯一手段。

我国的水运线路密布，特别是东部和南部更是拥有一张巨大的水运网络，再加上毗邻东海、南海等几大海域的地理优势，因此水运在我国一直是非常重要的一种运输形式，具有成本低、运量大的特点。依靠着天然的运输水道，从事水路运输的企业只需投入比较低廉的运输工具成本和能源成本便可实现大批量货物的长途运输。而且水路运输的配套设施设备相对空运来说要简单很多，相对于铁路也具有一定的优势，运输线路所占用的土地面积几乎为零，特别是海运航路的运输能力根本不受限制。因此，水路运输的建设所需投入的总成本非常低，是国家发展运输体系过程中的一个重要组成部分。

水路运输的优点是成本低、运量大，适合于运输距离长、价格低、总量大、保管条件要求不高的大宗货物，偶尔在内河及沿海也会使用小型船担任补充及衔接大批量干线运输的任务。而水路运输的缺点主要在于运输速度比较慢，不能快速将货物送达目的地，而且运输过程中容易受到水位、风雨、港口、温度等自然条件的影响，甚至会因台风、枯水等而造成断航停航。

目前水路运输主要有 4 种分类方式。

（1）从运输线路分类，可以分为内河运输、沿海运输、近海运输、远洋运输，分别采用规格大小不同的运输船舶，通行的航道也由近及远，特别是近海运输和远洋运输还会经常涉及公海和其他国家海域。

（2）从能源动力分类，可以分为帆船、蒸汽机船、汽轮机船、柴油机船、燃气轮机船、电动机船、核动力船。目前航行在世界各地的主要是柴油机船，少数军用或国家特殊用途船舶也会使用核动力船。

（3）从船体特征来分类，可以分为拖船、驳船、单体船、双体船等。

（4）从运输类型来分类，可以分为集装箱轮、散货船、油轮、滚装船、载驳船、冷藏船等。其中散货船又可细分为运煤船、矿砂船、散粮船和散装水泥船等。

5. 航空运输

航空运输就是指利用飞机或其他飞行器在天空将货物从一处运往另一处的运输方式。航空运输是近现代才发展起来的一种快速运输方式，其主要特点是运输速度很快，能够在一天内就将大洋彼岸的货物送达，比传统的铁路运输和水路运输要快几十倍。航空运输由于货物全程处于比较良好的运输状态中，很少受到外界环境的侵蚀，而且相关的管理措施也比较严格，因此货物的安全性要高出其他方式很多，对于包装要求也不必很高，经常可见纸箱包装的货物经简单封扎后即可进行运输。航空运输另一个优点是不受中间地形的限制，许多火车、汽车、轮船无法到达的地区都可以利用航空运输来实现快速的货物运输。

当然，为了获得高速度，航空运输所需承担的单位成本也很高，根据运输线路的不同，运输一件相同货物时航空运输的报价可能是海洋运输的上百倍，其中除飞机的采购保养及能源消耗等成本外，还包括机场建设和运营维护成本、驾驶及服务人员成本、航线开辟成本等。

航空运输由于运输工具的限制，不可能承受太重太大的负载，只能用来运输小批量或单件的货物，一般单件货物的重量不得超过 80 kg，体积不得超过 40 cm$\times 60$ cm$\times 100$ cm。因此，航空运输主要适合运载的货物有两类：一类是价值高、运费承担能力很强的货物，如贵重设备的零部件、高档产品等；另一类是紧急需要或销售周期特别短的物资，如鲜花、贸易样品、救灾抢险物资等。

航空运输更为主要的缺点是其准时性容易受到气候影响，通常的雨、雾、雷、风等天气因素都可能影响飞机的起飞和降落，如果不巧遇到季节性的台风或连续阴雨天气，可能导致原本几小时就能送达的货物被迫延误一个星期。另一个缺点是航空运输只能在专门的机场降落后才能进行装卸，无法做到门到门运输，所以必须为机场配备公路或铁路交通，才能使航空运输的货物被顺利地转运出去。

航空运输方式主要有班机运输、包机运输、集中托运和航空快递 4 种类型。

（1）班机运输是指具有固定机型、开航时间、飞行航线和停靠航站的运输方式。通常这类运输都依托客货混合型飞机开展，货舱容量比较小，运价也比较贵，但由于其定期开航和快速到达的优势，有利于客户安排鲜活货物或急需紧缺货物的运送，因此是当前最为常用的航空运输方式。当待运客货量较多时，还可组织沿原运输航线加班飞行以完成运输任务。

（2）包机运输是指航空公司按照约定的条件和费率，将整架飞机租给一个或若干个包机人（通常包机人是发货人或航空货运代理公司）从事运输业务的方式。包机人获得飞机的使用权后，可以按照需求从一个或几个航空站装运货物至指定目的地，比较适合于大宗货物运输，其费率略低于班机运输，但运送时间则比班机要长些，管理难度也相应较大。

（3）集中托运同样是利用班机或包机运输方式，但是航空货运代理公司可以将若干批单独发运的货物集中成一批统一向航空公司办理托运手续和支付托运费用。采取这种操作模式的话只需填写一份总运单送至同一目的地，然后委托当地运输机构将货物收取后分发给各个实际收货人。由于采取了集小为大的揽货模式，集中托运可以降低实际托运人的运费成本，是目前航空货运代理的主要业务之一。

（4）航空快递是目前航空运输中最为快捷的一种方式，它由专门经营此项业务的快递公司和航空公司之间签署合作协议，双方互相配合以最迅速的方式收取客户委托运输的物品，并在最短的时间内送上最近一班飞机运输，飞机降落后由快递公司在当地机构接货转送，确保在第一时间内将货物送达，是最能体现出航空快速优势的一种运输方式。

6. 管道运输

管道运输是指通过管道在特定起点与终点之间运输气体或液体（也可运输具有一定流动性的粉状固体）的一种运输方式。通常这类管道在城市中都铺设在地下或架设在高空中，以防止被人员或车辆损坏，而且需要在管道周围包裹多层具有防锈、防漏、防撞击和隔热功能的保护材料。

广义上来说，管道运输是目前世界上运量最大的运输方式。其主要优点包括以下9点。

（1）节能。由于管道运输过程中运输设备本身并不需要运动，只需建立起压力差便可使物品沿管道流动，因此消耗能量极少。

（2）节省。采用管道运输的货物不用分拣、包装和装卸作业，也不存在迂回、交叉等无效运输，是成本最低的运输方式。

（3）安全。由于采用密封的管道设备，因此在运输过程中可百分之百地避免货物损失。

（4）方便。可以即用即取，无须等待也无须下单预约，可以实现连续不断的物资运输。

（5）运输量大。往往几根主管道便可覆盖一整个城区的需求。

（6）占地少。相比于其他运输方式所需配备的道路、场站而言，管道运输由于可以设在地下或高空，因此几乎无须占用任何有其他利用价值的土地。

（7）建设周期短，成本投入少。运输管道的铺设成本和施工周期都明显要小于公路、铁路。

（8）不受气候影响。管道运输由于是在封闭的环境中进行的，外界所有的雪雨风霜都对管内物品没有任何影响，即使路面交通全部停滞下来，管道运输也依然可以畅通无阻。

（9）没有环境污染。管道运输由于在其过程中不消耗能量，也没有实体运输工具的移动，因此没有任何的排放和污染，对环境不造成任何影响。

管道运输缺点在于它不能够随意更换所运输的货物，一根管道中往往终其一生只能运输一种货物，而且不能调整运输路线，也不能随意增添运输节点，所以除城市管道用水用气外，往往也需要与铁路或公路相配合才能完成全程运输任务，因此在建设管道之时一定要充分考虑清楚其规模效应，当运输量不足时管道运输的平均成本将显著增大。

7. 一贯制运输

一贯制运输又常被称为综合一贯制运输，在国际间的运输领域又常称为多式联运。这是一种吸取铁路、汽车、船舶、飞机等所有运输方式的长处，把它们有机地复合起来，多环节、多区段、多工具相互衔接进行货物运输的方式。它可以将水路、铁路的低成本大运量的优点以及航空高速的特点与公路运输灵活便捷、送达性强的优点结合利用，以最优的价格将货物送达到客户指定的地点。

（1）实行一贯制运输的目的

1）方便客户。以前如果客户需要使用多种运输方式来派送货物，往往必须委派专门人员随货同行，以便于在各个转运环节中办理手续，才能实现货物的全程运输。而采用一贯制运输方式后，客户将货物委托给承运人而无须自己派人前往，由承运人选择最为合适的运输方式将货物送达目的地，客户只需对相关的路线、成本、保险等要素进行确认即可。

2）实现门到门服务。由于承运人在运输过程中所起到的积极作用，使一贯制运输对于客户而言就是一个直接送货上门的服务，帮助客户简化货物的运输管理，减少各类接运、送车等烦琐的运输作业。

3）运费低廉。一贯制运输在主干路线上大量使用水路、铁路低成本运输方式，而且在前后端的公路运输上也可以通过集货集运的方式，从而使整体运输成本大幅度下降。

（2）一贯制运输的分类

1）水陆联运。水陆联运主要指由汽车负责前段或后段的门到门运输（有时还包括中间的衔接运输），由船舶承担主干线路任务的运输方式。

2）水上联运。水上联运主要指多条水上线路之间的联合运输，如江海联运、江河联运等。

3）陆陆联运。陆陆联运主要指由汽车负责前段或后段的门到门运输，由铁路承担主干线路任务的运输方式。

4）陆空联运。陆空联运类似于陆陆联运，由飞机承担主干线路任务的运输方式。

5）水铁联运。水铁联运主要是指在建有铁路线的码头上，将船上货物直接（或利用短驳车）装上火车继续进行运输的方式。

二、发运与接运

发运与接运是运输业务的起点和终点。发运即指仓库将即将运输出库的货物拣取出来后，完成相应单据、车辆等准备，并将货物装上车辆运出仓库的一系列工作。接运即指仓库在收到入库信息后，做好货物入库的各项单据处理及准备工作，并安排人员将运输车辆上的货物接到库中的一系列工作。

1. 发运

（1）发运准备。发货准备是货物出库工作的一个组成部分，主要包括货物准备、货物包扎和运输标记等工作内容。货物准备是指根据订单进行货物分拣、搬至出库区、按订单将货物分批等工作。货物包扎是指将准备好的货物根据运输条件的要求加以稳固、捆绑或包装，使之适应各类搬移、装卸作业，能够在运输过程中保持良好的状态，抵抗各类震动、拖拽、潮湿等外界因素可能造成的损害。运输标记是指根据订单将运输单证号码、发货号码、发货站（港）、到达站（港）、收货人（姓名、地址、联系方式等）、货物件数、储运标志（如防潮、易碎、不可倒置等）、危险品标志（如有毒、易燃、易爆、防火等）等信息按照运输工作的要求及规范格式，在货物的外包装上做好标记，以便于运输人员辨识。

在货物正式发运之前，仓库管理人员应确认货物已经完成各项发运准备工作，达到合格的发运条件，具体包括以下5点。

1）已按订单对货物完成分拣，数量、品类、质量等都符合订单要求，并对货物进行了恰当的捆扎或包装。

2）按照发运工作要求在货物外包装上列明各种信息，包括件数、体积、重量、到达港、收货人信息、各种标识等。

3）对发货订单的处理已经完成，各项账册、票据、合同完整齐备，且复核无误。

4）制订合理的运输方案，能够根据发货的整体计划在各条线路、各种运输工具中做出合理的调配，低成本、高效率、安全可靠地完成运输任务。

5）与承运商或运输部门已经就运输计划的具体执行方案进行了确认，各项运输车辆、人员等准备就绪。

（2）货物发运。当仓库完成了货物发运的各项前期准备与确认后，即可开始运送货物出库、办理运输手续等工作。在运送货物出库的工作环节中，仓库可以选择两种基本方式,一是由承运人上门接收货物,仓库只需将货物装上承运人派来的车辆;二是由仓库自行将货物送至承运人的车站、港口等发运站台或仓库。

而作为承运人来说,在承担货物发运工作的具体执行过程中还需进行车船准备、发货组配、单据填制等各项作业。例如在车船准备环节,承运人应对所需使用的车辆进行调度,并且做好车辆维护保养及清洁工作,确保能够按时向托运人提供安全可靠的运输服务。在发货组配环节,承运人要根据货物的数量、特征和储存场地,尽量按同一到站、同一收货人的要求将来自不同地方的货物配装组合成为整车、整船的运输批量再进行发运,从而提高运输工具的利用效率。

组配工作一般有两种模式,即见单组配和见货组配。在各种计划性比较强、稳定性较好的发运工作中一般都采用见单组配的模式。例如,在铁路车站的装车发运过程中,事先只需根据各班次列车的运输单据上所显示的信息就可进行组配,工作人员根据货物的理化性能以及相关货运章程规定和运价规则,经过精心计算将适合装载在一起的货物配成整车,并形成装车计划流转到组配工作环节具体落实。而见货组配是指只有在托运人将货物送到车站后,才能根据实际货物的到达情况进行现场组配。在组配工作完成后,各批次待发运的货物就明确了其运输车辆班次或车号。

在货物发运工作中,承担运输任务的单位还必须按照规范格式的要求填制有关运输单证,例如各类提单、货物托运单、运输交接单等。这些单据主要有如下几个用途,一是用于托运人与收货人之间进行货物交接和结算运输费用的凭证;二是用于明确托运人与承运人之间的权利义务,是双方结算费用和划分责任的重要原始凭证;三是用于承运人在与各车站、港口、机场进行业务协调,做好运输任务安排的依据。货物运单是承运部门和发货人共同填制的具有契约性质的运输凭证,它明确规定了货物运输过程中双方的权利、义务与责任,因此双方应按要求认真填写,并对所填写的内容负责。

(3) 结算归档。货物发运后,仓库应根据发运工作的实际情况进行结算支付等工作。若货物安全准时到达收货人的指定地点,仓库应按照约定时间交付有关费用,并对收货工作给予配合;若货物发生运输损失的,则根据运输合同、保险的约定,收集证据明确责任并进行索赔;若属于代垫运输费用的,还应凭单据向收货人收取相应款项。

所有工作完成后,仓库应将发运工作中的相关合同、单据、凭证等资料进行整理归档,其中一部分留作存档以备将来查询取证等用处,另一部分副本及复印件可用于仓库工作的统计分析和经济指标评估等。

(4) 注意事项。仓库在发运货物时,必须按照要求认真、准确、完整、清晰地填写货物运单。同时,为确保货物的运输安全,在装车前应对运输工具的安全性进行检查,特别是当运输食品、服装、药品等货物时,还要对运输工具的卫生情况进行更为细致的检查。

在交接货物的过程中，仓库与承运人之间应妥善办理货物的交接手续，对货物进行检查、封箱、装车等作业，确保货物交接的准确性，并填制相应的交接单据以划清责任。仓库与承运人、收货人之间应保持及时畅通的联系，做好发货预报工作，既便于承运人安排运输车辆，也便于收货人及早做好货物接收的准备工作。

2. 接运

货物接运就是指当货物到达收货地点后，仓库的工作人员从承运人处接收货物将其入库的一系列工作。接运工作是货物运输工作的终点，也是仓库业务活动的开始，是货物能够正确入库进行保管的前提和基础。

（1）接运准备。根据不同的接运方式，仓库部门在接到到货通知后，应完成以下4个方面的准备工作。

1）接运人员应事先对所提取的货物进行全面的了解，包括品名、型号、特性、数量和一般保管知识、装卸搬运注意事项等，以便在接货现场能够对货物进行全面细致的验收核对。

2）在接运前应做好场地、人员和设备等方面的准备工作，如卸货工具和库内运输工具，腾出临时存放货物和货物入库保管的场地，调配一定数量具备相应工作能力的人员等。

3）如需仓库自行组织车辆接运的，应根据有关运输单据正确判断接运时间，调拨运输车辆并委派接运人员随车前往车站码头或存货人仓库。

4）各类货物入库的单据凭证收集完毕，并与存货人之间进行沟通确认无误。

（2）接运类型。接运工作根据其内容的不同，大致可以分为以下4种类型。

1）向承运人接货，即仓库部门受存货人委托或合同约束，自行安排车辆到承运人所在的铁路车站、船舶码头、航空机场或其他物流枢纽中的仓库接运货物，随后自行将货物运回到仓库的一种方式。

2）内部本地接货，即仓库部门在本企业内部的铁路专用线或专用码头上接货的一种方式。由于采取这种方式接货的一般是大批大宗货物，因此需要提前就卸货工作做好准备。

3）向存货人接货，即仓库部门自行组织车辆直接到存货人处（或存货人指定的地点）接收货物，随后自行将货物运回仓库的一种方式。采取该种方式进行接运时，由于可与存货人在发货现场见面，因此通常可以将接货验收工作与存货人的出库验收工作结合起来同时进行，双方共同对货物进行核查检验，并做好记录。

4）对方送货，即由存货人自行将货物送至仓库，或委托承运人将货物送至仓库的一种方式。由于采取该种方式时，仓库的工作量最小、管理最为简便，因此它也是目前第三方物流比较发达的情况下，各类仓库管理部门最乐意采用的一种方式。

（3）货物接运。从货物接运的工作流程来说，大致分为以下3个方面。

1）办理接运手续。若是向承运人接货的，接运人员到达承运人处后，首先应向承运人提交有关的提货凭证，结清各项应交付的费用后取得承运人的提货单，随后向承运人的仓库部门要求提货。若为其他接运方式的，也需办理相应的手续。

2）检查货物情况。接运人员应对货物的品类、外观、包装、封印、数量、重量等进行核查，检查有无玷污、受潮、水浸、油渍、短缺、破损、品类不符等异状，若发现情况应立刻要求承运人检查核实，并签署单据凭证以备索赔之用。

3）配合入库。货物接运到库后，接运人员应与仓储管理员密切配合做好交接手续，当面清点数量、检查质量，尽量做到提货、验收、入库、堆码一条龙作业，从而缩短入库验收时间。

（4）注意事项。对于仓库部门而言，在接运货物时必须认真检查货物的情况，发现状况时分清是属于承运人的责任还是托运人的责任，取得必要的单据和证明，避免将一些在运输过程中或运输前就已经损坏的货物带回仓库，避免对货物入库后保管保养等产生影响或留下隐患。

3. 运输损失处理

在货物运输过程中，为了减少损失，提高经济效益，应采取管理手段尽量减少下述两种情况的发生，一是因人员疏忽、设备不良、自然灾害等原因所导致的运输事故；二是因管理不善、防护不周所导致的货物损耗。

其中，运输事故主要指在运输及装卸过程中的交通与装卸事故及因此而造成的货物损失，也包括因各种不合理原因造成的货物污染、盗窃、受潮、变质、短缺等丧失使用价值的情况。货物损耗则主要指货物因蒸发、挥发、融化等自然性质，以及装卸搬运过程中的称量误差或少量散落等原因造成的部分货物质量降低或货物总量减少。

（1）运输事故

1）事故及时处理。在运输过程中，无论发生哪一类型的事故造成了货物损失，无论该项事故属于哪一方的责任，承运人均有义务采取合理措施进行抢救，防止事故的损失范围继续扩大，若有证据证明因承运人未履行该项义务而造成货物进一步损失，则是由承运人来对这一部分损失进行赔偿。同时，承运人应及时将事故信息通知托运人，以便托运人掌握货物的运送情况，托运人可派人赶赴现场配合承运人共同进行货物抢救工作，并参与事故处理过程。

承运人在事故发生后应积极采取现场保护措施，以防因现场被破坏而无法正确区分事故责任，并于第一时间将事故情况通知交通管理部门，由专门的交通管理人员对现场进行记录、分析和勘察，对事故原因、事故现状、相关利益者等信息进行妥善记录留证，作为后期进一步明确事故责任，追讨事故赔偿的依据。若是因不可抗力造成的货物损失，承运人应配合交通管理部门做好事故记录，并取得有关证明才能免除自身的责任。

2) 事故责任划分。在货物的运输过程中，除了不可抗力、货物内存缺陷、托运人原因及法律公约规定的免责情况所造成的货物损失外，其他承运人因自身原因造成的货物损失均应承担赔偿责任。一般来说，在托运人正式将货物交给承运人后，由于下列原因导致的货物灭失或损坏，托运人均能向承运人提出索赔要求：一是货物在装卸过程中发生的损失，包括野蛮装卸或装卸工具使用不当等导致的货物跌落或相撞的破坏损失，由于不合理装车（如轻重货不合理堆积、货物串味）导致的货物损失，以及因货物的短装短卸而导致的数量损失等。二是货物在运输过程中发生的损失，包括因保护措施采取不当导致货物严重受潮、洒落、挥发或破损；因没有及时通风和调节温度导致货物腐烂、受冻、死亡等损失；因运输事故而导致货物破损、浸泡、短缺等。

但是，因为承运人的责任期限是从接收货物时起到交付货物时止，所以承运人仅在承运期限内对货物的损失负赔偿责任，不是由于承运人的责任所造成的货物损失则不应由承运人负责。根据我国法律规定，由于下列原因而造成的货物灭失或损坏，承运人不负责赔偿：由于人力不可抗拒的自然灾害造成的货物损失；因货物本身性质而不可控制的变化造成的货物损失；货物在运输途中的自然消耗；承运货物的包装完好无损，但包装内部有短损变质；因违反国家法令或规定，被有关部门查扣、弃置等处理的货物；因收货人逾期提取或拒不提取货物而造成的货物霉烂变质；有随车押运人员负责途中保管照料的货物。

与承运人所需承担的责任相一致的是，作为运输业务的托运人，也必须承担一定的责任，如果是因为托运人未正确充分履行其责任所造成的货物损失，承运人可以免于赔偿，按时提供规定数量的货载所造成的承运人损失应由托运人负责赔偿。例如，当运输的货物具有非一般的保管保养性质时，或具有容易与其他货物相干扰的生化属性时，托运人应向承运人进行合理说明，否则应对自身货物及由此造成的承运人同时运输的其他货物损失负赔偿责任。

一般来说，托运人的责任包括：提供清晰准确的货物情况说明；货物的唛头标志清楚、牢固、醒目；货物的包装牢固完整，适合于进行运输作业；按双方的合同约定或其他相关规定支付运费；及时按合同约定交付货物和提取货物。

3) 编制事故记录。比较常见的事故记录有以下 2 类。

①货运记录。这是承运人在运输货物过程中发生了事故或差错，并由其对货物损失负赔偿责任时出具的书面记录凭证。货运记录是托运人向承运人进行索赔的最主要依据，双方应在发现事故或差错时立刻就有关情况进行检查。若明确出现下列责任情况时，应由承

运人出具货运记录：货物名称、件数、质量等与货物运输单等票据上所记载的内容发生明显不符，或有票据而无货物、有货物无票据的情况；货物在运输和作业过程中发生溢余、灭失、短少、变质、污染、损坏等损失；超过所约定的时间期限后，在允许的误差天数内货物仍未到达，托运人有理由认为该项货物已丢失；其他属于承运人责任的情况。

②普通记录。指若在运输过程中发现了不属于承运人责任的运输事故或货物损失，由承运人编制的有关书面记录凭证。该项记录是分析收、发货单位之间责任归属的一种依据，但不能直接用来向承运人进行索赔。一般在下列情况中，承运人可出具普通记录：由收发货单位自行组织车辆进行装卸车的整车整船货物，在运输载体及运输仓箱均完整包装未损坏、发货铅封与苫盖捆扎完好的情况下发生的货物损坏或品种数量不符；发货单位自行组织车辆押运过程中发生的货物短少或损坏；发货人随货物发出的有关票据灭失；其他明确非承运人责任的灭失、短少、变质、污染、损坏和内容不符，如发货时的包装松散、未采取防震措施等；其他需要承运人出具证明的责任事故；收货人、托运人向承运人提出证明其他与货物数量、质量无关情况的合理要求。

4）运输事故索赔。运输事故发生后，托运人、收货人等权利主体若需向承运人要求赔偿，则应在收到货运记录次日起的180天内提交索赔书，若因索赔方自身原因造成的超过时间限制，则其索赔要求将不再被受理。索赔方在提出货运事故索赔书的同时应将随附货运记录、货运单证、货物损失清单、价格证明等文件一并提交。

承运人在收到运输事故索赔书后次日起的60天内将处理意见通知提出索赔的托运人或收货人。若索赔方在收到处理意见通知的次日起10天内没有提出异议，则承运人应立即按照处理意见给予赔付。但若属于货物被盗窃，且承运人已向公安部门报告立案的情况，赔偿期限可以顺延半年。其他有牵扯第三方责任的根据交通管理部门和法院的有关处理进行赔偿。

属于承运人责任造成的货物损失应按以下规定进行赔偿：实行保价运输的货物应按托运人的声明价格进行赔偿，但若能证明货物的实际损失价值低于声明价格的，可按照实际损失进行赔偿；已投运输保险的货物，按照有关保险理赔的规定进行赔偿；如货物部分损坏，按损坏货物所减值的金额或按修理费用赔偿；不属于上述几种情况的货物直接按照实际损失赔偿，赔偿价格按《货物运输事故赔偿价格计算规定》计算。

5）如运输的货物比较特殊，如蜜蜂、种子、生物试剂等，则应根据相关的特殊规定进行处理。

（2）运输损耗。对于货物在运输过程中所发生的损耗，通常按照固定定额损耗比例的方式进行处理。即对同时运输的整批货物按照行业惯例或相关法律规定，制订一个定额损耗率，只要损耗额度在定额之内，承运人就无须承担赔偿责任。

货物的运输定额损耗率一般是参照以下7项因素来制订的。

1) 货物性质。越是易碎、易腐、易挥发、易变质货物，则定额损耗率越高。

2) 运输过程。运输工具或运输道路越是易颠簸、震动，则定额损耗率越高。

3) 运输里程。实际运输的公里数越多，则定额损耗率越高。

4) 气候环境。气候越是不利于货物保管和货物性质的稳定，则定额损耗率越高。

5) 货物包装。货物的包装越差，不能有效保护货物，则定额损耗率越高。

6) 货物称量。货物的称重测量中越容易产生偏差，则定额损耗率越高。

7) 货物装卸。货物在运输和装卸过程中越容易产生滴、漏、散、留等现象，则定额损耗率越高。

（3）运输保险。货物运输险是针对运输过程中的货物而提供的一种货物险保障。开办这种保险的目的是使货物在运输过程中如果遭受保险责任范围内的自然灾害或意外事故，则由承保方对所造成的损失进行经济补偿，从而起到加强货物运输的安全防损的作用，有利于货物的生产和流通。

1) 保险的类型和作用。运输保险按照我国的有关规定，目前主要分为两大类型：主要险与附加险。

①主要险，即货物运输保险中的基础险种，被保险人必须先购买主要险之后才能购买其他保险。在主要险中，保险公司对下列情况承担赔偿责任：因各种自然不可抗力所造成的货物损失，如雷电、暴雨、台风、洪水、海啸、地震、滑坡、冰雹等；在运输工具装卸货或转载过程中发生的意外事故所造成的货物损失；因运输工具意外事故所造成的货物损失，如碰撞、出轨、倾覆、触礁、坠毁、起火等；因运输工具在危难情况中采取急救行为而造成的货物损失或支出的合理费用（以不超过货物保险金额为限），如紧急卸货、抛弃货物等；因在上述灾害或事故中遭受盗窃、哄抢而造成的货物损失。

购买了主要险后并不意味着保险公司要承担所有的货物损失赔偿责任，针对下述的几种情况，保险公司是可以不用理赔的：因罢工、军事行动造成的货物损失，如战争、军事管制、航船罢运等；因自然属性造成的货物损失，如货物的挥发、发芽、潮解；发货之前货物自身就已经存在缺陷所造成的货物损失；因运输延误所造成的货物损失，如因延误造成的货物变质等；因运输管理或货物防护不当所造成的货物损失，如串味、渗漏、破碎、偷窃、货物丢失等；因被保险方故意、过失或不作为而造成的货物损失；其他属于发货人责任的货物损失。

②附加险，即不可以单独购买，必须依附于主要险才能购买的保险品种。附加险的功能是针对主要险中不能提供的保险事项进行适当补充，扩大被保险人的安全范围，主要涉及破碎、雨湿、盗窃、腐烂等情况。对附加险承保价值的确定主要有两种方式：一种是按保险

价值，即保险公司根据保险价值赔付损失，因此也被称为定值保险；另一种是按装运价值，即保险公司按货值加上运输、保险等附加费用的实际总值赔付，因此也被称为不定值保险。

附加险主要是针对在保险期限内的，由保险公司承担赔偿责任的情况，见表 6—1。

表 6—1　　　　　　　　　　保险公司承担赔偿责任的情况

保险名	具体内容
盗、窃、提货不着险	在保险有效期内，货物被偷窃或货物运抵目的地以后整件未能交付的损失
淡水、雨淋险	货物在运输途中由于淡水、雨水以及雪溶所造成的损失
短量险	包装货物因包装撕裂、破损而导致的数量短少和重量损失，散装货物超过正常损耗范围的货物短少
混杂、玷污险	保险货物在运输途中因混进了杂质造成的损失（如稻米、矿砂中被混进了泥土而使货物质量受到影响），或是保险货物因与其他物质接触而被玷污（如布匹、纸张、食物、服装被油墨或带色物质污染而造成的损失）
渗漏险	流质或半流质油液类货物在运输过程中因容器损坏渗漏而造成的损失、装存在液体内的货物（如酱渍菜等）因液体渗漏而造成的腐烂、变质等损失
碰损险	金属、木质等货物（如搪瓷、不锈钢、漆木器等）在运输途中因震动、颠簸、挤压等造成货物凹瘪、脱瓷、脱漆、划痕等损失
破碎险	对易碎性货物（如陶器、瓷器、玻璃器皿、大理石等）在运输途中由于装卸、震颠而造成货物本身的破裂、断碎等损失
串味险	因为受其他物品的气味影响而造成的货物异味贬值等损失（茶叶、香料、药材受樟脑、酒精等影响）
受潮受热险	货物因受潮、受热而引起的损失（如因气温骤变或通风设备失灵导致货物的发潮、发热、溶化等）
钩损险	货物在装卸过程中因使用手钩、吊钩等工具所造成的损失（如捆装棉布因使用手钩而被钩破、包装粮食因被钩坏包装袋而外漏等）
包装破裂险	因货物的包装破裂而造成短少、玷污等损失，以及为安全运输而采取的包装补救措施（修补、调换）费用等
锈损险	非裸装的金属货物因在运输过程中生锈而造成的损失

除了上述的附加险外，被保险人还可以购买其他的特别、特殊附加险，从而得到更大范围的安全保障。

2)提出索赔。当被保险人在获悉投保的货物在运输途中遭受损失后,应马上通知保险人,以便保险人检验损失,提出施救意见,确定保险事故的原因,查核发货人或承运人责任。如果未能及时通知,则可能导致保险人的现场审查工作被延误,无法正确判断责任归属,从而引起各方争议,影响索赔手续的进行。

被保险人或其代理人在提货时若发现货物明显受损或整件短少,除向保险公司报损外,还应立即向承运人、受托人以及海关、港务局等索取货损货差证明。当这些损失涉及承运人、受托人或其他有关方面如码头、装卸公司的责任时,被保险人应立即以书面形式向他们提出索赔要求,并保留追偿权利,必要时还要申请延长索赔时效。

被保险人发现保险货物受损后,应立即对受损货物采取措施防止损失扩大。同时,因为相对于保险人而言,被保险人对于货物的性能、用途更加熟悉,所以对于受损货物的后期处理来说,被保险人仍有义务自行或协助保险人进行受损货物的转售、修理和改变用途等工作。

被保险人应向承运人等办妥必要的手续,取得所需的各类单据凭证,随后再按照保单的规定向保险公司办理索赔手续。所需的索赔凭证包括:保单或保险凭证正本;运输契约,如提单、运单和邮单等;货物发票;装箱单、磅码单;向承运人或有责任方请求赔偿的书面文件;检验报告;海事报告摘录或海事声明书;货损货差证明;索赔清单等。

学习单元2 运输合理化

学习目标

1. 熟悉运输合理化的要求。
2. 熟悉常见的不合理运输的现象。
3. 能够识别运输过程中的不合理之处。

一、运输合理化

鉴于运输在物流中的重要性,所以要实现物流合理化就必须先实现运输的合理化。这其中要考虑运输距离、运输环节、运输工具、运输时间、运输成本共五个因素。要实现运输合理化可以采取多种途径。

1. 合理装载

对于同一个运输工具而言，如果采取不同形式的货物装载手段，其能够实际容纳的货物总量是不一样的。因此，有必要采取对货物的包装进行归整等手段，运用配装、积载、合理堆码的方式，在尽量保证运输安全的前提下最大限度地减小货物间隙，提高运输工具的实际载货量。例如，可以将不规则货物事先进行统一包装，以便装卸和堆放；可以将圆形货物或锥形货物采取压缝堆码、头尾对装、大小套装等多种方式以增加装载量；对于不适合堆高的货物，可以在运输工具内加格板层来提高运输工具的空间利用率；对于轻泡货物可以增加运输车辆的围栏高度等。

2. 提高满载率

关于运输工具的满载率目前并无官方权威的计算方式，在实际工作中比较通用的一是单次满载率，即运输工具实际装载的货物量与最大装载量之间的比率；二是综合满载率，指某一段时间内各次货物运输的距离与单次满载率的加权平均值（根据实际情况的不同，选择是否需要将空载计算在内）。

综合满载率是判断运输装载是否合理的重要指标，体现了是否充分利用了全部的运输能力，对于减少车船空驶和不满载行驶，减少运输能力的浪费具有一定的指导意义。

例如，采取共同配送的方式可以将多家货物放在同一运输工具中进行配送，从而达到容积和载重的充分合理运用，比起以往每家单位都自行提货送货时车辆大部空驶的情况，可以大大提高运输的合理化程度。

3. 提高运输能效

运输中的能源消耗是运输成本的主要构成部分，尽量减少能源投入或加大单位能源的运输效力，可以有效降低单位货物的运输成本，达到合理化的目的。

例如，在铁路运输中若机车动力足够时，可以多加挂车皮以增加运力；将多艘无动力驳船编成一定队形，统一用机动船顶推或拖带行驶，可以消耗比船舶运输更少的能源；或者汽车采用同样原理，让动力车头拖带一个或多个车挂，实现高能效的运输。

4. 利用社会化运输

每家企业各自独立地执行运输任务的话，由于运量总体有限等原因往往容易出现空载空驶、运力选择不当的情况，浪费现象比较严重。而社会化运输不但可以综合多家企业的运输需求，比较稳定地实现运输的规模化效应，而且由于其必须面对市场的激烈竞争，因此必须不断降低运输成本，提高竞争力，可大大增加运输作业的合理化程度。

5. 发展快速交通

交通是一个国家发展经济的命脉，如果交通不够发达，那么将会导致大量的待运货物积留和大量在途货物滞运，这样不但会大大增加货物的运送时间，占用运输工具，还会提高单位货物的运输能耗。从整个国家的角度来看，数以万计的运输车辆和千万吨以上的货物在道路上的慢速行驶是一种非常大的浪费。因此，为了提高整个社会的整体运输合理化程度，大力发展快速交通体系是一项利国利民的重点工作。

6. 增加直达运输

尽力增加直达运输可以减少中转换载，从而提高运输速度，省却装卸费用，降低中转货损，尤其是在一次运输批量和用户一次需求量达到了整车时表现最为突出。此外，建立稳定的产销合作关系和直达运输体系也有利于提高运输的计划性水平，可以考虑用最有效的方式来实现这种稳定运输，从而大大提高运输效率。

但是，如同其他合理化措施一样，直达运输也只有在一定条件下才是最优的，而并非直达运输就一定优于中转运输。例如，在我国当前的情况下，从江浙等地运往北方的货物如果批量不够大的话采取直达措施并不是最好的，而是需要在山东的货运市场中进行批量集运后转为大载重量的货车，成本才能获得进一步降低。

7. 优化运输配载

运输工具的容积与载重比往往不能恰恰与货物的比重相符合，所以为了充分利用运输工具的容积与载重，就必须合理安排装载的货物配载以求得运输工具实载率的最大化。例如，在运输配载中可以选择轻重货物的混合配载，在运输钢材、沙石等重质货物的情况下，同时搭载一些毛竹、蔬菜等轻泡货物，从而在基本不增加运力投入和基本不减少重质货物运输情况下，解决了轻泡货物的搭运，提高运输工具的使用效率。

8. 发展"四就直拨"

发展"四就直拨"主要是针对以往在车站码头卸货转运时的效率问题而提出的，其主要目的是减少在车站码头的中转运输环节，力求以最少的中转次数完成运输任务。"四就直拨"要求对于批量到站或到港的货物并不需要先转入车站码头的仓库，而是直接就厂、就站（码头）、就库、就车（船）将货物分送给用户。

9. 创新运输技术

运输工具的技术进步是实现运输合理化的另一条重要途径。例如，新型的专用罐车解决了以往粉状、液状货物的运输损耗过大和安全性较差的问题；滚装船解决了以往车载货物的转运效率问题；集装箱车（船）比其他通用运输工具更能适应集装箱的运输和装卸；全自动化双小车集装箱起重机能够实现自动化装卸，并采用一前一后的双小车技术使起重机的作业效率提高了50%。

10. 利用流通加工

由于不同货物所拥有的特殊性质，往往很难直接实现比较优化的运输，而在将之进行一定的流通加工后则可以改变货物的形态，有效提高运输合理化程度。例如，造纸木材由于形态差异大、比重较低、捆扎和装卸难度较大等原因，因此难以直接方便地进行运输，但若预加工成为干纸浆后再压缩体积再进行运输，就能很好地解决造纸木材运输不满载的问题；海鲜等水产品及生鲜肉类产品如果直接装运不但容易产生腐烂变质，而且搬运难度也很大，但如果预先进行冷冻的话，可以使货物的外观形状相对统一，不但可以减少腐烂变质，还可以方便装载作业，提高车辆装载率。

11. 利用回程运力

合理的运输管理应该首先考虑到车辆（船舶）来回之间的回程运力是否可以得到充分的利用，应该在各个发货点之间建立起长期稳定的合作关系，并且进行互相之间通畅的信息联络，以使双方都能够及时准确地掌握对方的货运需求，从而尽量使得每一趟次的运输工具都能够在回程时尽量多地搭载货物，从而提高运输工具的使用效率，节约运输费用。

二、不合理运输

与运输合理化相对应，不合理运输是指在运输管理、运输手段、运输路线等方面出现的不合理现象。在现有条件下，如果采取正确的运输措施可以达到的运输效率或水平，却往往因为不合理运输导致未能达到，从而造成运输资源浪费、运输时间增加、运输费用超支等问题。

1. 空载运输

空载运输即是指运输车辆在空车无货的情况下行驶，这可以说是不合理运输中最严重的一个问题，例如因车辆调运不当、货源计划不周、未充分利用社会化运输而造成的空驶等，都是不合理运输的明显表现。但是，有时候在实际的运输工作组织管理过程中可能必须要调运空车，这从管理上并不能将之看成为完全的不合理运输。例如成品汽车从生产企业到销售门店的运输工作，由于货物流动的单向性，因此不太可能做到双向满载，从而导致回程空车现象的大量存在。

造成空载运输主要有以下几种原因：一是能利用社会化运输体系的却未进行充分利用，仅依靠仓库的自有车辆来执行送货和提货等作业，这种做法往往会出现一半运输为单程重车，另一半运输为单程空驶的不合理运输；二是由于仓库的运输计划工作失误或计划不周，某些原本计划中的待运货源未能落实，或是做出了超过实际需求的车辆数预测，这样就有可能造成运输车辆空去空回，形成双程空驶。

2. 对流运输

对流运输又被称为"相向运输"或"交错运输"，是指同一种货物（或可以互相代用且又不影响管理、技术及效益的货物）在同一路线上（或较长的平行线路）上作相对方向的运输。或者有时当仓库已经制订出了合理的运输流向计划，那么一般就应该按照该合理流向进行运输，如果此时发生与合理流向的方向相反的运输时，尽管暂时没有明显的逆向运输与之形成对流，但它实际上也是一种不合理的对流运输。

3. 迂回运输

迂回运输是指在运输过程中舍近取远，不从最短路线进行最短距离的运输，却选择路程较长的路线进行运输的一种不合理形式。迂回运输在实际运输管理工作中有一定复杂性，一般来说只有当运输计划制订不恰当、管理人员对于道路交通情况不熟悉、运输管理组织效率低下时发生的迂回才被列为不合理运输。如果是因为最短距离路线上发生交通阻塞、道路情况不佳或因车辆高度、安全限制等原因而产生的迂回不能称为不合理运输。

4. 重复运输

重复运输就是指如果本来可以直接将货物一次性运输到目的地，但是在半途或目的地之外的其他场所就将货物卸下，再次装运后才送达目的地的情况。重复运输会导致增加运输中间环节，浪费运输装卸等工作能力，并且会延长运输时间，增加运输费用和运输损耗，占用过多的运输作业资源。重复运输中有一种比较常见却比较隐蔽的情况，即仓库一边在进行入库卸货作业，另一边却将同样品类、同样批量、同样运输方式的货物装车出库。

5. 过远运输

过远运输是指在无特殊情况的前提下，不从近处调运货物而是从距离比较远的地方舍近求远把货物运送过来，这样会造成运输路程的无意义增加，拉长了货物的运输路程并造成浪费。过远运输会占用比较长的运输时间、降低运输工具周转速度、相关的资金占用时间被拉长、人力和设备投入也会增大，而且由于远距离运输又容易出现货损，增加了仓库的运输成本。

6. 运输方式选择不当

这是比较常见的一种未根据实际情况选择成本最低、效率最高的运输方式，未能发挥出不同运输工具优势的不合理运输现象。例如当运输路程比较远，而且收发货地点都靠近水运路线，对运输时间、温湿度控制的要求也不太高，那么这时比较合理的是选择水运或水陆联运的方式。如果选择成本较高的铁路运输或汽车运输，则不能充分发挥出水运的大批量低成本的优势，属于不合理运输。

第 2 节 配 送

学习单元 1　配送概述

学习目标

1. 了解配送的概念和特征。
2. 熟悉备货、分拣、配载和送货四个配送基本环节。

一、配送的含义与特征

1. 配送的含义

在我国国家标准《物流术语》中，配送被定义为：在经济合理区域范围内，根据客户的要求对物品进行拣选、加工、包装、分割、组配等作业，并按时送达指定地点的物流活动。

广义上来说，配送作业与通常的物流作业有着本质的不同。物流强调的是货物在时间和空间的流动，大多数情况下是属于商流与物流分离进行的一种业务形式；而配送则与企业之间的销售、采购等作业的关系密切，大多数情况下是属于商流与物流在一定程度上统一的业务形式，包含有结算、上架、订货、配单等多个商业环节。配送是物流全过程中非常重要的一个环节，特别对于连锁经营更是起着基本的支撑作用。良好的配送作业可以缩短流通渠道，减少物流环节的浪费，提高货物资金效益和促进物流全过程的合理化。

2. 配送的特征

（1）以客户需求为导向。配送是以客户提出要求为第一出发点，采取最合理的方式依靠现代化的装备和管理来实现的一种高水平送货方式。配送作业是配货与送货作业过程的有机结合，其首要目的是以较高的物流服务水平，完全按用户对货物种类、品种、数量、时间等方面的要求而进行的运送作业，配合和支撑客户各项工作的顺利开展。

（2）门到门的供应服务。配送必须和仓库的订货系统紧密联系，它不但需要依托仓库来对货物进行组织、订货、签约、进货，还需要及时对货物进行分配供应，并以送货上门方式提供服务性供应。从服务方式来讲，配送是一种典型的"门到门"送货服务，可以将货物从仓库一直送到客户的仓库、车间、营业所或生产线。

（3）业务环节较多。配送是将货物从仓库送至客户的一种特殊送货方式。它不仅仅是单纯的送货，在配送作业中还包含有配货、分拣、配装等环节来共同满足客户的各种需求，是车辆运输与其他仓库作业活动共同构成的组合体，在整个货物运送的过程中属于"二次运输""终端运输"的角色。

（4）设备复杂多样。在配送业务的开展过程中需要大量采用各种传输设备、分拣设备，才能帮助实现一些环节专业分拣或高效的流水作业，降低有关成本费用。

（5）管理难度大、成本高。配送是物流服务体系中比较复杂的一个作业环节，会同时面对数十甚至数百家客户同时提出需求，每日的分拣、配载等工作量也非常大，所以管理难度较高。而且，为了提高服务质量以达到较高的客户满意度，许多仓库的配送作业通常会伴随着较高的成本。因此，提高配送作业的设计、组织等方面的管理水平就显得十分重要。

（6）以专业化经营为主。配送是整个物流服务系统中最后一个环节，也是最能体现出服务价值的一个环节，所有仓库管理工作的成效都将随着配送环节的完成而得到最终体现。因此，配送中心作为从仓库到客户之间一种关键性的作业环节，往往必须由专门的服务企业或专业化的管理者来经营，这样才能使设施设备、流程组织、人员管理等各方面都形成系统化的运作体系。

二、配送的基本环节

如前所述，配送作业是由多个作业环节所共同组成的。一般来说，比较常见的配送主要包括备货、配货、配装、送货等几个基本环节，每个环节中又包括若干项不同的作业内容。有时视业务需要，在配送作业的过程中还会对货物进行流通加工。

1. 备货

备货是仓库开展配送业务的基础准备工作，其主要任务是把不同客户在不同时间所产生的对于货物的分散性需求合并成为规模型的需求，通过批量采购的规模效应来实现降低进货成本和管理成本的目的，并进一步在满足客户要求的同时提高配送作业的效益。对于仓库而言，备货这项基础工作有两种常见模式，一是由客户来保障备货货源，仓库只需依据客户的要求做好货物的保管、分拣，并保证按时送达即可。二是由仓库来负责备货，并按照客户的要求将货物送达上门后才最终实现销售。对于第一种模式而言，仓库只需将业务管理的重心放在配送作业的合理性上，着力提高配送服务的质量和降低运营成本。而对于第二种模式而言，备货作业决定了其他所有工作的成败，备货成本对整个业务系统的运作成本有着极大的影响，过高的备货成本必然导致仓库经营利润的降低。

2. 分拣

分拣是配送作业有别于其他运输作业的独特功能要素，是为了使所送达的货物能够与客户的实际需要相匹配的必要准备性工作。由于配送业务往往同时需要处理多个客户对于不同货物品类的订货要求，因此必须在实际开展送达业务之前，按照客户的实际要求将货物从仓库中分别拣选出来，并分别装箱、捆扎或集中堆放形成独立的配送单元。有了分拣这个作业环节的支持，配送业务才可以同时为多个客户提供服务，实现了仓库从传统的送货、保管等基础业务形态向营销支持、生产供应等高级业务形态的转变，是各类经营配送业务的仓库提高市场竞争实力和自身经济效益的必然趋势。

3. 配载

配载是送货业务的前奏，即根据不同运输路线上运输工具的容积、载重、箱型等特征合理装载货物，在保障货物安全的前提下，尽量实现满装满载，以最少的运力来满足配送业务需求的作业活动。交通运输工具的大型化和运输线路的细分是现代运输服务业的基本特征之一，大型化的运输工具需要有大量的货物来支持，当单个客户所需要的货物配送数量达不到车辆最大有效装载量时，仓库就需要考虑将不同客户所需配送的货物进行合理搭配，共同装载以实现对于车辆运输能力的充分利用。通过高效的配载作业安排，可以保证运输工具的满载率和货物送达的及时率。和一般送货业务的不同之处在于，通过配载送货可以在现有资源的约束下，利用同一车次实现多个客户的配送服务，从而大大缩短送货时间和降低送货成本。

4. 送货

送货是配送业务的最终环节，其要求是确保在恰当的时间，将恰当数量的恰当货物，以恰当的成本送达给恰当地点的恰当客户。送货业务是属于末端运输的一种业务类型，一般来说其运距较短、运量较小、频率较高，与干线运输有着截然不同的业务模式和特点。送货业务通常选择汽车作为主要的运输工具。

另一个重要的业务特征是送货环节中往往需要对路线选择及时间窗口给予足够的考虑，这都是在干线运输中不太常见的问题。例如，当某一时间段内的送货业务需要为分布于同一城市不同地点的数十家超市提供服务时，就必须在制订路线前进行充分的合理规划，以避免出现大量的迂回、返程、交叉路线，尽量缩短实际运输长度。而若每一家超市只能在特定的空闲时间中才能接收送货的话，仓库还需考虑送货时间窗口的问题，以确保送货上门后不会因为错过时间窗口而产生大量无谓的等待。在实际工作中，多批次、多路线、多车次的时间窗口送货是仓库配送工作中经常遇到的问题，如何组合最佳配送路线，并相应制订分拣、配载等工作计划是配送中难度最大的工作，对配送效率及配送成本会产生巨大的影响。

学习单元2　配送分类

1. 熟悉配送的分类，包括定时配送、定量配送、共同配送等不同配送方式的内容。
2. 能根据业务需求确定不同配送方式；能描述定量配送和共同化配送。

一、按配送范围分类

1. 城市配送

城市配送即是由某一个仓库经营企业向其所在城市范围内的众多客户提供配送服务的业务形态。这种配送服务的辐射距离一般较短，仅限于城市半径以内，所以较多使用适合于短程运输的载货汽车进行配送，机动性比较强，供应速度比较快，调度也相对灵活，能够实现少批量、多批次、多客户的"门到门"配送。在一些比较大的城市中，有时还会根据业务量的大小，进一步细分出不同的局部城区设置配送中心，分别负责某一部分的城市内配送业务。

2. 区域配送

区域配送是指由某一个仓库经营企业向其所处的某一地理区域中的众多客户提供配送服务的业务形态。通常情况下，这些客户会坐落在不同城市中，分布比较散，地域范围比较广。这种配送服务的辐射能力较强、活动范围较大，可以实现跨省跨市的配送，具有经营规模较大、设施齐全、活动能力强等特点，一般其配送的货物批量较大而批次较少。有时候，开展这类区域配送业务的区域配送中心会与开展城市配送业务的城市配送中心相配合，形成多级配送服务网络。

二、按配送主体分类

1. 配送中心配送

即由配送中心所开展和从事的专业配送业务，通常具有数量大、品种多、半径大、服务能力强等特点，拥有大规模的配套设施设备，基础投资额比较大，可以承担生产物资配送、商店零售配送等多种配送任务，是当前我国市场中的主要配送形式。

2. 批发零售配送

即由从事批发零售业务的商业企业自行开展的配送业务。一般这类配送业务的特点是货物批次比较少、批量较小、货物品类零星多样、分拣难度大，难以通过整体委托外包的形式开展规模化的配送。因此，这类配送业务覆盖网点比较多，配送半径相对较小，而且机动灵活性较强，可承担非主要的生产物资或零售物资的配送任务，在市场上可起到一定的辅助补充作用。

3. 仓库配送

即由经营仓储保管业务的专业型仓库开展的配送业务，一般是指在仓库保持原有主体业务功能的前提下，针对客户提出临时性或小批量的业务需求，额外增加的部分配送服务功能。通常这类仓库配送的规模较小，专业化程度也比较低，但因为可利用仓库的原有资源而不需大量投资，所以开展业务比较便利，是在无法开展专业配送服务时的一种有效补充。

4. 生产企业配送

即由货物生产企业直接开展的配送业务。采取这种配送方式的前提是企业所生产出来的货物具有非常清晰的定点客户，生产时间与客户的需求时间衔接得比较好，每次货物的配送批量也比较大，因此无须将货物发运到仓库中进行保存和二次中转运输，具有一定的成本优势。但倘若企业所生产的货物存在需求时间不确定、配送批量较小、客户暂时不明确等问题时，就无法采取这类配送方法。

三、按时间及数量分类

1. 定时配送

定时配送指仓库按照事先与客户之间确认的规定时间或时间间隔进行配送，而每次配送货物的品种及数量可按计划进行，也可在每次配送前由供需双方协商确定。这种配送模式的好处在于可以有效加强配送车辆的使用计划性，比较适用于配送作业频繁、覆盖面广点多、单次配送量不太大的情况。

定时配送有以下5种具体形式。

（1）即时配送。只要接到订单就立刻按客户要求进行配送的一种方式，这种方式一般是在其他配送服务无法满足客户需求的情况下才采用，比较适用于消费者突发的个性化配送需求，也经常用作企业的应急配送方式，服务灵活但成本很高。其中，"小时配送"也是即时配送的一种类型，即接到订货请求后在1小时内完成货物的送达，是目前各类配送业务中服务质量和稳定性最高、运营成本也最大的一种模式，需要铺设大量的终端配送网点，常见于高端的商业零售和票据服务领域中。

（2）隔日配送。接到订货请求在 24 小时之内完成货物的送达，是定时配送中较为广泛采用的一种方式。客户可以获得较高的送货服务保障，基本上无须保持库存，只需对隔日的需求作出预测并发出订货请求，即可使生产和销售工作得以顺利进行。

（3）准时配送。按照双方所约定的协议时间，准时将货物配送给客户的一种方式。这种方式比日配方式更为精密，送货时间可以精确至 15 分钟以内，可帮助客户企业实现零库存的生产模式，适用于生产批量大、生产管控严格、产品货值较高的企业客户。但因为这类配送业务的难度和成本都比较高，需要比较精致的管理控制，所以往往仅能在服务少量客户的配送业务中采用。

（4）快递配送。能够确保在较短时间内实现货物送达，但不能明确送达具体时间的快速配送方式。目前我国的快递覆盖地区已经比较广泛，服务承诺的送达期限按不同地域会有一些变化。快递配送主要面向整个社会企业和个人客户，特别是在电子商务快速发展的今天，零售商店通过快递向成千上万的客户配送货物已经成为一种不可逆转的趋势，联邦快递、DHL、顺丰等都是比较成功的快递企业。

（5）定时定路线配送。配送车辆只在规定的运行路线上行驶，按照运行时间表依次向各客户进行配送，客户在指定时间到指定位置接货即可。

2. 定量配送

定量配送是指按照事先双方约定的协议，每次货物都以规定的数量进行配送。这种方式由于货物数量是固定的，因此备货工作比较有计划性，容易管理。

定量配送主要有 3 种具体形式。

（1）定时定量配送。按照规定的配送时间和配送数量进行配送作业，兼有定时、定量两种方式的优点，是一种精密准确的配送服务方式，但由于每次送货量稳定，无须每天对订单进行处理，因此分拣工作的前后计划性比较强，管理难度和成本可以略低于定时配送。定时定量配送一般对应客户的日需求量也比较稳定，且具有一定的时间窗口要求，常见于餐饮等行业的原材料配送业务中。

（2）整车配送。在开展配送工作时一方面要按照客户的要求配齐货物，另一方面还要尽量在配载过程中使货物能够装满整个车辆，以降低配送货物的单位成本。在进行整车配送时，若货物的品种少、批量大，不与其他货物搭配就可使车辆满载，则一般只需与客户沟通略微调整订货批量，或者直接以整车为单位进行订货。若货物的品种多、批量小，单个客户的订货难以装满整个车辆的话，则可以考虑将多个客户的货物统装在一辆车内，尽量用足车辆的运输能力。

（3）成套配送。按生产企业的产品配件清单，将生产每台产品所需的全部零部件配齐，按生产节奏的要求，将货物成套送到生产线进行装配。

四、按业务关系分类

1. 专业配送

即根据产品的性质、形状等方面不同，划分出来的专业领域配送，如生鲜及冷冻食品、家电、轿车、玻璃等产品的配送。专业配送的重要优势在于可以将配送业务根据其特征集中在一起，采取专业化的配送机械设备和车辆，制定适用性强的作业流程，采取针对性的管理手段，从而提高配送各环节的工作效率。

2. 综合配送

即由专门从事配送服务的企业向一家或多家客户提供的配送服务。一般该类配送业务所涉及的货物种类较多，可以在一个配送网点中组织多种类型的货物开展配送业务。但各种货物应具有基本相似的保管条件和装卸条件，且不能有相互性质的干扰关系或潜在危险等特殊情况。

3. 共同配送

是指为提高配送作业的效率，由多个企业联合在一起共同开展配送的方式。开展共同配送可以实现充分利用配送资源、降低企业成本投入、提高企业应变能力、提升企业服务水平等目标。目前比较常见的共同配送方式按送货和供货方式的不同可以分为共同集货型、共同送货型、共同集送型，按照共用范围可以分为共同管理型、资源共用型等。

五、其他分类方式

如果从其他角度来看配送业务还可以划分成不同的类别。从产品加工程度的不同来分类，可以分为集疏配送和加工配送两种。其中集疏配送是指只改变产品的批量数量而不改变产品本身的物理、化学及包装等性质，是一种与干线运输相配合的小规模配送方式，如大批量进货后小批量、多批次发货等；加工配送是指在仓库中设置有一定的流通加工环节，可以根据客户提出的特殊要求对货物经过简单加工后再进行分拣、配货和送货，流通加工与配送相结合可以使配送作业更具有针对性，可取得更多的增值收益。

除此之外，常见的配送模式还有集取配送和交叉配送等。其中集取配送是指仓库与客户之间建立起稳定的合作关系，每次仓库按照客户需求进行生产物资或原材料的配送业务的同时，也将该客户所生产的产品用同一车辆装载回仓库进行保管，这样做不仅充分利用了返程车辆的运输能力，也有效降低了客户企业的库存保有量，并且确保了仓库业务的稳定性。交叉配送是指在经营配送业务的仓库中，将来自各个供应商的货物按客户的订货需求直接进行分拣和配载，并按客户规定的数量与时间要求进行送货，这样做的好处是货物并不在仓库内进行入库存放,而是直接交叉越库出货,有利于仓库提高配送业务的工作效率,减少库存面积、缩短保管周期和节约仓库运营成本。

 **思考题**

1. 世界上目前有哪几类常用的运输方式?其各自的特点是什么?
2. 为什么要发展综合一贯制运输?其优势体现在哪里?
3. 如何提高运输合理化的程度?
4. 不合理运输主要体现在哪些情况中?
5. 配送的定义与特征是什么?
6. 按照不同的分类方式,配送可以分为哪些不同的种类?

第 7 章

仓库选址

第 1 节　仓库选址概述　　　　　　　　/144
第 2 节　仓库选址相关决策和方法　　　/151

第 1 节　仓库选址概述

学习单元 1　仓库选址原则和影响因素

学习目标

1. 熟悉仓库选址的基本原则。
2. 熟悉政策、市场、经营、环境、成本和自然条件等选址影响因素。
3. 能够根据仓库选址的原则和影响因素对库址进行选择。

随着现代商业与物流市场的快速发展,仓库作为物流体系中的存储中心和运输节点,在物流服务过程中发挥着巨大的作用。如何进行仓库的选址与布局是物流与仓库管理中最基本也是最重要的决策,它直接影响物流体系的服务能力和物流资源的配置能力,对物流合理化也起着决定性的作用。

一、仓库选址的原则

仓库选址是一项涉及社会、经济、产业和技术的综合性工作,不仅要从生产、消费、法律、能源、交通、劳动力等多个角度加以考虑,还要兼顾对所在地区的社会环境及自然环境的影响。为了使仓库能够满足物流服务体系的要求,能够长期稳定地良好运营,能够向企业和市场提供良好的服务,仓库的选址工作必须经过仔细的比较论证,选出投料省、建设快、运营费用低以及具有最佳经济效益、环境效益和社会效益的方案。

1. 适应性

仓库的选址必须与国家及地方的经济发展方针政策相适应,符合所在地区的总体规划布局,与其所处市场中的物流资源分布和需求分布相适应,与周边的自然环境及社会环境相适应。

2. 协调性

仓库的选址应站在所处市场的角度,将整个市场的物流体系作为一个整体来考虑,使仓库的地域分布、作业能力、设施设备、技术水平等各方面都与之互相协调。

3. 经济性

在仓库选址过程中应综合考虑仓库的建设费用和将来的经营费用。根据仓库的位置、占地、人工、服务、运输等因素进行周密分析,合理利用当地的运输条件和公共设施,在确保企业服务水平的前提下,以总费用最低作为仓库选址的经济性原则。

4. 战略性

仓库的选址应具有战略发展眼光,既要考虑全局性又要考虑长远性。在兼顾当前的实际需要前提下,充分考虑今后发展的潜在能力。

5. 环保性

符合土地管理、水土保持等法律法规的有关规定,节约用地,不占用良田及经济效益高的土地,有利于保护环境与景观,不污染水源,符合环境保护有关法律法规的规定。

仓库选址是物流系统规划的基本出发点,因此在选址过程中必须对未来整体物流体系的经营管理加以充分考虑,从物流顺畅性的角度进行分析优化,尽可能减少或消除不必要的作业环节,确保商流、物流、信息流与资金流都能合理、高效、畅通、安全。

二、仓库选址的影响因素

仓库选址需要考虑的因素非常多,涉及许多方面,不同类型的仓库不尽相同。地区选择和地点选择的考虑因素也有差异。确定库址选择方案时,应根据具体要求加以侧重,当出现相互矛盾时应注重主要问题的解决,根据关键影响因素确定可行方案。综合起来,仓库选址应考虑以下6个方面的因素。

1. 政策因素

政策因素是仓库选址中首先需要考虑的约束条件。主要包括规划方面的法律法规、国家或当地的产业规划及土地使用规划等。政策因素主要从两个方面对仓库选址产生影响。

(1) 由于我国的政府规划在经济市场中所起的主导作用,政策因素对仓库所处区域经济规模的发展具有决定性的影响,仓库的选址既要与当前的经济环境相适应,还要考虑区域经济扩张的速度与方向,与所在区域的经济发展相适应。如果不能对政策因素进行全面周到的把握,极有可能对仓库未来的经营管理甚至业务持续造成致命的影响。因此,充分了解当地的有关政策规划不仅是重要的,而且是绝对必要的,对仓库的长远发展起着关键性的作用。

(2) 政府对于物流产业及相关土地使用方面的规划决定了仓库建设的基础成本。不同地方政府结合自身经济发展的要求会对相应的配套物流服务体系的建设给予引导性的政策。如果仓库的建设能够得到政府的政策支持或资金补贴，那么在获取土地和开发建设中的成本就会大大下降，后期的业务经营也能顺利开展。但倘若不能得到政策支持甚至被划定为拟淘汰产业范围内，那么不但建设成本会上升，后期经营管理中也会受到政策限制从而阻碍业务的发展。

2. 市场因素

（1）服务对象。仓库的服务对象包括多种类型，可能是市场客户，也可能是企业内部客户。仓库的选址首先应考虑服务对象的需求、分布、作业量、配送区域等情况。例如，生产型企业的仓库选址应与生产流程、工厂布局、产品流向等要素紧密结合进行考虑，一般来说可从靠近生产或靠近消费两个角度进行考虑。

（2）商品特性。由于商品自身特性的不同，其所需的保管条件也有很大的差异，因此仓库的选址最好能分别布局在不同地域，以便于利用自然环境降低仓库的经营成本。例如，当仓库需要保管的商品具有一定的温湿度要求时，那么选择自然环境比较匹配的地点建设仓库就可以减少在通风及保温等设备上的投入，从而大幅度降低仓库的成本。又如，果蔬食品仓库一般应选择入城干道处，以免运输距离拉得过长，商品损耗过大。

（3）商品流通。仓库的一项重要职能就是为了服务于商品的流通，而足够的商品流通量又是确保仓库业务充足率的基本条件，是仓库经营规模效益的前提。同时，商品的流通形式也决定了仓库业务的类型，如果商品的流通中需要采用快速配送措施，就要确定合理的分布式仓库选址来满足客户的要求。另外，中转供货比例的大小也对仓库需求的影响非常大，当一个区域或企业中转供货的比例小，而直达供货的比例大时，这个区域或企业的仓库数量就会比较少，而单个仓库的规模则会比较大；反之，当这个地区或企业中转供货的比例大，而直达供货的比例小时，这个区域或企业需要的仓库数量就会比较多。

（4）服务水平。服务水平是现代物流服务业的重要参考指标，综合体现了仓库的订单满足率、送货时间、安全库存水平等方面的经营管理要求，因此在仓库选址时应对客户情况及自身经营等因素进行综合分析，确定一个最合理的服务水平。当仓库的服务水平降低时会对市场产生很大的影响，假设客户在需要的时候买不到产品，那么再好的广告和促销活动都不起作用。然而若要想提供较高水平的物流服务就需要设立较多的仓库网点，但同时仓库的投资与运营成本也会大幅度上升。

（5）产业环境。仓库除主营的保管业务外，出于为增加利润而开展多样化经营的考虑，仓库在选址时还必须考虑多样化经营的产业环境。发达的商务贸易、完善的法律法规都可以为仓库开展多样化经营提供肥沃的土壤。例如，当周边拥有发达的物资贸易市场时，仓库经营方开展仓储金融、消费式仓储、交易中介等业务也就变得顺理成章了。

3. 经营因素

（1）交通条件。仓库的经营离不开运输，便利的交通条件可以使仓库的覆盖面和服务水平成倍增长。因此在进行仓库选址时首要应考虑的就是交通条件因素，一般应优先选择靠近公路、铁路、水路等主干交通线的地点，仓库的运输调节与快速配送的功能才能充分发挥出来。

（2）设施配套。仓库中的各种设施设备及加工流水线等是仓库建设投资中的一个重要组成部分。但是对于某些物流产业比较集中的区域而言，一般会拥有比较高水平的基础物流服务，配套有一定数量可供使用的物流设施设备。选择这类区域建设仓库可以通过购买服务或外包租赁等方式来完成部分作业，有效减少仓库的硬件投资，同时也可以降低仓库经营风险，当现有仓库的业务能力不能满足客户需求的时候，可以快速在周边找到配套资源进行补充。

（3）人力资源。数量充足和素质较高的人力资源条件也是仓库选址时应考虑的因素之一。因为根据作业类型的不同，仓库所需的人员类型也不尽相同，拥有一批符合要求的人力资源是仓库开展经营活动必不可少的条件之一，但是仓库保管又是一个人员流动率比较高的行业。因此在仓库选址之前，有必要对当地的人力资源条件进行先期调研，明确今后经营过程中的人员供给能够满足仓库的需求，并能为仓库工作人员提供衣食住行的便利。

（4）基础建设。仓库的所在地应具备较好的电、水、热、燃气供应条件，确保仓库常用能源资源的充足供给，保障业务正常开展。同时，各类通信设施齐备，场区周围要有合适的消防、污水、固体废物处理等配套基础建设。

（5）信息技术。计算机的普及和使用成本的降低使应用模型及配套软件在现代化仓库中得以应用，利用计算机可以改善仓库布局和设施、控制库存、处理订单，从而提高仓库资源利用率和运作效率，使仓库网点规划中空间与数量之间的矛盾得以缓解，实现以较少的仓库满足现有用户需求的目标。

4. 环境因素

（1）土地资源。仓库的规划应贯彻节约用地、充分利用国土资源的原则。仓库一般占地面积较大，为此，地价的高低对仓库的选址规划有重要影响。此外，为了兼顾将来业务发展的需求，仓库的周围还需留有足够的发展空间，因此在进行仓库的选址时还要考虑区域与城市规划用地等其他要素。

（2）环境保护。仓库的选址需要考虑保护自然环境与人文环境等因素，尽可能降低对城市生活的干扰。例如对于大型转运枢纽，应适当设置在远离市中心区的地方，使得大城市交通环境状况能够得到改善，城市的生态建设得以维持和增进。再如有些冷藏品仓库会产生特殊气味、污水、污物，而且设备噪声较大，可能对所在地环境造成一定影响，故多选择城郊。

(3) 周边状况。由于仓库是火灾重点防护单位，不宜设在易散发火种的工业设施附近，也不宜选择在居民住宅区附近。特别是用于保管危险品的仓库，则更是要重点考察周边环境，远离居民区，选择城郊的独立地段。在气候干燥、风速较大的城镇，还必须选择大风季节的下风位或侧风位。最好选择在拥有专门消防及环保条件的化工园区内建设。

5. 自然因素

(1) 气象条件。仓库选址过程中，主要考虑的气象条件有温度、风力、降水量、无霜期、冻土深度、年平均蒸发量等指标。例如在海洋性气候地区建设仓库可以大大减少保温保湿设备的投资；反之，在内陆性气候地区，则必须在仓库建设中投入更多的成本提高设备投入，以确保仓库内达到稳定的温湿度条件。再如，选址时要避开风量风力和雨量较大的地区，否则不但会提高仓库的相关安防要求，增加仓库建设成本，同时常年刮风下雨也会加大露天或货棚中的商品保管难度，加速商品的质量变化。

(2) 地质条件。仓库是大量商品的集结地，某些容重很大的建筑材料堆码起来会对地面造成很大压力。如果仓库地面以下存在淤泥层、流沙层、松土层等不良地质条件，会在受压地段造成沉陷、翻浆等严重后果。为此，土壤承载力要高。例如在硬质土地上的仓库能够具有较大的地坪承载能力，而在沙质淤泥土地上要达到同样的承载能力就必须投入高昂的建设成本。

(3) 水文条件。仓库选址应远离容易泛滥的河川流域与上溢的地下水区域。要认真考察近几年的水文资料，地下水位不能过高，洪泛区、内涝区、故河道、干河滩等区域绝对禁止。

(4) 地形条件。仓库应地势高、地形平坦，且应具有适当的面积与外形。若选在完全平坦的地形上是最理想的；其次选择稍有坡度或起伏的地方。对于山区陡坡地区则应该完全避开。在外形上可选长方形，不宜选择狭长或不规则形状。

6. 成本因素

(1) 修建成本。修建仓库的成本与当地的地理情况和经济情况有很强的相关性，在不同的区域修建仓库代价是不相同的。例如在城市中心带内建立仓库的各项征地、平整成本就明显高于郊区，但反之若选址在郊区的话，尽管征地成本大幅度下降，但道路修建、电水气及通信、排污与消防配套的成本会较高。在实际情况中，仓库的建设成本还会包括物业管理费用、污染治理费用等，情况非常复杂。为降低投资，仓库选址应尽量选择在征地费用少、易于通水、通电、交通便利、地质条件好、场地平整的地方。

（2）经营成本。仓库的经营成本主要包括内部经营成本和外部经营成本两类。内部成本取决于仓库经营中人力资源、仓库租金、设施设备维护、能源资源使用等方面，而外部成本取决于运输配送、外包租赁以及商务成本等方面。对于物流系统的整体而言，较多的仓库可以获得较高的服务水平，并能适当使外部成本降低，但同时经营成本则会大幅度提高，这需要在仓库选址决策中进行充分的优化与平衡。

综上所述，仓库选址是物流体系建设中的一件非常重要的基础性工作，同时由于所需考虑的因素多样错综复杂，仓库选址又是一件非常困难非常难以决策的工作，其原因有以下几个方面：一是各个选址因素间相互矛盾，如有利于配送的地方能较多地接受业务，但常常存在地价贵、租金高等缺点；二是不同因素的相对重要性很难确定和度量，很难对例如气候、地形等因素作出定量的评估；三是判断的标准会随着时间变化而变化，现在经过仔细权衡得出的最优化选址方案，过几年就不一定是最优的了。

学习单元2　仓库选址步骤

学习目标

1. 熟悉仓库选址的程序步骤。
2. 熟悉仓库选址中的资料搜集、地址筛选、定量分析和库址复查及确定等工作。
3. 能够组织仓库选址及相关管理工作。

一、搜集整理资料

仓库选址工作一般是由环境考察、条件分析和成本计算等几方面所组成的。因此，首先要进行的就是各项资料的收集整理工作，也就是对水文气候地质条件、周边配套及交通条件等情况进行详细的调查研究，将可选地点的条件、数据整理在一起，方便后期进行分析比较。

例如，当采用重心法模型进行仓库选址时，我们首先必须对业务量和成本进行资料收集整理。

1. 业务量

业务量包括工厂到仓库之间的运输量、向顾客配送的货物数量、仓库保管的数量、不同配送路线的业务量等。由于这些数量在不同时期会有种种波动,因此要对所采用的数据进行研究,给出合理的中间值进行后继计算。另外,除了对当前的各项数据进行收集外,还必须确定仓库各项业务今后的预测数值。

2. 费用与坐标

费用与坐标包括工厂至仓库之间的运输费、仓库到顾客之间的配送费、工厂与客户的坐标等。但由于运输配送的费用随着业务量和运送距离而不同,因此有必要对其进行成本分析,计算出单位货运量的平均成本。

3. 其他

对作业人员、装卸方式、装卸机械费用等进行统计,计算出作业的成本,与上述的运输配送成本结合在一起,共同构成总费用。

二、地址筛选

在对所取得的上述资料进行充分的整理和分析,考虑各种因素的影响并对需求进行预测后,就可以初步确定选址范围,即确定初始候选地点。

三、定量分析

针对经过筛选得到的几个候选点,采取更加细致完备的方法对其进行全面分析。这其中不但要对业务量、运营费用、建设成本、地理坐标等可量化的数据进行计算,还要对气候、地形、地质条件等定性条件采用德尔菲法、AHP法等进行判断,最后综合定量数据和定性条件采用加权平均法等作出全面的比较,确定最优的选址方案。

四、复查及确定

对于上述确定的选址方案要进行实地考察,结合市场适应性、购置土地条件、服务质量等条件对其进行复查及可行性评价,并分析其他之前未列入考虑范围的若干因素可能造成的影响。如果复查通过,则上述方案即确定为最终结果。但若在复查过程中发现问题,如土地购买周期过长等,则应返回前述步骤进行重新选择。在仓库选址作业中应注意,一般我们很难确保所得到的方案是最优的,而且为了获得最优方案往往需要在资料收集、定量分析阶段付出额外的大量时间与成本,所以我们一般在实际工作中以可行且满意为原则,既降低了前期调研的成本和难度,又节省大量时间,使各项工作尽快得以落实开展。

第 2 节 仓库选址相关决策和方法

 学习单元 1 仓库选址相关决策

 学习目标

1. 熟悉仓库选址相关决策。
2. 熟悉仓库选址中的规模决策。
3. 熟悉仓库选址中的投资决策。
4. 能够根据相关仓储需求，对仓库选址、数量或投资规模进行决策。

一、仓库的规模决策

一般而言，仓库的规模与仓库的服务能力呈正相关关系，即仓库规模越大，仓库的服务能力就越强，服务水平就越高。而且由于规模经济效应，仓库规模与单位成本之间存在反相关关系，随着仓库规模的不断扩大，单位成本也会随之不断降低。但与此同时，仓库规模的扩大也会导致成本的急剧上升，过度增加的成本不但会抵消规模效应所获得的收益，甚至还会给企业带来巨大的成本负担。因此，我们必须根据仓库实际业务开展情况进行分析，计算得出最为合理的仓库规模。

1. 计算商品储存总量

仓库所需承担的商品储存量和配送量直接受企业经营量和经营模式的影响。

对于产销量比较大的商品而言，需要配套规模比较大的仓库；反之亦然。商品的周转速度越快，则库存商品量可以下降，但对仓库配送业务的要求会提高。一般企业在进行仓库规模决策时，会根据以往的业务数据计算仓库的日均库存量、最低库存量、最高库存量这三个指标，并以此为基础判断仓储存储业务的规模大小。

2. 计算储存空间

由于不同商品的体积及包装不同，采取的堆码方式及堆高层数也不同，因而在储存过程中单件商品所占的仓库空间也有所不同，这样就使储存的商品和其所占用的空间这二者之间存在换算关系。例如对于堆高层数受限、无法充分利用仓库高度空间的商品而言，我们主要以商品占地面积为计算依据，计算仓库的有效面积大小为：

$$仓库有效面积＝商品存储量×单件商品占地面积/堆高层数$$

对于重型货物而言，仓库的地坪承载能力就成为仓库存储能力的主要限制条件，这时计算出的仓库有效面积为：

$$仓库有效面积＝商品存储量×单件商品重量/单位地面承载重量$$

对于可充分利用仓库高度空间的轻型商品而言，仓库的容积是确定仓库存储能力的主要限制条件，这时计算出的仓库有效面积为：

$$仓库有效面积＝商品存储量×单件商品体积/仓库高度$$

仓库存储量的大小有时还取决于商品的包装、仓库建筑构造和装卸搬运设备等情况，所以必要时应对上述初步计算的结果进行审查和调整。

3. 计算仓库的实际面积

为了保证商品储存安全和适应库内作业的要求，仓库中还必须保留一定的通道、间距和其他空间，因此仓库的实际面积要大于前述计算的有效面积。根据经验计算得出的仓库面积利用率就是有效面积与实际使用面积之比，它取决于商品保管要求、仓库建筑结构、仓储机械化水平、库房布置和仓库管理水平等多种因素。一般在进行仓库规划时应根据新建仓库的具体条件确定仓库面积利用系数，随后对仓库的实际面积做最后的调整。

$$仓库实际面积＝仓库有效面积/面积利用率$$

4. 仓库的数量决策

在很多的情况下，企业的物流体系往往不仅仅需要一个仓库，而是需要由多个仓库来共同构成物流服务网络以起到加强仓库的后勤供给保障作用。因此所谓的仓库规模除了指单个仓库外，还指整个物流体系中的仓库数量规模。一般来说，确定仓库数量的决策有以下2种方法。

（1）商品功能法。这种方法是按照商品类别来设立仓库，有利于根据商品的自然属性来安排储存和运输。例如在大型零售企业中，由于商品类别多样，可以分别针对服装、电器、家具、食品等不同保管和配送要求的商品设置专门的保管仓库，从而降低产品之间的相互干扰，减少仓库的建设与保管难度。一些国际上著名的连锁零售企业常常选择这种专业型仓库，即将仓库按商品标志分成若干个，诸如食品仓库、果菜仓库和日用品仓库等。

（2）适当比例法。这种方法是按仓库所需覆盖的客户分布或空间区域设立仓库，其优点是利于配送距离及效益达到理想状态。例如在零售超市的仓库配置中，可以将超市的分布划分为若干区域，每个区域设置一个中央仓库负责区内超市的供货。也可以先根据服务水平等因素对仓库设置一个服务范围,并在地图上进行布局以实现对于超市的全覆盖,从而确定仓库的分布。

二、仓库的投资决策

在物流发展的实践中,时时困扰我们的一个重要问题就是是否应该建立仓库、应该以何种形式建立仓库。对于物流企业而言,这关系到应该选择哪种运行方式,发展哪些物流业务,以及物流服务水平与服务规模等问题。对于制造企业而言,这关系到企业的供应链管理机制和产品销售策略。对流通企业而言,则关系到企业的运作战略和市场覆盖面。

例如,对于连锁企业而言,仓库可以使其业务的连锁性质得以增强,增加企业对于市场的服务能力及对于供货商的议价能力,提升连锁经营的规模效应,但同时仓库建设所需的大量资金对于单位利润率较低的连锁企业而言又是一笔不小的支出压力。要解决上述问题,首先应明确一个观点,即企业要有仓库,但却不一定要自建仓库,毕竟建立仓库并非企业的目的,而是为了更好地服务于企业的市场战略。从实践中的经验来看,企业可以选择先通过外包的模式获取仓储及配送服务,随着企业的发展壮大再采取租赁方式获得仓库空间实现自我管理和运营,当企业足够壮大、资金充沛时再购买土地自建仓库。

1. 确定仓库的所有权类型

(1) 自有型仓库。所谓自有型仓库是指企业自己投资购买土地并进行仓库建设。建立自有型仓库可以使企业获得很高的仓库服务保障,各项管理措施也能很方便地得到落实。但是自建仓库的资金投入多、运营专业化要求高,一般中小型企业难以达到这样的条件要求。仓库的建设与企业规模有一个相适应的比例关系,盲目投入资金建立仓库,很可能造成巨大的浪费,造成物流成本的急剧上升。

(2) 他有型仓库。所谓他有型仓库是指企业不投资购买兴建自身所有的仓库,而是将企业物流服务功能委托给专门的物流公司,租赁他人的仓库开展业务。在这种模式中,专业的物流服务企业通过与生产企业或零售企业形成较稳定的合作关系,将生产或销售业务中的仓储保管及运输配送业务从客户企业的主营业务中剥离出来,形成单一的专业化运营机制,利用其专业设备、专业人员、专业管理等方面的优势为客户提供服务。选择他有型仓库时,企业必须要慎重地审查对方的存储能力、服务水平、记录完整性、仓库安全消防等很多因素,避免因其业务能力不足给企业自身造成麻烦。综合来看,委托专业化公司来经营仓库业务是现代企业实现业务快速开展和扩张的一种较为理想的方式,随着我国物流行业整体水平的不断提高,专业化仓库服务企业越来越多,也越来越成熟与完善,这种类型的仓库已经成为市场的主流选择。

（3）共有型仓库。所谓共有型仓库是指企业无力或不必自己完全承担仓库的建设与运营成本，与其他企业共同投资、共享服务的仓库类型。共有型仓库的最大特征就是通过一个共有的配送体系，将各个共建企业的配送需求整合起来，在配送时间、数量、次数、路线等诸方面做出最佳选择，进行合理有效的配送。共同配送的高效率是相对于各个企业都单独送货的情况而言的，它既可以大幅度降低配送次数，也可以有效提高配送的专业化程度和企业的市场形象。

2. 确定仓库的投资额

（1）前期投资。由于仓库是占地较大的项目，在基本建设主体投资之前，需有征地、拆迁、市政、交通等一系列的预备性投资，通常数额较大，融资周期紧迫，尤其是在一些比较高价的地段，这项投资甚至可超过总投资的 50%。

（2）直接投资。即用于仓库主体的建设投资，包括仓库主要建筑物的建设费用、仓库货架、叉车、分拣设备的购置及安装费、信息系统购置安装费、仓库自有车辆的购置费等。

（3）相关费用。指与未来经营活动有关的燃料、水、电、排污等方面的费用。尽管看似只是些日常费用，但在有些地区可能这笔相关投资的数额也会很大，因而如果只考虑直接投资而忽视相关费用的投入，极容易导致投资估算失误。

（4）运营费用。包括仓库保管及配送等过程中发生的人力、物力及外包服务费用。仓库的投资效果不仅取决于前期的投资费用，而且还取决于实际业务开展过程中的运营费用。一般情况下，为了保证比较高的服务水平，仓库的运营费用将占到总投资很大一部分比例，特别是当选择远离市区地方建设的仓库，尽管前期投资的成本可以降下来，但后期配送等环节的运营费用却会大幅度提高，对此企业必须做出充分的估计。

3. 投资效果的分析

一般的生产企业可以产出一定数量、一定质量、一定价格的有形产品，销售后可以取得一定的利润，因此其投资收益可以相对容易地进行计算。但仓库提供的是无形的服务，其收益的计量具有一定的模糊性，难以被定量化地计算。因此，较为合适的评估仓库投资收益的方法是比较没有仓库、租赁仓库与自建仓库这几种模式之间所存在的差异，例如生产进度的协调性等是否得到了提高、缺货或工期延迟等现象下降了多少比例、统一进货使企业的采购价格降低了多少、超市门店的商品充足率提高了多少等。如果收益是理想的且符合企业的长远发展战略，则说明仓库的投资策略是可取的。

 学习单元 2　仓库选址方法

 学习目标

1. 熟悉仓库选址的经营决策方法。
2. 了解仓库选址的数学决策方法。

近年来，仓库选址的有关理论迅速发展，各种各样的选址方法越来越多，特别是高速计算机的应用和运筹学算法理论的突破促进了选址理论的发展。

一、经营决策方法

1. 市场定位法

该方法是在充分满足市场营销的前提下，选择在最靠近顾客的地方建设仓库，追求顾客服务水平的最大化，力求缩短产品配送到顾客的时间，这种方法可以在一定程度上获得从生产工厂或原材料产地到仓库时的运输规模经济性。采用这种方法时首先考虑的是将产品从仓库运输到最终市场的各个影响因素，包括产品运输成本、顾客订货时间、产品生产进度、产品订货批量、本地化运输的可行性、客户服务水平等。

2. 配送定位法

权衡市场与生产的需求后求得高效的配送是该选址方法的主要关注点。一般来讲，快速的配送可以大大提高对最终顾客的服务水平，增强了原材料及时供给能力和及时配送分销产成品能力，缩短了产品投入市场的周期。因此在这种方法中，运输能力和运输成本、运输路线的选择以及运输配送数量的合理分配等因素是主要考虑的。对于从多种渠道进货并需要将产品配送到各个不同地点的配送中心而言，采取这种方法是非常有效的。

3. 生产定位法

该方法选在最靠近原材料产地或生产加工地建设仓库，主要是为了方便产品的批量运输和原材料的集合，并配套生产流程，确保生产周期的稳定。这种选址方法能够给生产制造带来便利。对于那些以生产为主营业务的企业来说，从原材料产地到产成品流通过程中所带来的批量优势和整合装运优势是不容忽视的。在这种方式下，仓库选址过程中主要考

虑的因素有原材料运输效率、工厂的生产流程、顾客订单的分发配送以及运输整合的效率等。

二、数学决策方法

1. 专家选择法

专家选择法是在权重法的基础上发展起来的，它利用了多个专家的知识和经验，委托专家对备选库址的各方面因素进行综合考虑，避免了企业单独决策容易造成的失误。专家选择法是一种直观地对选址对象进行综合分析研究，并综合各位专家的判断进行仓库选址的方法。一般来说，专家选择法可以有多种操作方式，大致步骤有以下5步。

（1）提供一组备选库址，并明确企业最关心的选址决策因素。

（2）对所有因素的打分设定一个取值范围，并对每一因素赋予一个权重以反映该因素的相对重要性。

（3）委托专家对每一个备选库址的所有因素进行打分。

（4）将各个因素的平均得分与相应权重相乘后再相加，得到每一个备择地址的最终得分。

（5）选择获得总得分最高的地址作为最佳的选址。

例如：已知某公司正在打算建造一座仓库，现有两个地点A、B两地可供选址，公司委派专家对这两个地方进行多方面的考察，并就所关心的几项因素依次打分，得到调查表，见表7—1。

表7—1　　　　　　　　　　　调查表

评估因素	地点 A	地点 B
地理距离	8	4
周边配套	7	3
基础设施	5	8
人力资源	6	9
投资成本	9	5

根据专家的意见，以上5个因素的权重分别为1、1、2、3、1。那么选择策略如下：地点A的得分为 $8×1+7×1+5×2+6×3+9×1=52$，地点B的得分为 $4×1+3×1+8×2+9×3+5×1=55$，两者进行比较后选择地点B。

2. 解析法

解析法是通过数学模型计算进行仓库选址的方法，首先根据选址问题的特征及外部条件建立数学模型，随后对模型求解获得最佳布局方案。采用这种方法的优点是能够获得较为精确的最优解，缺点是难以综合考虑多方面的因素，建模难度大，处理过程复杂。解析法中比较常用的是重心法，主要用来计算单一仓库的选址问题，大致有以下 4 个步骤。

（1）记录分散于广阔区域内的多个需求点的坐标（X_i，Y_i）。

（2）统计出每一个需求点的需求量（Q_i）。

（3）列出重心公式计算仓库坐标。

（4）仓库地址的 X、Y 坐标分别为：

$$X_仓 = \sum_{i=1}^{n} X_i Q_i$$

$$Y_仓 = \sum_{i=1}^{n} Y_i Q_i$$

重心法尽管比较常用，但是由于其计算得出的并非数学意义上的最优点，同时其在计算前期所做的大量假设都不太可能实现，如直线运输假设、运输费用线性假设等，因此大多数情况下重心法的计算结果并不是理论上的总货运里程最小的点。而且从实际情况来看，仓库选址还涉及投资成本、配套环境、可扩充性、政策法规、交通设施等多项因素，仅考虑总货运里程往往是不合理的。

为了弥补重心法的不足，数学家们又进一步研究出了多重心法和奎汉-哈姆勃兹方法。其中多重心法可帮助企业计算多个仓库的共同选址问题；而奎汉-哈姆勃兹方法则可以解决多仓库情况下若干库存容量受限制时的最优选址问题。

3. 其他选址方法

除了上述两种常用的选址方法外，在实际应用中还有许多的方法。从经营决策的角度来看，可以分为利润水平决策法、运输成本决策法等，其与之前所述的市场定位法等的差别主要在于决策的关注点不同，适合于不同类型、不同成长阶段的企业。从数学计算模式上来看，可以分为模拟法和启发法。模拟法将现实中的各项数据代入到一个软件内，模拟真实的物流系统运行的情况，并对运行效果进行分析比较，从而判断各备选库址的优劣。启发法则是针对模型的求解而言的，是一种逐次逼近的方法，它的计算效率较高，但一般情况下只能得到满意的近似解。

思考题

1. 仓库选址有哪几条基本原则？

2. 仓库选址时需要考虑哪几方面的因素?
3. 仓库选址的作业步骤是怎样的?
4. 仓库选址时有哪些常用的方法?
5. 运用解析法得出的仓库选址方案一定是最优的吗?

第 8 章

仓 库 布 局

第 1 节　仓库布局概述　　　　　　　　/160
第 2 节　仓库设计方案评估和优化　/177

第1节 仓库布局概述

学习单元1 仓库布局及其原则和方法

学习目标

1. 熟悉仓库平面布局与空间布局的概念。
2. 了解仓库布局的原则。
3. 熟悉仓库布局的方法。
4. 能够描述仓库布局的各组成部分。

所谓仓库布局规划就是根据仓库在供应链中的位置和物流网络中的地位,明确仓库所需保管的商品类型、商品存储量、仓库作业量及作业模式,并确定仓库的类型和仓库的面积、仓库内所需的主作业区以及辅助作业区的面积和相对位置,随后在此基础上确定仓库运作所需的人员和设备。

仓库布局规划的最终目标就是有效利用空间、设备、人员等库内资源,最大程度减少物料的搬运作业,加速拣货作业流程,争取在进、出、拣和存四大主要作业协调配合的前提下做到投资最低、建设水平最高、安全性最高,为人员和设备提供合理的工作空间。

一、仓库的平面和空间布局

1. 仓库平面布局

仓库平面布局是指一个仓库的各个组成部分,包括库房、货棚、货场、辅助用房、铁路专用线、库内道路、附属固定设备等在规定的库区范围内进行安排设置,形成仓库平面图。仓库平面布局的合理与否,在很大程度上影响着仓库的作业效率、储存总量、保管质量、运营成本及服务水平,同时对保证仓库作业的顺利进行,实行科学管理和文明生产,提高经济效益等都有重要的意义。因此,在新仓库建设之初,首先就要做好仓库的平面布局工作，为今后各项工作的开展打下良好的基础。一般来说，一个仓库的内部可以分为以下3个组成部分。

（1）生产作业区。生产作业区是仓库最为重要的主体部分，是绝大多数商品储存、保管与搬运作业的场所，主要包括存储区、铁路专用线、道路、装卸站台等。

存储区是用来保管商品的场所，可以分为库房、货棚、货场三种类型。其中，货场主要用来保存能够经受日光风雨侵害、不怕雨污的商品，如水泥制品与岩石制品、大型钢结构部件、汽车等。货棚主要用来保管对温湿度等环境要求较低的商品，如桶装原材料、陶瓷制品、木材等；库房主要用来保管各类易受环境影响、易损坏变质或需要特定保管条件的商品，如家用电器、纺织品、危险化学品等。

铁路专用线、道路是库内外的商品运输通道，商品的进出库与搬运作业都是通过这些运输线路来进行的。专用线应与库内道路相连并保持畅通，不得有任何可能阻碍车辆与物资通行的建筑附属物、临时搭建物、临时物品存放区的存在。

装卸站台是设在仓库主体建筑边缘的开阔平台，主要用来供货车或汽车装卸商品，其高度和宽度一般应根据运输工具和作业方式而定。

（2）辅助生产区。辅助生产区是为仓库的主营业务即商品储运保管业务提供服务的辅助车间或服务站，包括车库、变电室、油库、维修车间等。辅助生产区主要是对仓库内部提供物品、能源或劳务支持，偶尔也会向仓库管理部门或其他辅助生产区提供服务，但很少对外提供服务。所以，应根据辅助工作发生的频率及场合合理安排其位置。例如，车库主要应设计安排在仓库道路旁不影响运输的空旷处、叉车停放区应安排在直接能快速通向仓库生产作业区的库内道路旁、变电室和油库可安排在库区边缘远离主要作业区域的安全地带等。

（3）行政生活区。行政生活区是仓库中的经营管理人员和生产作业人员开展工作和休息生活的区域。一般来说，行政区应设在库区入口附近邻近车库的地方，便于业务接洽和管理。生活区应选择在仓库主要业务区域安排妥当后的剩余空旷安全处，并配套一些餐饮、洗浴、娱乐休闲场所。行政生活区应与生产作业区分开，并保持一定距离，避免随意的人员走动，以保证仓库的安全及行政办公和生活的安静。

2. 仓库空间布局

仓库的空间布局是指在仓库的高度空间上对用来存储商品的区域进行布局，其目的是充分有效地利用仓库的高度空间。仓库空间布局的主要形式有就地堆码、货架存放、仓储平台、空中悬挂等。

就地堆码是利用仓库高度空间的最简单形式，不用任何辅助仓储设备，但是容易受到商品自身特性的限制，从搬运的便捷性和存放的安全性角度考虑，堆高层数有限，不能充分利用仓库的空间。

利用货架来存储物品需要投入较高的设备成本，但也有很多优点：一是可以充分利用仓库空间，提高库容利用率，扩大存储能力；二是避免了商品在货架里互相挤压，有利于保证商品及包装的完整无损；三是货架各层中的商品可随时自由存取，便于做到先进先出；四是商品存入货架后可以方便采取防潮、防尘等措施，某些专用货架还能起到防损伤、防盗、防破坏的作用。

二、仓库布局原则

一般来说，仓库中库房位置的选择要按照其储存物品的吞吐量大小、搬运的复杂程度和安全性质进行。例如，一般无火灾危险性、吞吐量较大和出入库频繁的库房，要布置在库区中央靠近出入处的地方；吞吐量不大、出入不频繁的库房，布置在库区的两翼和后部；有火灾危险的库房，宜布置在库区的下风侧面。仓库中的货棚除了储存部分货物外，还可以作为卸货待检、出库待运的场所。因此，货棚的布置应紧靠库房。如果是站台库房，还可将货棚与库房连接起来，从而起到防雨的作用。仓库中货场的位置应结合专用线的走向加以考虑，专用线应尽量贯穿货场，尽量利用行车的跨度实行跨线作业，以减少装卸作业环节等。

具体来说，仓库的布局应满足以下3个原则要求。

1. 便于仓库作业

（1）明确物流路线。仓库内各类商品的装卸、验收、存储地点之间的布置要适应仓库的作业流程，尽量按同一个方向进行流动，特别是货物出入库时要采取单向和直线运动，避免逆向、交叉作业和大幅度变向的低效率运动，提高仓库作业的效率。

（2）缩短搬运距离。仓库的主存储区、铁路专用线等常用作业设施的布置应尽量靠近，并根据作业方式、商品种类、地理条件等，合理安排辅助作业区和库内道路等配套设施，尽量减少库内的运输距离。

（3）优化作业环节。在仓库规划时要同时考虑作业流程的合理安排，采用高效率的物料搬运设备及操作流程，减少商品装卸搬运的次数和环节，商品的卸车、验收、堆码作业最好一次完成，从而避免工作的无效重复及时间上的延误，使各个作业环节能有机衔接，尽量减少人员、设备的窝工，防止物资堵塞。

（4）减少装卸通道。根据仓库内各项作业的频率及数量，合理安排商品搬运通道、装卸平台、仓库进出货口的数量、宽度、大小。既要能够满足多辆货车集中到达时的快速装卸作业要求，又要考虑由于增设货门而造成堆存面积的损失。既要保障商品搬运时的通畅与安全，又要尽量减少通道所占用的仓库面积。

2. 提高经济效益

（1）合理控制成本。要因地制宜，充分考虑仓库的地形、地质条件，使之既能满足物品运输和存放上的要求，又能避免大量的基础建设工程，并能保证仓库各功能区域的充分利用。一般情况下应尽可能采用单层设备，这样不但使仓库作业更加便利，而且造价及日常维护使用的成本低，资产的平均利用效率较高。

（2）充分利用空间。仓库的规划首先要考虑有利于商品的合理存储和充分利用库容，在对所储存的货物提供足够的便利与保护同时，采用有效的存储及搬运措施，充分利用现有的平面或高度空间，杜绝仓库面积和空间上的浪费，以提高仓库的利用率和仓库的经济效益。

（3）便于机械化作业。机械化作业的速度和效率都远高于人力作业，因此在仓库规划中应对机械化设备的放置、使用给予充分考虑，如起重设备、输送设备、分拣设备等，并注意各类设备的配套，便于开展机械化作业。

3. 保证安全生产

（1）区域划分明确。仓库中各功能区域的位置应根据互相间的作业关系进行明确的划分，既要便于货物的入库、装卸和拣取，同时又从规划角度开始就尽量避免未来由于作业失误而造成的损失。例如，集装箱货物和零担货物尽可能分开存放，库内区域应按发送、中转、到达进行分区，并分线路设置货位。

（2）保障消防安全。仓库中由于有大量的人员、商品、物资及设施设备，因此必须配置必要的消防设施以保证安全生产。同时，库内各区域间、各建筑间应根据"建筑设计防火规范"的有关规定，留有一定的防火间距，防止火灾蔓延。

（3）竖向布置合理。竖向布置是指仓库平面布局中各个因素在地面标高线上的相互位置，如库房、货场、转运线、道路、排水、供电、站台等。要充分利用原有地形，使得仓库既满足仓储作业的要求，又有利于通电和排水。

（4）利于环境保护。仓库应满足一定的卫生和环境标准，既满足库房的通风、日照、能源及作业需求，又要考虑环境绿化、文明生产等因素，使之有利于职工身体的健康和周边环境的保护。

三、仓库布局方法

1. 动线布置法

动线布置法是以仓库内的搬运线路作为布置的主要依据。主要包括两种方式：一种是流程式，即首先确定仓库内从进货到出货的主要路线，并完成相关性分析，在此基础上，再按作业流程顺序和关联程度配置各作业区域位置。也就是由进货作业开始进行布置，再按物流前后相关顺序依次安排各区域的相关位置。另一种是关联式，即以整个仓库的作业配置为主，根据活动关联分析得出各作业区域间的关联业务量，为避免流量大的区域间距太长而两区域尽量接近的布置方法。

2. 活动相关性布置法

活动相关性布置法是根据各区域的活动相关图进行区域布置的方法。首先汇总各个作业区域的基本资料如作业流程与所需面积等，然后制作各个作业区的作业关联图。完成关联图后，优先选择与各部门活动相关性最高的部门或区域进行规划，再依次按作业关联图中各部门或区域的关联关系和作业区域的重要程度进行布置。

学习单元2　仓库主要区域布局

学习目标

1. 熟悉库房、站台、存储区等的布局。
2. 能够对仓库各区域进行布局规划设计和选择。

一、库房

仓库的生产作业区是由道路、库房等多个作业要素共同组成的，各个要素之间不仅应各自结合其自身的作业需求进行设计，同时从整体的角度来说，各个要素之间还应该相互协调配合，满足作业流程的顺畅性，合理消"除瓶"颈与空置，发挥各个要素的最大功效。

作为整个仓库中最主要的组成部分，库房的设计对实现仓库的保管、装卸、搬运等作业功能起着最为重要的作用。库房的设计应考虑以下5个方面。

1. 建筑结构

从出入库作业的合理化方面考虑，库房应尽可能采用平房建筑，这样就不必对所保管的商品进行上下搬运，可以大大降低工作量。因为不管是利用楼梯坡道还是电梯，将商品从一个楼层搬运到另一个楼层总是费时费力的，而且往往会造成商品搬运过程中的一个重要瓶颈，严重阻碍仓库作业的效率。

当然，在城市中地价较高的区域内，尤其是在商业中心地区，那里的土地有限而且昂贵，为了充分利用土地和增加仓库面积，采用多层建筑成为最佳的选择。需要注意的是在采用多层仓库时要特别重视对上下楼的通道设计，并根据货物出入库流量的计算合理进行货位分配，降低上下楼搬运作业的量。

从仓库的底面形状来说，为了减少出入库时的搬运距离，在进行仓库设计时可将其底面设计成矩形，长宽比在 1.5∶1 到 4∶1。

2. 仓库大门

仓库大门的位置和数量是由仓库的主体结构、仓库的内部空间、仓库进深长度、库内货物的堆码形式、货物出入库频率与次数、出入库作业流程以及通道设置等因素所决定的。一般来说，每 500 m^2 左右的存储面积可以配套设置一个大门，可根据出入库的作业量的大小及装卸站台的使用情况选择性打开。

在日常工作中，仓库大门的大小是由出入库内的车辆类型及大小、搬运车辆的种类、尺寸、台数、出入库频率以及保管货物尺寸大小等因素所决定的。为了确保装卸搬运车辆的顺利进出，仓库大门必须具有足够的宽度，一般应能保证两辆搬运车辆的并排进出，而为了减少面积浪费和降低仓库保温保湿的能源成本，仓库在设计建造时又必须合理控制仓库大门的高和宽。

一般的仓库大门最少有 2.5 m 高、3.5 m 宽即可满足大多数的装卸搬运作业要求。但出于便于车辆通行和降低作业难度等因素的考虑，大多数规模较大的仓库会将大门宽度和高度的尺寸做到 3.5～4.5 m。若再考虑到大型存储设备和装卸设备的进出，或保管商品的体积巨大，还可将大门的宽度和高度放大至 5～6 m。仓库大门的开启方式多使用拉门式、开启式以及卷帘式三种。在日常工作中常可以采用机械卷帘门来控制大门的实际开放高度。

3. 库内通道

仓库内的通道是让搬运车辆及人员通行，保证库内作业畅顺的基本条件，通道应能够延伸至每一个货位，使每一个货位都可以直接进行作业。通道的路面必须平整平直，减少颠簸、转弯和交叉，同时也应具有较好的耐磨防滑性质，不易扬灰起尘。

仓库的通道可以分为主通道和支道两种类型，主通道与支道互相垂直。仓库中的搬运车辆或人员一般先从主通道来到支道路口，再进入支道到达邻近货位的作业位置。

对于以叉车作为主要搬运工具的仓库而言，由于主通道经常发生两车交叉行驶的情况，因此为了作业便利及安全性的考虑，需要有两倍的叉车宽度再加上一定的安全距离，一般约 3 m。支道则主要根据叉车的作业所需宽度来决定，由车身长度加转弯半径和安全距离构成，一般取为 2.5～3 m。若采用侧向式叉车进行搬运装卸作业的话，可以去除叉车转弯这一动作环节，从而大大减少对支道的宽度要求，最少为 1.5 m。

对于主要用人力进行装卸搬运作业的仓库而言，为提高仓库面积的利用率，主通道的宽度可以减少到 1.5～2 m，支道宽度为保证作业人员的动作不受限制，一般最少为 0.8 m。

4. 立柱间隔

库房内的立柱是对装卸搬运作业造成障碍的因素，会导致仓库作业效率降低，因此仓库中应尽量减少立柱。但是，在当前的建筑工程技术的限制下，当平房仓库的横梁长度超过 25 m 时，建造无柱仓库的难度和成本都会大幅度提高，必须设置仓库承重立柱以支撑库房屋顶的重量，使仓库成为有柱结构。

根据立柱的大小和承重的不同，在仓库开间方向可以每隔 5~10 m 设一根立柱。为了降低立柱对于装卸搬运作业的直接影响，仓库设计时可以充分结合仓库的货架、通道、堆垛的宽度，以及仓库大门的宽度及间距来计算合理的立柱间距，使立柱可以避开仓库内的通道，不至于增加车辆在行驶过程中的弯道，减少对于车辆行驶的阻碍。只要设计得当，多数情况下仓库都可以将立柱包含在货架或堆垛之中，确保库内通道横平竖直，甚至有时还可以利用立柱作为货架的支撑结构。根据经验来看，根据不同的仓库建筑结构其适宜的柱距为：钢筋混凝土结构为 6~8 m，钢架、钢筋混凝土混合结构为 8~10 m，预应力钢筋混凝土结构为 15 m。

5. 天花板

在现代化的仓库机械作业设备的支持下，我们已经能够把货物搬运到以往人力所不能达到的高度，因此为了提高仓库空间的利用率，我们对仓库天花板的高度也提出了要求。

仓库天花板的高度一般根据货物的最大可堆层数来决定。以托盘装载货物为例，密度大或堆放稳定性低的货物通常单层以 1.2 m 的高度为限，密度小且堆放稳定性高的货物通常可达到 1.6 m 的高度。再从其层数上来看，一般货架可以放置 3~4 层货物，即 1.2 m/层×4 层＝4.8 m 或 1.6 m/层×3 层＝4.8 m，再加上照明、通风与采光等装置及安全距离，仓库的天花板高度可以取 5.5~6 m。当然，若仓库的土地价值比较低或所保管的货物不适宜上下搬运时，仓库设计工作也会从降低仓库造价、减少仓库在货架安装费及叉车采购费等方面的成本投入进行考虑，适当降低仓库天花板的高度。

二、站台

1. 站台布局

为使物资和商品能够顺畅进行出入库作业，仓库的入库站台与出库站台的相对位置安排就显得非常重要，对仓库进出货作业的效率有巨大的影响。一般来说，仓库出入库站台的安排方式有四种。

（1）共用型。共用型站台是指在仓库一侧造有出入库站台，并且不对进行出库或入库作业区域进行区分的站台布局形式。采用这种形式的站台布局可以大大提高站台空间及设备的利用率，但是由于进出货作业放在同一个空间内进行，因此若出入库作业在同一时段内产生重叠的话会比较难以管理，尤其是在进出货的高峰时刻，非常容易造成进出货作业互相干扰、相互牵绊的不良效果。

因此，这种站台布局形式比较适合于能够合理安排进出货时间使之错开的仓库，或者也可以使用在进出货频率较低、进出货量较小、货物存放周期比较长，且进出库作业时间要求不太紧迫的仓库。而从出入库作业的要求来说，一般是进货检验或出货分拣的作业量小、难度低、流程简单的情况下才采用这种形式的站台布局。

（2）相邻型。相邻型的站台布局是指在仓库一侧造有出入库站台，但为了合理分离出入库作业，按照作业量的大小将站台区域划分为进货作业区和出货作业区两部分。采用这种形式的站台仍然可以共用仓库的装卸搬运设备，由于已经对进货及出货作业进行了空间分隔，因此解决了共用型站台在进出货作业时可能遇到的互相干扰、互相牵绊的困难。

但是，采取相邻型站台布局的仓库一般会在对站台进行划分的同时也相应地将进货检验区及出货分拣区等配套区域及作业设施设置好，因此进出货区域的大小一般不能弹性变化，空间区域的互用便利性不够高，仓库的装卸空间效益变低。采用这种方式的站台布局比较适合于库房存储量、仓储周期及出入库作业量适中，有一定的出库分拣及入库检验等的作业要求，进出货常易互相干扰的仓库。

（3）独立型。独立型的站台布局是指在仓库的不同侧面造有两个独立的出入库装卸站台的布局形式。采用这种站台布局形式的仓库的出入库作业是两个完全独立、互不干扰的部分，不仅在空间区域是分开的，而且配有相应的独立临时存储空间，调节板、输送带等装卸设备也各自配套，从而使进货与出货作业的搬运线路分离清晰，搬运效率更高，作业更为迅速顺畅。

但是这种布局形式的空间及设备的使用率势必降低，对于库房空间不大且进出货时段冲突频率不高的仓库并不适用，而是适合用于出入库作业频率高、作业量大、作业流程比较复杂、货物在库内存放周期较短的仓库，特别适用于采取快速出入库作业的交叉出货型仓库。

对于总体出入库货量非常大且有足够可用空间的大型仓库而言，可以在采取独立型站台布局的基础上为仓库配置多个站台，由于有充足的作业量支撑，每个站台依然可以保持比较高的使用率。倘若该仓库常用的运输车辆类型、货物装卸搬运方式、送货目的地等方面因素还存在不同，还可以对各站台进行类型区分，配备不同的设备或搬运通道以提高作业的有效性和仓库的经济性。

（4）综合型。综合型的站台布局形式是指在仓库的不同侧面造有多个站台，但由于仓库的进出货作业量的波动较大，完全固定各个站台的作业类型不利于充分利用站台空间及设备，也不利于在出入库高峰时期的快速作业。因此，在多个站台的功能配置时就结合对未来作业量及作业类型的分析预估，将所有站台分为固定作业类型的出库或入库站台，以及部分非固定作业功能的共用型站台。

通过这样的配置可以在作业量的高峰时段调整部分站台的功能以确保仓库的整体工作效率和服务水平，一般适合用于大型的普通货物仓库或综合仓库，也可用于大型的转运型仓库。

2. 站台类型

站台类型主要是指仓库站台的形式，从站台与仓库主平面的相对位置关系而言一般可分为锯齿式及直线式两种类型，从站台外围的结构而言可以分为内围式、平台式和开放式三种类型。这两种不同的分类方式在实际的仓库设计与建设过程中可以混合采用，例如可采取内围直线式站台、敞开锯齿式站台等类型。

（1）锯齿式。锯齿式的仓库站台是指站台与仓库侧面基准线之间呈一定角度（一般为15°~30°），多个站台连续排列呈锯齿状的站台设计形式。

采取这类站台形式可以使车辆在卸货时不必将车身垂直于仓库侧面基准线，而是保持一定的角度以使车尾厢门能够贴合站台并方便装卸货物，从而减少了车辆停放时所占用的空间宽度，同时也可以减小为使车辆能够顺利转弯而预留的场地宽度。但由于站台与仓库侧面基准线之间有一定角度，因此站台不是平直的，不方便搬运车辆与人员在各站台之间的直接通行，而且会占用仓库的一部分内部空间，降低仓库的面积使用率。更重要的是，为了配合锯齿式的站台作业，相应装卸货时的物流通道必须存在一定的弯曲，导致出入库时倘若不能一次性搬运上架的话，入库待检或出库准备的区域设置比较困难，各项作业也比较麻烦。

（2）直线式。直线式站台是指在仓库外部建造一个宽度固定的长条形平台用以停靠运输车辆及装卸搬运车辆与人员的作业。采用直线式站台的优点是其占用的仓库内部空间较小，装卸搬运车辆及人员可以在站台上直接通行，各站台可以协调使用互相配合，甚至在偶尔时间紧出入库货量大的情况下还可以借用各仓库大门之间的站台空间作为临时存放区域，仓库的作业效率和站台的综合利用率都可以得到提高。

但采取直线式站台的缺点是运输车辆在装卸货物时必须将其车身垂直于仓库，因此需要仓库站台外侧保有比较大的停车空间，同时车辆从装卸货结束后行驶上路时所需的车辆转弯半径较大，又进一步增大了仓库外部空间的需求。因此，采取直线式站台尽管可以提高仓库的作业效率和站台利用率，但是从整个库区的角度来说，面积使用率是下降的。

由以上两种站台的优缺点比较可得知，这两种形式的站台在功能上是互补的，仓库内部空间所需小（大）则其外部空间所需就大（小），因而仓库保管工作人员在进行仓库设计决策时可综合考虑土地及库房建筑物的价格和使用量，如果土地价格不高且面积较大时，一般以直线式站台为佳。

（3）内围式。仓库站台的设计除了在进出货所需空间大小及作业便捷性方面的考虑外，货物及作业的安全性也是非常重要的决定因素。仓库保管工作人员为了更好地保护商品质量，防止大风吹入仓库内部影响库内温湿度、防止雨水进入货柜或仓库及避免库内空调冷暖气外泄等不利影响和能源浪费，可以将站台整个包围在库房内部，使得运输车辆可以直接将部分车身倒进库房进行装卸，所有的装卸搬运作业全部在库房内部进行。这种类型的站台设计是最为安全的，既不怕风吹雨打又不用担心冷暖气外泄，但是总体造价比较高，库内面积的浪费较大。

（4）平台式。平台式站台是指站台与仓库外缘刚好持平，装卸货物时尽管运输车辆在仓库外部，但所有的装卸搬运作业都在仓库内进行。此种类型的站台设计虽然没有像内围式站台那样安全可靠，但至少整个月台及装卸作业都在仓库内受到保护，能够基本上避免能源浪费的情况，而且不占用仓库内部的面积，在考虑装卸通道等因素时还可以将仓库内部两大门之间的空间作为临时存储区之用。因为这种站台形式的整体造价比较便宜，货物安全性也比较高，是目前最广为采用的形式。

但需要注意的是由于采取平台式和内围式站台时，几乎所有的装卸搬运车辆都是在仓库内部行驶和作业，因此为确保货物质量不受侵害，应尽量以电动搬运车辆为主，减少车辆废气的排放。

（5）开放式。开放式站台是指在库房大门外部建造站台，运输车辆完全停放在库房之外，大部分的装卸作业甚至某些货物的临时存储都是在库外站台上进行。采取这种类型的站台时，货物在装卸搬运时无法得到库房的遮掩保护，而且由于进行搬运作业的车辆和人员需要频繁出入库，导致库内的冷暖气更容易外泄。

但是采取这样的站台形式，可以部分甚至完全避免搬运车辆在库内的行驶和作业，有利于保持库内的存储环境的整洁清爽，而且库房内部的面积利用率高。因此，当仓库所保管的物品能够经受装卸过程中短时间的外部温湿度侵扰时，可以考虑采取开放式站台以降低仓库的整体造价。

采取开放式站台的仓库应在站台上方安装雨棚以防止雨水直接掉落在站台及货物上，一般雨棚应在站台上方约 4 m，并伸出站台 3～4 m 的宽度，以确保即使在较大风力作用下，雨水也能被遮挡。

3. 站台数量

对于一个仓库来说，如果需要做到任何时刻都能让运输车辆通行无阻，不需等待即可开展装卸货作业，就需要建造足够数量的站台来供车辆停泊。然而现实情况下，由于仓库的整体面积是有限的，可用来停放运输车辆的站台数量自然也受到限制，而且从降低成本和保持库内环境等方面考虑，仓库设计时也应当适当控制站台的数量和面积。所以，为了在有限的空间范围内尽量提高面积使用率和作业便捷性,在仓库设计阶段就必须要做好准确的站台数量估计。

一般来说,我们首先需要掌握仓库进出货的数据资料,包括年度进出货总量、进出货高峰时期日均量、最大单日进货量、进出货高峰时间等,推算出平时和高峰时期需装卸的车辆数,并根据作业规律估算出每车装卸货所需时间,最后结合每日装卸货时间段的长度,计算出所需的站台数量。公式如下:

$$站台数量 = 每日装卸车辆数 \times 每车装卸时间 / 装卸货时段长度$$

以上公式主要是对单一运输车辆类型和单一装卸货方式的仓库适用,对于可能同时采取多种运输车辆或多种装卸货方式的仓库而言,计算公式更加复杂些。当然对于许多货物存放周期长、出入库量不大的仓库而言,完全可以根据仓库的结构特点来设计站台,只需达到通过上述最低标准的站台数量即可。

4. 站台高度

站台的高度是指从站台平面到地面的距离。具有一定高度的站台可以减少车辆与站台间的高度落差,方便搬运车辆直接从站台开进运输车辆的厢体内进行作业。因此,站台高度可根据其常用的运输车辆的型号来设计,专门用来停泊大型厢式货运车辆的站台高度一般为 1.2~1.3 m,小型货车站台则为 0.9~1.0 m。

由于站台比地面高出了约 1 m 的高度,因此需要将整个仓库都抬高才能使搬运车辆正常通过开展作业,但是这样的仓库造价较高,建设周期也会略长一些。另一种常用的形式称之为下沉式站台,也就是不需要抬高仓库的整体高度,而是在仓库边缘向下挖出一个最大深度约 1 m 的斜坡,运输车辆到库后可将车身倒入斜坡中,以使车尾厢门靠紧仓库的装卸站台且正好高度一致,也能便于搬运车辆开进车厢内进行作业。

对于那些物资出入库频繁,大小车辆型号都会经常使用的仓库而言,为了方便不同型号车辆的停泊及搬运车辆进出车厢,可以在站台边缘使用高度调节装置。最简单的高度调节装置就是一个木制的三角楔块,它可以在站台上搭出一个临时的小斜坡使搬运车辆顺利进入车厢内。而在现代化程度较高的仓库内则可以使用机械化的站台高度调节装置,简称为调节板。调节板根据其调节动力的不同可以分为气压、液压和机械三种类型,其中气压式调节板比较干净卫生,但成本较高,常用于环境要求比较高的仓库内,例如药品、高档日用品仓库等;液压式调节板的工作稳定性好、工作强度大、成本较低,所以应用最为普遍。

三、存储区

1. 存储区划分

完成了库房的主体结构设计后,仓库设计人员还需根据仓库作业的需要,将仓库中可用来储存物品的区域划分为主存储区、待检区、待处理区、不合格物品隔离区，以放置处于不同状态的物品；并且还可以根据仓储业务的需要，在仓库内设置流通加工区和出库备货区等。

（1）主存储区。主存储区是指库房内用来长期保管商品和货物的主要存储区域。该区域一般位于仓库的核心部分，占地面积较大，被主通道和若干支道分隔为不同的存储区域。商品在完成入库检验及相关手续后即进入主存储区，待接到出库指令后再从主存储区中搬出，期间一直处于静止状态。主储存区内通常是保存合格商品的，该区域一般以绿色作为标志。

（2）待检区。待检区是指通常存放刚刚从运输车辆上卸下，尚未经过检验或暂时处于检验过程中的物品的。待检区一般应位于仓库入口附近，是装卸站台与主存储区之间的衔接区域，在货物出入库量比较大的时段也可以临时借用站台区域作为待检区。待检区的设置应便于进库物品的卸载及检验，该区域一般以黄色作为标志。

（3）待处理区。待处理区是指当仓库用来存放暂时不具备验收条件或质量暂时不能够确认的商品的区域。从作业便利性的角度考虑，待处理区一般应位于仓库入口附近，靠近待检区，该区域以白色作为标志。由于待检区和待处理区从作业流程来说处于类似的环节，而且有时两者之间的界限会比较模糊，因此为了提高仓库面积的使用效率，在实际工作中也会将这两个区域合并起来，只需在使用时用明确的颜色或标识区分清楚即可。

（4）不合格品隔离区。不合格品隔离区是指用来暂时存放质量不合格商品的区域。由于这些商品将不再进入仓库的主存储区，而是准备运输退回到供应商处，因此常将不合格品隔离区设置在仓库的出口附近，远离待处理区和待检区，这样不但便于物品的搬运，也从规划上就避免了误操作。该区域一般以红色作为标志。

（5）流通加工区。流通加工区是指仓库内为开展流通加工作业而单独划出来的一块区域。该区域的形状主要取决于加工设备的形态，并兼顾相关工序的顺利开展等因素。例如，对于流水加工线来说，流通加工区可以布置成长条形以减少对仓库面积的占用，但若该流水加工线需要由一个操作人员进行首尾兼顾的作业时，则可以设置为 U 形，以降低操作人员的走动距离。

在设计流通加工区时，有时不但要考虑加工作业的开展，还需考虑加工前后的搬运及临时存放等因素。例如，加工完成后需要将商品搬回主存储区的情况下，流通加工区可以设置在仓库内侧相对封闭的区域以减少外界对于加工工序的干扰，而若属于加工完成后即将商品运离仓库的情况，或者流通加工属于分拣备货的一道前置作业环节时，则需将流通加工区设在靠近仓库出口的地方。

2. 主存储区布局

（1）基本原则。仓库主存储区的平面布局是指对主存储区内的货垛、通道、垛间距、收发货区等进行合理的规划，并正确处理它们的相对位置。在进行主存储区的布局设计时，首先要根据物品特性进行分区分类储存，将特性相近的物品集中存放，同时为减少出入库装卸搬运作业的工作量，应将单位体积大、单位重量大的物品存放在靠近出库区和通道的货架底层，将周转率高的物品存放在进出库装卸搬运最便捷的位置。并将同一供应商或者同一客户的物品集中存放，以便于进行分拣配货作业。

（2）仓库主存储区的平面布局形式可以概括为垂直式和倾斜式两大类型。

1）垂直式布局。垂直式布局是指货垛或货架的排列与仓库的墙壁及通道互相垂直或平行的布局方式，包括横列式布局、纵列式布局和纵横式布局。

①横列式布局。横列式布局（见图8—1）是指货垛或货架的长度方向与仓库的长边互相垂直，其优点主要是主通道长而副通道短，单个货垛的面积小便于对所有商品进行分类存取和盘点，有利于货垛的通风和采光，有利于机械化作业。而其主要缺点是主通道占用面积大，仓库的面积利用率下降。

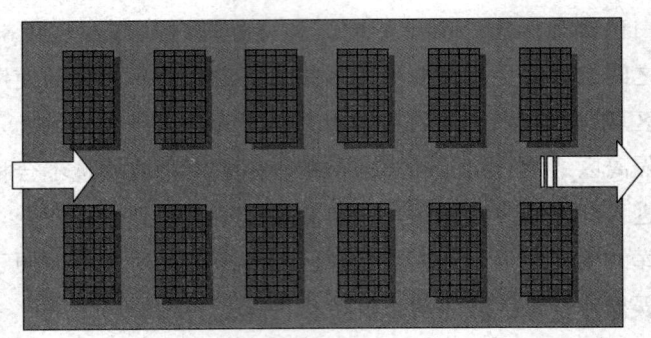

图8—1　横列式布局

②纵列式布局。纵列式布局（见图8—2）是指货垛或货架的长度方向与仓库长边互相平行，这种布局方式的优点主要是仓库通道占用的面积较小。主要缺点是主通道短而支道较深较长，不利于商品的存取作业，货垛的采光和通风条件也相对差一些。

但若结合商品出入库频率进行货位分配则可以大大降低该布局形式所带来的不利影响。例如可以根据商品存储时间的不同和进出频繁程度，把存储时间短、进出次数多的商品放置在主通道两侧的货位上；把存储时间长、进出次数少的商品放置在远离主通道的货位上。

③纵横式布局。纵横式布局（见图8—3）是指在同一保管场所内，同时采取横列式布

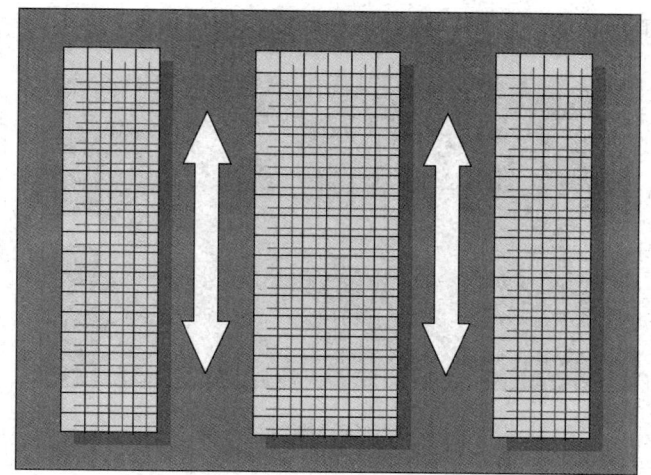

图 8—2 纵列式布局

局和纵列式布局,从而可以综合利用两种布局的优点的布局方式。采用这种布局方式前,首先需要对仓库内的商品进行预测,分析清楚快进快出的商品比例和数量,进而计算出所需的邻近主通道的货位数量,并推算横列式与纵列式分别所占的面积大小。

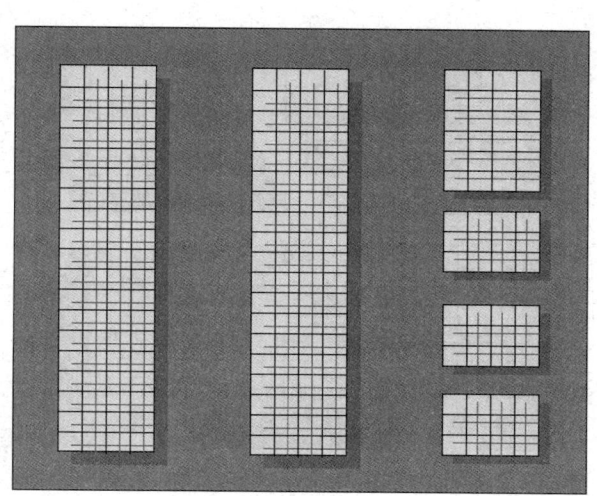

图 8—3 纵横式布局

2)倾斜式布局。倾斜式布局是指货垛或货架与仓库墙壁或主通道成 60°、45°或 30°夹角的布局方式,包括货垛倾斜式布局和通道倾斜式布局两种类型。

①货垛倾斜式布局。货垛倾斜式布局(见图 8—4)是横列式布局的变形,它将货垛倾斜一定角度,从而可以缩小叉车的回转角度,便于叉车作业,提高作业效率。但是这种布

局方式造成了主通道形状的不规则,降低了仓库面积的使用率。

图 8—4　货垛倾斜式布局

②通道倾斜式布局。通道倾斜式布局(见图 8—5)是指仓库的通道斜穿保管区的布局方式。采取这种布局方式一是可以如同货垛倾斜式布局一样缩小叉车的回转角度,提高作业效率;二是可以如同纵横式布局一样把仓库划分为具有不同作业特点的几个独立区域,如大量长期存储区域和少量短期存储区域等,便于对整个仓库进行综合利用。但这种布局方式造成了仓库内的货垛形式比较复杂,货位和进出库路径较多,难以管理。

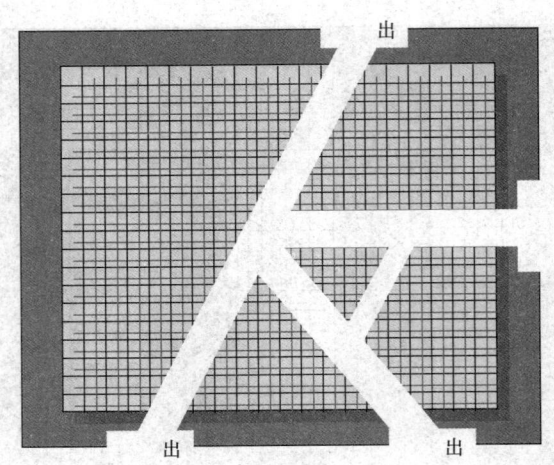

图 8—5　通道倾斜式布局

四、集装箱堆场

集装箱的出现给现代仓库保管工作带来了一种全新的作业模式。集装箱由于其本身就是一个独立的保管单元,能够遮挡风雨保护商品安全,因此不再需要由传统意义上的库房来进行存放,而是将集装箱及其内部的商品直接堆放在货场上即可。

在搬运过程中也是直接以集装箱作为一个整体进行机械作业,可以直接将集装箱从一种运输工具上方便地换装到另一种运输工具上,无须多次开箱检验,也无须接触和移动,有利于箱内商品直接运达收货人的仓库,省去了入库、验收、清点、堆垛、保管、出库等一系列仓库常规作业,实现了装卸快、效率高、包装省等目的,对改变传统的仓库保管作业有很重要的意义,是仓库业务合理化的一种有效方式。

1. 集装箱优点

(1) 装卸合理化。与货物单件装卸或托盘装卸的方式相比较,使用集装箱可以将多次装卸转为一次装卸,大大缩短装卸时间,降低劳动强度,而且增加了集装箱对箱内商品的保护作用,可以更有效地防止商品的碰撞、损坏、散落、丢失。

(2) 包装合理化。采用集装箱可以使商品的单体包装及小包装要求尽可能地降低,甚至可以去掉小包装,从而节约包装材料。借助于集装箱的防护能力,可以方便地实现运输及存储过程中的保管作业,并且可以有效地利用运输工具和保管场地的空间,改善环境。

(3) 管理系统化。运用集装箱的最大好处是形成了以其为核心的一体化管理体系,将原来分离的物流各环节有效地联合为一个整体,促进了商贸、检验、运输、储存等各个环节之间的合作,大大提高了整个物流体系的合理化程度。可以说物流的现代化进展离不开集装箱的使用,集装箱是物流现代化的一个重要标志。

2. 集装箱堆场布局

集装箱堆场是堆存和保管集装箱的场所。根据集装箱堆存量的大小,堆场可分为混合型和专用型两种。专用型堆场是指根据集装箱货运站的生产工艺,分别设置重箱堆场、空箱堆场、维修与修竣箱堆场。

设置堆场时应满足发送箱、到达箱、中转箱、周转箱和维修箱等的不同保管及运输作业的需求,并根据堆场规模和堆高层数等参数进行处理,尽可能缩短场内外的运送距离,避免交叉作业,便于准确、便捷地取放所需集装箱,利于管理。

在设计集装箱货场时应尽量满足如下的一些原则:

(1) 管理精确。由于使用集装箱存放货物时无须拆箱,因而箱内货物的质量和数量完全靠有关证件及单据来进行确认,在分类堆存时也完全以证件和单据进行分类,因此在集装箱堆场设计中应充分考虑未来的业务趋势以进行合理的布局设计,确保未来的业务能够精确开展,避免因场地条件约束而导致的不恰当混堆,避免因堆场规划不合理而导致的集装箱管理混乱。例如,周转箱和维修箱应该布置在作业区外围,靠近维修车间,以便取送和维修,减少对正常作业的干扰;中转箱区应布置在便于集装箱能顺利从一辆车直接换装到另一辆车的交通方便之处等。

(2) 操作便捷。在设计集装箱堆场的过程中,在选取存放堆垛方式和分类分区布局时应充分考虑到未来的作业效率，尽可能发挥出集装箱的优越性，既要充分利用堆场面积，又要留足运输通道和装卸机械作业区及箱与箱之间的距离，实现快速便捷的集装箱装卸及搬运作业。可以通过合理选择和利用装卸机械的方式，尽量减少机械的行走距离，提高设备利用率，尽量减少不必要的装卸动作，降低作业过程中劳动力及成本的浪费。

（3）存储量大。由于集装箱堆场通常设置在港口、码头附近，土地费用高昂，因此在堆场设计中应该最大限度地提高储存能力，在特定的占地面积上实现集装箱堆存量的最大化。

五、库区道路

规划合理的库区运输及搬运道路可以减少货物装卸、搬运的时间，并防止出现车辆堵塞的现象。库区道路在规划时应注意以下4点要求。

1. 道路要宽广

要尽可能地兼顾所有规格的货车，在不影响储存面积的情况下，规划出宽广的道路空间以便于库区内车辆的行驶。一般来说，库区主路应以两车能够安全交叉行驶为标准，宽度约在7 m，个别大型库区还可以设计为四车道。为了保障行车安全，道路两边应留有2~3 m的绿化带作为隔离，避免车辆直接贴近仓库主体建筑行驶。而在道路转弯处应充分考虑大型拖挂车辆的内轮差，留出一定的圆弧形空间方便车辆转弯。

2. 安排好停车位

库区的道路规划不但要为进行装卸作业的车辆留出足够的宽度方便其进行倒车与停放，同时还要考虑可能会出现因暂时无法卸货而必须在库区临时停靠的情况，并为这些车辆划出一定的临时停靠地点，避免因为车辆的胡乱停靠而造成道路的堵塞。

3. 规划好行驶方向

为了使进入库区的车辆能够顺畅地行驶，减少发生堵塞的可能性，仓库规划人员应该在规划道路时确定一定的运行方向，这样既能保障车辆在库区内顺利行驶，又能减少道路的占用面积。

4. 保留辅助通道

仓库是大量商品密集存放的区域，其安全性要求非常高。因此除了用来满足车辆通行要求的主干道外，还需设计一些辅助道路来便于紧急情况下的车辆通行，如消防通道等。

六、其他非储存空间

仓库中的其他非储存空间主要包括停车场、叉车停放区、办公室、维修与工具间、消防设施、供电设备、库内必要的安全间距等。例如，叉车停放区可以设置在库内通道的尽头处，配有专业的遮挡物和充电设备；办公用房可以在库区内择地单建，也可以在库房内部或站台尽头划出一个角落，甚至可以在库房上部空间搭建小屋以做临时的监管和办公之用。总之，这些非存储空间应该尽量设置在库区的角落或边缘，以免影响保管空间的整体性，并努力减小其所占用的面积，从而相应增加货物的储存保管空间。

1. 停车场

库区中的停车场主要是用来停放仓库中使用的运输车辆和办公车辆，一般为矩形。停车场的面积主要由车辆的宽度、安全距离、转弯半径、停放车辆数量等决定。

对于单排停车场而言，其面积为：

$$停车场面积=[W\times N+S\times(N+1)]\times[L+R+S\times 2]$$

对于双排停车场而言，其面积为：

$$停车场面积=[W\times N+S\times(N+1)]\times[2L+R+S\times 3]$$

式中　W——车辆宽度，m；

　　　N——车辆数量；

　　　S——车辆与车辆之间、车辆与停车场边缘之间的安全距离，m；

　　　L——车辆长度，m；

　　　R——车辆的转弯半径，m。

2. 库区出入口

库区出入口是最容易发生危险的地方，尤其是如今许多物流中心的仓库设在交通最便捷的地方，例如高速公路、省道旁等，因而对车辆进出库区的安全更加需要小心。目前采用较多的方式是在库区出入口处设计Y字形的辅助道路，相对于直角形的道路设计，这样可使车辆更易由公路进出库区，还可以提高车辆在出入库区时的安全系数。

第2节　仓库设计方案评估和优化

　**学习单元1　仓库设计方案评估**

　**学习目标**

1. 熟悉仓库设计方案的评估指标。

2. 熟悉仓库设计方案评估方式。
3. 能够对仓库作业能力等参数进行计算和评估。

当仓库的设计方案完成后,必须先对依照该方案而建造的仓库的未来经营管理情况进行评估,以判断该方案是否符合设计要求,能否达到设计初衷,并最终决定是否接受该方案。

一、评估指标

1. 总体布置评估

(1) 综合利用率。综合利用率指标是指库区中被合理加以利用的空间(包括作业区、办公区等)所占库区空间总量的比例。一般来说,在仓库布局工作中应尽可能多地合理利用每一处空间,这并不意味着综合利用率就必须达到100%才是最好的。因为我们要为今后的发展预留一些空间区域,以便随着业务变化的需要新增一些设施设备,同时也可为了人员舒适性而保留一些额外空间建造绿化休闲设施,所以仓库的综合利用率通常被设计在一定的范围内。

$$总综合利用率 = 已设计使用的作业空间/可用空间总量$$

(2) 布置清晰度。仓库布局方案中的布置清晰度指标主要是为了评估仓库各功能区的形状及布局合理性,避免类似蜂窝状的空间浪费和由于作业区布置太散乱而产生的物流不畅。仓库的布置清晰度指标计算公式为:

$$布置清晰度 = \frac{\sum 作业区的面积 \times 作业区的形状比例^{0.5}}{作业区的数量}$$

$$作业区的形状比例 = 作业区的最短边长/最长边长$$

(3) 通道合理性。仓库内的通道主要包括两种类型,一种是在各个作业区间进行搬运作业的通道,另一种是连通各作业区的通道。在仓库布局的设计工作中,通道应能使仓储机械和人员能够自由地移动,能够高效地完成各类仓储作业,并且尽量避免冲突和盲角,减少道路占用空间。所以,在对通道布局进行评价时主要考虑以下几项参数,即作业区面积总量、通道总长度、通道占用的面积总和、到达各作业区的平均弯道数量、到达同一作业区的可选路径数量、通道交叉点数量等。基于上述这些参数,还可以得到其他用于描述仓库通道合理性的指标有:

$$单位长度通道覆盖面积 = 作业区面积总量/通道总长度$$

$$通道占比 = 通道占用总面积/库区(仓库)总面积$$

$$通道综合合理性 = (作业区平均形状比例 \times 仓库周长)/(交叉点数 \times 通道总长度)$$

2. 作业能力评估

(1) 主存储区。主存储区是仓库中用来保管商品的主要作业区域，在其设计过程中最主要考虑的是如何充分利用空间、如何有效利用存储设备、如何妥善保护和管理货物等因素。因此，对主存储区进行评估将主要考虑如下几个指标：

主存储区面积比＝主存储区的面积/仓库的总面积

最大仓储容量＝主存储区完全饱和时的商品总量

容量利用系数＝年平均日存储量/最大仓储容量

储量饱和率＝全年达到最大仓储容量的天数/365

单位面积储存量＝日均储存量/主仓储区的面积

(2) 拣货区。拣货区是仓库中作业最频繁、人员最密集的区域，一般与主存储区紧密相连，主要用于完成从主存储区拣取货物并集中进行分拣配货等一系列作业。拣货区的首要考虑因素是拣货作业的搬运距离、拣货效率、拣货有序性、拣货设备利用率等。因此，对拣货区进行评估的指标通常包括订单平均拣选时间、最长和最短拣货时间、日平均拣货数、单位面积拣货量、单次平均拣货量、拣货作业饱和度等。

订单的平均拣货时间＝每日拣取张订单货物的总时间/每日平均拣选订单数

日平均拣货量＝研究期内拣取的货物总数/拣取时间

单位面积拣取效率＝日平均拣货量/拣货区面积

单次平均拣货量＝拣货总量/拣货次数

拣货作业饱和度＝日平均拣货量/最大拣货能力

(3) 暂存区。仓库中用以临时存放进出库商品的暂存区是仓库对外连接的作业区域，为了在进出货作业过程中尽量减少作业消耗和保证作业的正常进行，减少对于空间和时间的占用，有必要对商品在暂存区中的某些作业指标进行评估。包括平均每笔货物的收（发）时间、站台利用率、货运车辆平均排队长度和最大排队长度、暂存区利用率等指标。

平均每笔货物的收（发）时间＝收（发）货时间总和/收（发）货总笔数

站台利用率＝站台汽车停靠的总时间/站台开放总时间

暂存区利用率＝暂存区的日平均存货量/暂存区最大存货能力

(4) 加工区。加工区是仓库中用来进行流通加工作业的主要区域，通常会开展一些包装、组合、分割等简单作业。仓库应尽量加快加工作业的速度，降低作业难度和强度，以避免对其他环节作业造成延误。因此，评估加工区的指标主要包括日均加工量、日均加工时间、加工区饱和度等。

日均加工量＝时段加工总量/时段长度

日均加工时间＝时段加工总时间/时段长度

加工区饱和度＝日均加工量/最大加工能力

（5）作业时间。某项作业所消耗的时间可以从侧面反映出仓库内各项作业所消耗的时间、仓库在各项作业中投入的资源数量等。通过比较作业时间可以发现仓库中可以改进的作业环节，通过增加或减少资源投入的方式提高各项作业之间的能力均衡性。一般来说，常见的评估指标包括：拣货作业、进出货作业和加工作业等的日均作业时间及占比。

某项作业的日均作业时间＝时段内作业时间总量/时段长度

某项作业的日均作业时间占比＝时段内作业时间总量/时段工作时间总量

3. 运行评价

（1）日处理量。日处理量指标主要用来评估仓库的作业能力，是评估仓库布局优劣和运行效率的最重要指标，分为日均处理量和日最大处理量两个指标。

日最大处理量是指仓库每日最多处理的货物总量

日均处理量＝时段内进出库总量/时段长度

（2）搬运时间。搬运时间指标是用来评估仓库中各作业区间商品流动频率及流动效率的指标，也可评估仓库内通道设计的合理性。

单次平均搬运时间＝总搬运时间/搬运次数

平均搬运距离＝搬运路线总长度/搬运次数

日搬运强度＝平均搬运距离×日平均搬运商品总量

日均搬运次数＝时段内总搬运次数/时段长度

日均搬运量＝日均搬运次数×单次搬运量

日最大搬运能力＝单次搬运量×日工作时间/单次平均搬运时间

（3）设备利用率。设备利用率指标是用来评估仓库机械设备系统配置的合理性，主要指标如下：

设备平均日作业量＝时段内设备作业总量/时段长度

设备利用系数＝设备的平均日作业量/额定日作业量

设备时间利用率＝时段内设备的实际作业时间/时段内设备额定作业时间

二、评估方式

1. 优缺点列举法

优缺点列举法只是将每个方案的配置图、物流动线、搬运距离、扩充弹性等相关优缺点分别列举互相比较。这种方法简单且不太费时，但不太具有说服力，难以在多个方案中综合考虑各方面选择出最优的结果，经常用于概略方案初步选择阶段。

2. 因素分析法

因素分析法是将仓库设计方案所必须完成的各目标因素一一列出，并设定某个关键因素的重要程度系数，再将其他每个因素与之相比较，进而决定出每个因素的重要程度系数。随后，再给出每一个方案中的各个因素的得分，最后将每个方案中的各因素重要程度系数与得分相乘后累加，得出该方案的最后总分。最终总分最高的方案即为该评估方式下的最优方案。

除了上述两种常用的方法外，为了进一步提高方案评估的准确性和细致性，实践工作中还可以采用德尔菲法、层次分析法、成本收益法、点评估法、灰色评估法等多种方案，从不同的侧面对仓库设计方案进行评估。有时，仓库设计人员还会分多个轮次，采取多种方法对仓库设计方案依次进行评估，以确保最终结论的可靠性。

学习单元 2　利用虚拟运营布局方法进行优化

学习目标

1. 了解传统布局方法的问题。
2. 了解虚拟运营布局方法的概念。
3. 了解虚拟运营布局方法的步骤。

一、传统布局方法的问题

传统的仓库布局方法从收集初始资料到分析得出最终布局方案的每一个步骤都是以特定理论为依据，因此布局合理性也就取决于理论的准确性。然而仓库布局是一个非常复杂的系统性规划问题，任何将之简单化的理论都必然会忽视了一部分规划因素，所以必然会存在误差，并有可能被放大导致整个布局方案的不合理。但在传统方法中并没有对不合理布局进行判断的步骤，没有形成对不合理布局的预知能力。

并且传统布局方法是一种静态的、定性的布局方法，虽然已经考虑了仓库内各区域间的作业流程，但在对仓库进行布局时只是将各种影响因素简化作为一些单一的指标来参考，忽略了各个作业流程的互相干扰及作业量的波动。也就是说，若采取这些静态定性的布局方法进行规划，难以预见仓库建成运作后的实际情况，不能预判出仓库中各作业区以及通道、叉车等设施设备之间可能产生较多的冲突，例如仓库的能力不能满足峰值日的发货要求、拣货作业花费太多时间等。

因此，尽管传统方法有其一定的合理性，但其设计产生的布局方案依然可能存在着资金浪费、运作效率低、运作成本高、仓库作业冲突等缺陷，而且仓库一旦建成就很难改造，难以改正规划阶段犯下的错误，所以迫切需要有一种方法对仓库布局进行全面系统的考量测试，以避免仓库布局中犯下不容易被察觉的设计问题。

二、虚拟运营布局方法的概念

针对传统的布局方法中所存在的问题，我们在运用计算机仿真模拟技术的基础上提出了虚拟化的布局方法。所谓的虚拟运营布局方法，就是利用计算机模拟在特定布局方案下的仓库中的各个作业区、作业设备、搬运车辆、工作人员的实际运营状态，通过对仿真动画的直接观察和对仿真结果的定量和定性分析，找出该布局方案的缺陷和问题，并以此为依据做出方案优劣判断或提出相应改进措施，最终获得较优的布局方案。虚拟运营布局法的显著特点主要包括：通过对仓库布局方案的动画模拟，可直接观察了解仓库的实际运营情况；可以随时调整仓库的布局参数或添加干扰因素以观察其后果；可以对仓库的运营进行足够长时间的模拟，有利于观察到运营过程中难以预测的偶发事件；可以快速在各模拟布局方案之间进行切换，有利于方案之间的比较；能够更准确地测试出各评估指标的实际值，而不是仅进行笼统的估算。

综上所述，虚拟运营布局法便于对仓库的布局方案进行渐近调整，在系统建成之前对不合理的设计和投资进行修正，逐步接近最为优化的布局方案，避免了资金、人力和时间的浪费。也就是说，我们可以通过计算机模拟的方式将明天的仓库放到今天来运营，通过改变参数对未来仓库的运作情况进行准确描述，有效地提高了仓库布局方案的可靠性，降低了投资的风险。

三、虚拟运营布局方法的步骤

1. 方案初选

在采取虚拟化的布局方案前，要借助于传统布局方法确定若干个备选的初始方案，即通过收集、分析与仓库布局相关的资料，确定仓库需要具备的作业功能、作业量及存储量、作业区域面积和相关关系，进而确定各个作业区的位置和仓库通道，配置相应的仓库设施设备。初始方案越科学合理，在虚拟布局过程中就越能够更快得出最终的结果。

2. 数据采集

采集仓库今后运营中的各类参数，用以代入到模拟方案中进行运算。这些参数包括：储存的主要商品类型、商品数量、商品分区分类保管要求、订单的品项、订单数量及其变化趋势、运输车辆数量及频次、仓库各类作业量的峰值参数等。

3. 模拟运营

利用仿真软件对布局方案进行模拟运营，同时一边观察各项作业的进展情况，找出可能出现的各种不利情况和仓库运营中的瓶颈环节，一边记录各类评估参数的发生值，推算出作业区域、设备、人员的配置合理性。

4. 指标分析与调整

通过对仿真模型的直接观察和对各项指标的推算，分析仓库设备、人员、作业区域、通道之间均衡性、合理性，对产生瓶颈环节的因素进行分析，并有针对性地提出改进方案。通常考虑的改进方案包括：调整作业区间的位置关系、调整作业区内部的布局方式、调整作业区的形状、改变作业区的面积、调整通道尺寸及通道布置、调整出入库站台的数量、调整人员和设备的数量等。

5. 循环模拟

在对原先的方案进行改良后，将新方案及其参数重新体现在仿真软件中，建立新方案的仿真运营模型，然后返回到第 3 步对新方案的模拟运营情况进行观察和记录并提出修改，如此反复修正，找到最终的优化布局方案。

思考题

1. 仓库空间布局有哪些主要形式？
2. 仓库布局工作的基本原则是什么？
3. 仓库布局工作中主要考虑哪几方面的因素？
4. 仓库主存储区布局的常用方式有哪几种？
5. 如何进行仓库布局方案的评估？
6. 什么是仓库虚拟运营布局方法？它有什么作用？

第 9 章

物料编号与储位管理

第 1 节　物料编号　/186
第 2 节　储位管理　/195

第1节 物料编号

学习单元1 物料编号概述

学习目标

1. 了解物料编号的作用。
2. 熟悉物料编号的基本原则。

物料编号就是以物料的分类及物料的性质为依据,使用简明清晰并且容易记忆的文字、符号或数字来代表物料的类别、名称、规格、成分等信息,在仓库管理工作中对所保管的物料进行编号,从而更好地对其进行储存和管理。正确使用物料编号,可以在确保物料保管工作全面周到完成任务的同时又能尽量加以简化,提高工作效率。因此大部分企业都在仓库保管工作过程中逐步形成了一套完善的物料编号系统。

所谓的物料编号,就是用一串由数字或符号构成的编号来代表每一种物料,使得每种物料都对应一个唯一的编号,每一个编号都至多对应一种物料,它是在企业物料管理过程中的最为重要的基础数据规范。一套完善的物料编号系统就相当于给每一种物料发放一个唯一的身份证号码,它是物料在企业的"户口编码",必须要比较全面地体现出物料的相关信息以便于对其进行管理和统计。因此,物料编号应重点反映出各个环节工作人员所共同关心的物料主要信息,达到易读易懂易查易用的效果。

一、物料编号的作用

1. 严密性

在生产技术越来越复杂化的今天,企业生产作业过程中所涉及的物料品类也已经越来越多,以一家汽车生产企业而言,仅零部件就达到 2 万个之多,相关的配件、油料、辅助工具等也数不胜数。面对如此复杂多样的物料系统,难免会出现管理中常见的错漏缺混等问题。因此，对于一家企业来说，必须建立一套完善的编号体系来对物料进行描述和管理，借助于编号体系的严密性来保障物料管理的严密性，进而使得整个物资生产与保管过程能够严格符合采购、生产、销售等流程的规范性要求。

2. 保密性

随着我国市场环境的逐步优化，企业与企业之间的竞争态势日趋激烈，保持产品的独特性、保护生产技术和成分配方等秘密是企业在市场竞争中能够长期生存下去的重要措施。对不同的物料实施编号后，可以隐藏起物料的原有信息，避免内部普通工作人员通过对物料的日常接触来过多地了解产品的技术秘密，增强保密性。这一点对于国防、军工等企业来说显得尤为重要。

3. 一致性

如果在产品的生产过程中出现物料配给不符合要求的错误情况，就极可能出现生产停滞或混乱，导致生产效率下降、产品质量下降，甚至出现设备损坏和现场事故，对企业的市场竞争力和生产安全构成极大的影响。同样地，在采购、销售、财务等管理工作中如果出现物料错误的情况，也一样会导致严重的后果。因此，在所有涉及物料信息的管理工作中，通过物料编号的一致性可以保障各个生产作业环节之间对于物料管理的一致性，实现各个工作环节中物料相关管理工作之间的可靠衔接。

4. 准确性

在产品的生产过程和保管过程中，对于物料的品类、性质、规格都有严格的要求，借助于规范统一的编号体系，避免了由工作人员采取文字记录来描述物料时常见的不规范、不统一、易错、易漏等问题，从而有效地避免企业管理出现混乱，确保企业的物资生产与保管工作严格符合工艺流程的要求，减少错领错用错发及物料保管舞弊等情况的发生。也只有借助于准确的物料编号体系，才能使遍布全球各地的生产商、供应商都能采用同样的编号方式来识别物料，实现物料在整个供应链中的通畅流动。

5. 便捷性

用物料编号代替文字的记录能使各种物料管理工作更加简单省事，在物料的领用、发放、请购、跟催、盘点、储存、保管、记账等一切环节中，采取物料编号体系来进行管理，不但可以有效避免物料名称混乱等情况，物料的进出情况也更易追踪，而且能够实现更为合理的存放规划，便于盘点查核。特别是现在很多企业都在实施ERP（企业资源计划）和MRP（物料需求计划），对管理工作的电子化程度要求比较高，在使用计算机对物料进行管理的过程中也必须依靠物料编号才能对物料进行管理。

二、物料编号的基本原则

物料编号可以帮助企业实现多个方面的管理目标，不但可以大幅度提高企业管理的效率，而且可以为企业带来真实可见的收益。但是，物料的编号体系必须要符合某些物料管理工作中特定的规律或规则，才能真正发挥出其作用。

1. 分类统计的原则

所谓分类统计，就是将企业生产过程中所涉及的所有物料都按照一定的标准、原则进行划分和归并，形成若干层级的类别及子类。在分类统计的原则下，企业的物料管理人员可以更为容易地对物料制定合理的编号和统计规范，并以此作为实施物料编号工作的基础，建立一套能够合理描述企业物料体系的方法。对物料进行分类的方法有很多种，每一家企业都应该根据其各自的性质并结合当时的工艺、保管、流通等因素来决定采用何种分类方法。一般来说，对于物料体系比较复杂的情况还有必要在对物料进行分类后再进一步划分细类。例如，五金类物料可以再细分为工具类、螺栓类、管材类、配件类等，工具类又可进一步分为手动工具、气动工具、电动工具等。手动工具又可进一步分为敲击类工具、切削类工具、夹持类工具等，最后还可再区分出不同型号、长度、品牌等工具类别。

对于物料的分类方法有很多，可以从动力角度分类，也可以从作用对象的角度分类，还可以从材质、性能、使用方式等各个角度进行分类，这样比较容易造成混乱。因此，当对物料进行分类时，首先要明确的就是分类的原则与层次，在每一个层次的类别区分中采用同一个分类原则，而且一旦确定下来就要贯彻到底，从而使得物料分类有规律性可寻，确保物料编号的可统计性。千万不能一部分物料的编号按某一原则进行分类，另一部分物料的编号按另一原则进行分类，否则必然会给企业的经营管理带来混乱。

2. 简短易懂的原则

为了能够有效地节省工作时间，在对物料进行编号时就需要考虑如何易于工作人员的阅读、抄录、核查和记忆。物料的编号应该遵循简短易懂的原则，力求用最简明扼要的文字、符号或数字来对物料进行描述。如果物料编号时所采用的编码体系过于冗长，势必导致工作人员难以记录和记忆，无形中增加了管理的成本和难度。同时，物料编号还应选择更容易记忆的、有规律的方法，通过文字和字母的暗示和联想的作用，帮助工作人员方便记忆。

3. 规范一致的原则

在物料的编号体系中，往往会对物料的规格、型号、长度、重量等进行描述。为了能够使编号比较准确反映出物料的这些特性，在用编号体系来描述物料特性时应尽量采用同样的语义规范。例如，若约定物料编号分为四段式，分别代表类别、材质、尺寸、型号，那么就应尽量使得整个企业的物料编号体系都往该规范上靠拢，避免一个企业内部有多种编号规范，减少因误读误记而导致的管理错误。另外，物料编号在不同的国家和行业各有不同的要求，企业应该尽量依照国际和国内的行业规范来制定物料编号的原则与方法。

4. 弹性扩充的原则

随着企业业务的发展与企业规模的成长，物料的品种可能不断地增加。因此，在对物料进行编号时应尽可能保留一部分的空白编码，使物料编号中留有一定的弹性，为将来出现的更改或调整留有余地。例如，对于一个小型的社区图书馆而言，可能就历史类图书留下1万个编号就足够使用了。而超级商场类企业在对食品进行编号时，考虑到未来食品类别的不断增长和改变，仅保留1万个空白编号就远远不够了，必须制定一个能够不断容纳新产品类型的编号体系，否则可能会使整个超市企业的财务、采购、销售等管理中出现难以逾越的障碍。从这个角度来看，编号本身也可以被视为一种类似于广播频率一样的资源，一旦被占用就不能再作他用。因此，企业的物料编号体系应遵循弹性扩充的原则，使物料管理工作更为灵活、实效，避免因编号不足而被迫重新修改企业管理信息系统数据库等情况的出现。

5. 一一对应的原则

在给物料进行分类和编号时，应该使每一种物料都有唯一一个对应的编号，每一个编号都至多对应一种物料，编号相同就意味着物料相同，反之，物料相同就意味着编号相同，这样的物料编号体系才是可靠的。如果存在某些物料没有对应的编号，就会导致企业无法准确描述该物料，也无法将之纳入到整体的管理体系中来，使得采购、生产、销售等部门的工作无所适从。如果某个编号对应了多种物料，则会导致更为严重的问题，例如生产投料错误、采购错误等，不但会造成产品质量和企业成本方面的问题，甚至可能产生生产事故和人员伤亡。而对于某个物料对应多个编号的情况，尽管某些编号方法中会允许出现，但由于容易导致企业在该物料的管理中出现错误，使得物料的计量、统计、购买或投产等环节中产生异常的数量波动，因此也应该尽量避免。

6. 易于核查的原则

易于核查的原则是考虑到物料编号是企业中最为常用的编号体系，经常会被查询、检索、核对、比较。特别是对于仓储业、零售业或制造业的企业来说，所涉及的物料品种成千上万，因此物料编号必须要力求方便易用，能迅速根据物料编号在最短的时间内寻找到所需的物料或所对应资料和档案。物料编号应能适应计算机管理，要考虑使物料编号在计算机系统上查询方便、输入方便、检索方便，能够方便快捷地根据物料编号来进行各项操作。

企业在具体开展物料编号工作时，不但要明确上述若干原则，还需要由专业的部门来协调各作业环节，进行统筹管理，制定统一规范。而且由于物料编号只能从某一个分类原则出发进行编号，因此反映的仅仅是物料本身的某些技术性能和物理特征，而不能反映出物料的完整特性，更不能体现出物料与产品之间的层次隶属结构。所以，很多时候为了配合企业的 ERP 系统和 MRP 系统，物料编号完成后还须进一步根据产品明细表及工艺路线，明确物料、部件、产品之间的隶属关系，形成物料说明、物料清单等更为详细的信息表格。

 学习单元 2　常用物料编号方法

 学习目标

1. 熟悉常用的物料编号方法。
2. 能够对物料进行编号。

根据分类方式的不同，物料编号的方式也可以有很多种。目前在仓库保管工作中比较常用的编号方式主要有：字母法、数字法、记忆符号法、混合编号法等。其中，字母法和数字法使用起来比较简易，记忆符号法等使用起来比较复杂，但因其具有便于记忆的优点，在实际工作中也非常多见。混合编号法则是将字母、数字和记忆符号等多种方法联合使用，因而更具有使用价值。

另外一种常见的分类方式是将常用的物料编号方法根据编号的含义内容概括为隐义和显义两种类型。其中，隐义法编号隐匿了物料本身的特性，从编号中无法看出物料的具体特性。而显义法则是可以从物料的编号中轻易地看出物料的特性。

除了上述比较常用的方法之外，根据物料在生产、销售等环节的特征，还可以发明出其他的物料编号方式。例如由德国阿肯工业大学发明的群组技术法就是这样一种方法，主要用于机械加工产业，可以简明清晰地达成料件规格的统一，并运用"集合加工"的原理，减少生产过程中的作业准备次数和工时，能大大提高工作效率。

一、隐义编号法

采取隐义法的物料编号可以隐匿物料的特征信息，使用者只有通过查找对照表才能明确其所代表的实际意义。因此，它是一种意义隐蔽、保密性强的编号方法，广泛运用于各

类技术型生产企业和外贸公司中。隐义法根据其具体定义方式，又可以分为流水序号法、部位结构法和分类编号法。

1. 流水序号法

流水序号法的产生是基于自然数无限递增的特点给物料赋予编号，保证物料编号永不重复。此法一般由 1（若须保证位数一致，可在前面加上若干个 0）开始按数字顺序一直往下编，是最为简单的一种编号法。这种方法在账号或发票编号中也经常使用，但必须要有编号索引表给予配合，否则根本无法直接理解编号意义。

例如，某零售军工生产企业的备件仓库将自身所保管的所有物料按一定的顺序排列，并按次序给予每一种物料一个编号，形成编号索引表，见表 9—1。

表 9—1　　　　　　　　　　　编号索引表

序号	物料编号	物料类别
1	0001	钢管
2	0002	底座
3	0003	螺栓
4	0004	发动机
5	0005	传感器

如果物料分类的层次比较多，还可以根据物料在每一层分类中的不同内容来对物料进行流水编号。例如在某三层分类的物料编号索引表中，我们可以对某编号为 0021-0014-0003 的电子元器件进行查询，第一个编号 0021 代表其属于电容，第二个编号 0014 代表其属于薄膜型，第三个编号 0003 代表其为短脚引线，从而得知该编号的电子元器件为具有短脚引线的薄膜电容。

在流水序号法中，还可以利用时间是永远向前永不重复的特点，根据物料产出、入库、投入使用等时间等来对其进行编号，从而获得永不重复的物料编码，不但确保了物料编号的唯一性，而且可以更为有效地隐匿物料的分类信息，见表 9—2。

表 9—2　　　　　　　　　　商品编码表（流水序号法）

序号	品名	规格	生产时间	备注
20140309	XXXX		2014 年 3 月 9 日	
20140318	YYYY		2014 年 3 月 18 日	
20140321	ZZZZ		2014 年 3 月 21 日	

在流水序号法中，也可以不必依次逐个给予编号，而是将数字分为若干个区段，让每一段数字代表一类商品，见表9—3。

表9—3　　　　　　　　　　商品编码表（区段编号法）

类别	分配号码
日用家化	01～15
五金工具	16～30
电子产品	31～45
果蔬生鲜	61～75
其他	76～90

2. 部位结构法

部位结构法是首先在生产组装型企业中大量应用并逐步完善演化而形成的。这种方法依照物料的分解结构，按层次和类别定义专门的编号字符类型，再给具体的部件配以编号。也就是说，只要某产品的生产过程是将产品的不同部位交由不同的工序分别进行组装，再最后拼合成型的，我们就可以根据工序对产品各个部位的配件进行层层分解，并依次配上相应的编号，见表9—4。

表9—4　　　　　　　　　　商品编码表（部位结构法）

产品层	产品X						
工序层	A工序生产的部位			B工序生产的部位			C工序生产的部位
配件层	XA1	XA2	XA3	XB1	XB2	XB3	XC1	XC2

按照部位结构法编制出的物料编号，通过检索对照表可以很容易地知道某个编号的配件属于哪个产品中的哪个工序，方便仓库对于生产线的补货作业。但是这种方法也存在着一些不足之处，例如当配件可以在多个产品或工序中通用时，就很难从部位结构法的编号体系中给予体现，会出现一种配件拥有多个编号的情况，不利于仓库的批量采购和库存管理，导致安全库存量大幅度上升，增加企业的库存持有成本。

3. 分类编号法

分类编号法使用英文字母和阿拉伯数字混合进行编码，主要适用于商品数量多且分类方法多样的情况下，例如超市、图书馆等，是隐义编号法中应用最为广泛的一种方法。例如在超市中，可以根据供应商、保管要求、包装材料、商品类型等进行分类，而且各个分类之间又相互交织在一起，情况非常复杂。因此将物料编号分成多个组段，每一个组段中的数字或符号都代表一项商品特征，例如第一组段代表商品的类别，第二组段代表商品的包装，第三组段代表商品的供应商，第四组段代表商品的外观/尺寸，第五个组段代表商品的销售类别，至于每一个组段的位数和编号都可根据实际的需求而定。

例如，要得知某编号为07/02-21-W1-G4的商品信息，可查对照表，见表9—5。

表9—5　　　　　　　　　　　商品编码对照表

货物	类别	包装	供应商	外观/尺寸	销售类别	代表含义
编号	07/02					冷饮/甜筒
		21				纸盒整装
			W1			和路雪
				G4		咖啡色/4支装
					12	扣点12，即打88折

当分类编号法在使用中遇到某些特殊商品不能够在现定的编号框架内完全表达出其特征信息时，还可以运用在编号末尾添加数字的方式来对商品作进一步的细分，采用这种方式相当于给现有的编号系统添加了一些临时层级，见表9—6。

表9—6　　　　　　　　　　商品编码对照表（细类）

编号	含义
01-02-01	男式-上装-衬衫
01-02-02	男式-上装-夹克
01-02-02.1	男式-上装-夹克　灰色
01-02-02.2	男式-上装-夹克　黑色
01-02-02.2.2	男式-上装-夹克　黑色　无扣

还有一些分类编号的方法可以不根据商品的特征来进行分类。例如在某个拥有4个保管空间的档案存放单位中，对于某初始编号为647238的一份档案，保管员可以将编号的六位数相加，并除以4取其余数。若余数为X，则将该份档案视为第X类，并保存到X号保管空间中。当然，也可以使用更为复杂的算法，例如保管员可以在档案管理信息系统中设置一个常数，将初始编号647238与该常数相乘后再除4取余求得分类号，这样只要不泄露该常数值，其他人就无法得知该份档案保管在哪个空间内，从而获得更高的保密性。

分类编号法根据其具体的分类方式及应用场合的不同，还可以划分为更多的基本类型，如杜威氏图书馆编号法、达式英文数字混合编号法、自由化编号法、品类编号法等。

二、显义编号法

隐义法虽然具有逻辑性强和编码结构系统性强的特点,适合于某些需要一定保密性的单位采用,可以起到防止外部人员或竞争对手了解物料的特征特性及保管方式等目的。但是,过多地采用隐义编号法会使工作人员难以记忆和识别,不便于他们明确迅速地了解物料编号的含义,人为地增加了物料管理的难度,降低了管理效率。因此,对于大多数没有特殊保密需要的企业来说,显义编号法是更为合适的选择,它可以实现物料编号更为易懂、易用的目的,简化编号工作,也简化后期的管理工作。

事实上,显义编号法所采用的编号原理与隐义编号法基本雷同,区别就在于显义编号法中所使用的符号或数字能被直观地解读出其含义。简单地说,显义编号法的特点是:用易记易用的缩略字母标示商品类别,取商品规格数字作为商品规格编号,其他难以显义的情况用流水法配以编号。

例如,应用显义编号法对某种型号的彩电给予编号 TV-BL-024-60,其含义为:

TV:彩电(capacitor)

BL:蓝色(blue)

024:24 英寸

60:功率 60 W

1. 字母含义法

显义编号法中最常用的就是字母含义法。这种方法以单词的缩写英文字母为编号工具,将之融合在部位结构法或分类编号法中使用,方便工作人员识别出编号所代表的商品信息,见表 9—7。

表 9—7　　　　　　　　　　商品编码表(字母含义法)

ABC 分类	物料种类	物料颜色
A:高价材料 B:中价材料 C:低价材料	ME:金属 PL:塑料 RU:橡胶 WO:木材 CH:化工	R:红色 O:橙色 Y:黄色 G:绿色 B:蓝色 W:白色

2. 规格暗示法

规格暗示法是以字母或数字作为编号,暗示出商品规格参数的一种方法。这种方法利用字母、数字与物料之间产生一定规律的联想，使工作人员看到编号能联想到相应的物料，见表9—8。

表 9—8　　　　　　　　　商品编码表（规格暗示法）

编号	圆钢规格
01703	直径 17 mm、壁厚 3 mm
01803	直径 18 mm、壁厚 3 mm
02404	直径 24 mm、壁厚 4 mm
02407	直径 24 mm、壁厚 7 mm
03809	直径 38 mm、壁厚 9 mm

3. 混合编号法

在显义编号法中，通常会综合利用字母含义法、规格暗示法共同对物料进行编号，从而比较全面地反映出物料的各方面特征。例如 W‐PL‐01703，就可以显而易见地看出是直径 17 mm、壁厚 3 mm 的白色塑料管。

第 2 节　储位管理

 **学习单元 1　储位管理内容和划分原则**

 学习目标

1. 了解储位管理的内容。
2. 熟悉储位划分的原则及其考虑因素。
3. 能根据入库商品的情况确定储位的划分。

一、储位管理的内容

从日常生活的经验中来看，不同的物品需要放在不同的地方，采取不同的保管和使用措施，并且避免物品之间相互影响，例如食品与衣物就应该分开放置，否则衣物和食品都很容易被对方污染而降低使用价值甚至报废。同样在仓库中，我们也需要根据商品特性和仓库作业等方面的不同来划分存储位置，这项工作被称为储位管理。广义地说，仓库分类、库房分区和货区分位管理等都是储位管理工作的一部分内容。

为了使仓库管理有序、操作规范、各类货物的存储位置能够准确无误，仓库保管人员必须根据仓库的结构和功能，按照一定的规范将仓库可存放货物的所有空间划分成储位，并进行编号以示区别。储位的划分及编号确定后一般不能随意改变，否则很容易导致仓库管理工作的混乱，使得大量的存货信息相互混淆。

从仓库实际工作的不同角度出发，我们可以对储位进行不同的分类。例如根据商品的堆放方式不同，可以分为场地储位、货架储位两种；根据相邻储位能否作为一个整体进行联用，可以分为独立式储位和联用式储位；根据储位边界线、垫垛等预先设置条件，可以分为固定储位和临时储位等。储位的大小可以根据仓库的实际情况确定，大至几千平方米的散货储位，小至仅有零点几平方米的橱架储位。

1. 仓库分类

仓库分类是指按仓库的建筑结构、商品种类和商品保管要求等方面的不同，将整个仓库分为若干个不同区域用以存放不同的商品，并分别用文字、数字、英文字母等来对仓库的类型进行标识。在有些仓储企业、物流企业或生产制造商的仓库中，由于商品的保管要求比较高，保管工作的专业性较强，因此会根据自身业务的特点建立专业化仓库，如石油公司、粮食储备公司、危险化学品生产企业等，其仓库可以分别被总体分类为油库、粮食仓库和化工危险品仓库等。而对另一些从事综合性物流服务商或零售批发业务的企业而言，由于所经营的商品类型较多，往往采用的是综合性仓库，并结合不同商品的保管要求对仓库进行分类，例如纸制品仓库、电子产品仓库、零售日用品仓库、生鲜食品库等。

在综合性仓库的同一存储空间内存放的商品，其性质不能够相互抵触，以避免对商品质量和使用价值造成影响。具体来说，要求实现如下几个要求，即商品性质相同、保管要求相同、养护措施相似、消防方法相同。

商品性质相同确保了商品之间不存在相互抵触、串味、污染的情况，避免了商品在保管过程中因其他商品的影响而降低使用价值或销售价值，例如日用家化和办公用品同库存放的话一般不会造成互相间的干扰和影响，而生鲜品、化工品、仪器仪表、服装衣物等则不宜同库存放。保管要求和养护措施相同则确保了商品能够在同样的环境下得到比较好的保管和养护，包括保管的温湿度相同、通风照明条件相同、清洁整理方式相同、防护除害方式相同等。消防方法相同则保证了在发生意外情况的时候，不至于因为采取消防措施而导致仓库中产生更大的危害或损失。正是基于上述这些要求，在日常工作中要求普通仓库中不能存放危险品、毒害品和放射性物品。危险品、生鲜品以及贵重商品，要指定专人保管、专库存放，这都是仓库分类的具体体现。

2. 库房分区和货区分位

库房分区是指按照库房（包括货棚和堆场）的建筑结构、有效面积、存储空间、搬运通道等的分布与大小，再结合考虑库内设施设备的配备情况以及商品的性质种类、保管要求、出入库频率、存储量、体积与重量等因素，将仓库内的空间划分为待检区、待处理区、不合格品隔离区、主存储区、流通加工区、装卸搬运区、分拣作业区等多个区域。而货区分位就是指针对所保管商品的出入库频率、体积、重量等因素，对库房里面的每个货区再更为细致地划分为若干个货位，并给予每个货位特定的编号。

库房分区和货区分位在仓库保管工作中具有非常重要的作用和意义，主要体现在以下5个方面。

（1）能够明确商品储存的准确位置，有利于仓库的信息化管理，提高仓库的自动化管理程度。

（2）便于掌握商品的实际存量和状态，可针对性地开展仓库保管的商品养护和盘点等各项作业，提高保管效率。

（3）有利于提高仓库空间的利用率，减少空间浪费，提高经济效益。

（4）便于掌握商品进出库的规律，加强库存控制的水平，减少企业在安全库存等方面的持有成本。

（5）利于合理配置和使用机械设备，提高仓库中机械化操作的程度和水平。

二、储位划分的原则

1. 依据商品的类别

为了便于对仓库中各类商品进行管理，仓库保管人员可以根据商品的分类目录对其进行储位划分。例如，可以依照商品的材料类别，将仓库划分为五金类、化工类、钢材类、木材类、陶瓷类、工具类等多个存储区域。也可以按照商品运往地区、供应商等的不同，将仓库划分为若干存储区域进行商品保管。

2. 依据商品的存储量

为了确保仓库中所需保管的商品能够有足够的空间，仓库保管人员需要根据商品的最大存储量、日均存储量等数据进行规划，匹配以合适的库内空间。一般来说，对于存储量比较大的商品应该配以较大储位对其进行保管存放；而对于存储量比较小的商品则可以适当配以较小储位。

3. 依据商品出入库频率

为了降低商品在出入库过程中的作业总量，加快商品的流转速度，对于那些出入库频率较高、周转速度较快的商品，应将其对应的储位设置在距离仓库进出口比较近的地方，以便于仓库保管人员对其进行装卸和搬运；而对于那些出入库频率较低的商品，则可以将其对应的储位确定在仓库的中央或远离出口的一侧。

4. 依据商品的保管要求

不同的商品对保管环境的要求也不相同，有的要求存放在恒温恒湿的环境中，有的要求存放在干燥的环境中，还有的要求存放在低温的环境中，这些商品显然不能混合放置在同一个仓库空间中。为了方便对商品进行保管及养护，尽量简化库内环境控制、除霉灭虫等方面的工作，仓库保管人员可以根据商品的保管要求对商品的储位进行划分，将需要保管温湿度、保养方法以及灭火方法相同的商品设置在同一个保管空间内。而对于有特殊存储条件或安全要求的商品应单独存放，并禁止无关人员随意接近。

5. 依据商品的作业流程

对于生产企业而言，仓库中保管的物品可以分为原材料、成品、半成品等若干类别，而这些不同类别物品的出入库时间、搬运方式、收货单位等都不相同，所以在这种情况下可以依照物品的作业流程对储位进行划分，不同类别的物品之间要实现分离，否则容易引起混乱。例如，成品库和原材料库要分离、常规耗材和特殊物料要分离；难以搬运的长、大、重商品存储区应尽量设置在仓库主通道旁近出入口处，且不能影响交通和其他作业等。

除了上述的基本原则外，仓库保管人员在进行储位划分时还应考虑到一些其他方面的因素。例如，在待验区和缓冲区储位的设置中，应考虑到其在商品出入库作业流程中的地位不同，相应的保管环境要求也有所不同；在设置需流通加工的商品储位时，应考虑商品包装、分拣和配货等方面的作业特点，依照作业量的大小设置储位的远近距离；在机械化作业程度比较高的仓库中，应考虑如何合理使用机械化设备，优化作业流程，缩短路线长度，减少时间和能源的浪费等。

 学习单元2　储位编号和指派

 学习目标

1. 熟悉仓库储位编号的原则。

2. 熟悉储位编号的方法。

3. 熟悉储位指派的原则。

4. 熟悉储位指派的方式。

5. 能对仓库中的储位进行合理编号。

6. 能分配储位。

一、储位编号

在完成储位划分的工作后，仓库保管人员还需要对每一个储位进行编号，从而给储位安排一个对应的"地址"，从而实现快速准确地识别商品存放的具体位置、提高收发货效率、便于实施信息化与自动化管理等目的。储位编号工作应当确保对全部的储位都能依照统一的原则得到一个编号，并在储位或者货架的明显处标明该编号，方便仓库工作人员的识别。

1. 储位编号的原则

储位编号好比商品在仓库中的"住址"，因此必须符合以下 4 个原则。

（1）唯一性原则。即库存所有的储位都有且仅有一个编号，而且所有储位的编号都不重复。

（2）易识易用原则。储位的编号要按仓库中不同区域储位的划分规律进行设计，例如可按进门方向依次对储位进行顺序编号，便于储位寻址。编号也应尽量简短，便于记忆和使用，便于工作人员识别出储位的类型和性质。

（3）通用性原则。储位的编号要兼顾仓库保管中所涉及的生产、销售、搬运、运输等多个作业方的需求，便于信息化管理、订单管理等措施的落实。

（4）醒目化原则。储位编号应采取适当方法在适当位置进行明示，例如库房编号可在库门外挂牌张贴；库内储位的编号可刷在地坪上，也可贴挂在货架或堆垛上，还可利用柱、墙、顶、梁刷置或悬挂编号牌。

2. 储位编号的方法

（1）地址法。地址法即参照仓库或库区中现成的单位排列顺序，如第几栋建筑物、第几个隔断空间以及货架的排、行、层、格等，采取字母或数字对储位进行统一编号的方法，如同市、区、路、号的城市地址编排一样，所以被称为地址法。其中最常用的是"四号定位"法，即采用 4 个数字号码分别对应库房号、货架号、层号、货位号进行编号的方法，例如编号"3-5-3-9"就是指 3 号库房 5 号货架第 3 层第 9 个货位。而若商品是在地面排列堆放，则可以按照库房号、货区号、排号、位号的格式进行四位地址式编号，例如编号"4-1-2-5"就是指 4 号库房 1 号货区第 2 排第 5 个货位。

在四位编号法的基础上，结合实际仓库保管工作的开展，又对其进行了一些细节上的修改，演化出几种新的方法，具体如下：

为防止误读和便于理解，可以将仓库的编号改用英文字母表示。例如编号"B-3-4-5"表示 B 仓库内第 3 排货架第 4 层第 5 个货位。

若货区内的排数较少或排内货位数较少，在不影响整体储位编号规范性的情况下，可以简略掉四位编号法中的第三个编号，直接对所有货位进行顺序编号。例如"B-3"货区中总共只有 3 排，每排只有 5 个货位，则编号"B-3-3-4"可以用编号"B-3-14"代替，表示 B 仓库内第 3 货区中的第 14 个货位。

当仓库中保存的商品类型比较固定，总是在某个特定货区存储特定的商品类型，则可以用商品类型的缩略英文字母代替地址编号。例如"B-PL-3-4"代表 B 仓库内塑料制品存储区中的第 3 排第 4 个货位。

当仓库中保管了种类较多且进出频繁的零星商品，而这些商品的保管量又比较稳定时，则可将物料编号与储位编号相对应起来，从而大大方便仓库保管人员的拣货作业。例如，在某零售仓库中，编号"SC-16-3"即可以代表螺钉的规格型号，也可以表示为螺钉存储区的第 16 排第 3 个货位。

（2）品类群法。品类群法是把仓库中所保管的相关性较强的商品统一归集在一起并划分成若干个品类群，再对每个品类群单独给予编号。该方法主要适应于群内相关性强而群间差异性大的商品，如服装类群、食品类群、日用化工类群、家电类群等。仓库保管人员可以根据自身业务的实际情况考虑是否要采取品类群法来进行储位编号。

例如，某物流公司的 B 仓库中储存了长虹、康佳、海尔、TCL 等不同品牌的家电产品，包括彩电、冰箱、空调等。那么编号为"B-彩电-康佳-21"的货位就是指存放在 B 仓库中彩电区的康佳品类群中专门存放 21 英寸的货垛；而编号为"B-海尔-彩电-29 英寸-4"的货位是指存放在 B 仓库中海尔区中彩电区的若干个 29 英寸货位中的第 4 个货位。

在实际工作中为了提高效率和减少差错，仓库保管人员在做好储位编号工作的同时，不仅要在储位或货架的明显处标明其对应的编号，还要在仓库的管理办公室或仓库出入口处贴挂库内储位分布的平面示意图，有时还需配套一定的表格说明各储位的性质和分类。

二、储位指派

所谓储位指派，就是当商品入库时，仓库保管人员必须为每一件商品指派一个特定的储位用以存放该商品。从仓库设计建造的角度来说，不合理的内部布局或者仓库通道过窄等因素会使装卸搬运作业的困难增加，但从另一个角度来说，不合理的储位指派则可能造成出库、入库、盘点、搬运等各方面更大的麻烦。因此，储位指派是商品入库作业中非常关键的一个环节。

储位指派应在保证仓库安全的前提下，尽量使各项作业获得最大的方便、最快的速度、最短的时间、最少的能源消耗，这是储位指派工作的基本原则。

1. 利于保管的原则

储位指派首先要保证商品的保管安全性，确保商品的质量和数量。这就要求入库商品在选择储位时应充分考虑以下3个因素。

（1）保管环境。储位的通风、光照、排水、温度、防风、防雨以及存储设施设备等条件应能够满足商品的自身特性与保管要求。

（2）储位尺寸。在进行储位指派工作时不但应考虑储位的尺寸能够与商品的大小相适应，有时还需要考虑多件商品拼装后的整批形状，以达到提高储存空间利用率的目的。否则可能造成储存空间太大而浪费空间或储存空间太小而无法存放。

（3）商品性质。商品之间相容性低的绝不可放置一起，以免损害商品的使用价值。如香烟、香皂、茶等因为存在串味的可能性，所以相容性较低，不应放置在相近的储位上。

2. 利于作业的原则

不合理的储位指派工作可以大幅度提升仓库内盘点、搬运等作业的难度和工作量，因此为了避免这些问题的产生，在储位指派工作中应充分考虑以下8项要点和原则。

（1）大不夹小。多种小批量的商品最好集中在一起进行保管，特别要避免被夹存在大批量货物的储位中，否则容易导致查找、拣选、搬运等工作中极大的不便利。

（2）方便搬运。所安排的储位能保证商品的搬运、上架、堆垛等作业的方便，例如，重量和体积较大的商品应离装卸作业区最近，从而降低搬运工作的强度；使用货架时，重货放在货架下层；需要人力进行搬运的货物，存放在人体腰部高度的储位等。

（3）分布均匀。所安排的储位尽可能使仓库中的作业分散开来，避免仓库内的同一条作业线路上同时有多项作业发生而造成相互间的影响，阻碍仓库作业的顺利进行。

（4）作业相关。在指派储位时应将相关性大、经常被同时订购的商品安排在相邻位置，或安排在同一条搬运线路上，从而减短商品拣选的路程，简化商品清点检查工作。

（5）缓不堵急。"先进先出"是仓库保管工作中确保商品质量不过期的一项基本原则，因此在储位指派时要避免后进商品堵住先进商品的搬运通道，存期较长的商品不堵住存期较短的商品的搬运通道。

（6）快近慢远。为了降低仓库的总体搬运作业量，出入库频率低的商品尽量存放在仓库深处离仓库大门较远的地方，出入库频率高的商品尽量安排在离出入口较近的地方。

(7) 批量集中。同一类型的商品应尽量保存在同一个存储区域，减少因商品存储的分散而造成仓库保管人员在盘点、养护、分拣等作业时的困难。

(8) 靠近通道。需要经常进行盘点清查等保管作业的商品应存放在方便的位置上，最好能够紧靠通道来存放，使商品信息更容易让仓库保管人员获得。

3. 储位指派方式

(1) 固定储位。所谓固定储位，就是把特定的商品存放特定储位中，严格区分各储位的使用，杜绝同一储位被用来存放不同种类的商品。一般来说，在各类商品库存量比较稳定、计划性比较强的仓库中适合采用固定储位的管理模式。

固定储位是专门用来存储固定的商品的，这样可以便于拣选、查找货物。而且由于存放的是固定的商品类型，仓库可以有针对性地对储位进行装备，并划分出最合理的储位布局，从而提高商品保管质量，优化仓库作业。对于仓库保管人员来说，也仅需要通过简单的人工操作或记忆，就能够确切地知道某种商品被保管在哪个位置上。但是，因为采取固定储位时必须使仓库中划分出来的某一类储位量不得低于对应商品的最大库存量，否则可能导致部分商品无法正常入库，所以倘若商品库存量发生变化，则非常容易导致仓容利用率降低。

(2) 不固定储位。不固定储位是指商品入库后可以存放仓库中任何被指派的空储位上，而不进行分区分类，这种方式能够保证每个储位都得以充分利用，有效提高仓容使用率。对于大多数周转快、保管时间短、商品类别多、商品包装条件好的流通型仓库，大都采用不固定储位的管理模式。

但是，要采取不固定储位的指派方式，仓库保管人员首先要遵循商品存储过程中的相容性原则和安全原则，确保所指派的储位不至于对商品造成不利影响，同时大量随机分布在仓库各个储位上的商品在出库时也会比较难以批量拣出，商品的盘点工作比较难以开展，这些都给仓库保管人员的实际工作造成了困难。因此，采取不固定储位的指派方式时一般都要依靠计算机来进行管理，其中比较常用的被称为自动存储系统（AS/RS），它可以在确保商品保管质量和仓容充分利用的基础上，合理根据每一个入库商品的保管要求、出入库频率等特性选择储位，有效降低出入库作业总量和搬运人员在各个储位之间的行走路程，降低仓库在人员劳动和装卸搬运方面的成本投入。

(3) 分类固定储位。所谓分类固定的储位指派策略是首先对仓库内的储位进行分区，明确每一个分区中所保管的商品类型。商品在入库进行储位指派时必须被指派到其对应的储位分区中，但在分区内储位则采用不固定储位的方式。这种方式有利于提高储位使用率，能够保障商品的保管质量，便于进行商品的清查盘点作业，兼具了固定储位和不固定储位的优点，是目前大多数仓库中在使用的主要方式。

（4）共同储位。在明确知道各商品进出仓库时间点的情况下，如果商品的性质和尺寸允许，可以将不同的商品放在相同储位上，这种方式称为共同储位。共同储位虽然在管理上有一些复杂，但能够充分利用仓库中每一处存储空间，而且在出库搬运过程中能够节省很多时间，经济性较高。

 思考题

1. 物料编号的定义和作用是什么？
2. 进行物料编号时的基本原则是什么？
3. 有哪几种常用的物料编号方法？
4. 进行仓库储位划分的基本原则是什么？
5. 如何进行储位编号？其基本原则是什么？

第 10 章

仓储设施设备

第 1 节 传统仓储设施设备 /206
第 2 节 自动化仓储设施设备 /220

第1节 传统仓储设施设备

 **学习单元1 仓储设施设备概述**

 学习目标

1. 熟悉仓库的设施设备的构成。
2. 了解生产作业区设施设备、辅助作业区设施设备、行政生活区及其他设施设备。
3. 能够描述仓库各区域所需的设施设备。

对于一个功能比较完整的仓库而言，为了能够满足出入库、分拣、搬运、包装、办公以及行政、消防等需求，其所需要配备的各类设施设备可谓相当广泛。如果从设施设备所处的工作区域来看的话，基本上可以分为三类，即生产作业区的设施设备、辅助作业区的设施设备、行政生活区及其他设施设备。

一、生产作业区设施设备

仓库的生产作业区是开展各类仓储、搬运、拣选、包装等仓库作业活动的主要区域，其设施设备配置与布局的合理性会严重影响整个仓库的工作效率。因此在进行仓库设施设备选型的过程中，有如下一些需要注意的要点：一是要根据货物的形态特征和保管要求来选用设备，如托盘货物主要适合于托盘式货架，长条形货物适合于悬臂式货架，小型零星货物主要适合于轻型货架，对保管环境和温湿度要求比较高的货物要配备制冷、保温及除湿设备，对易燃易爆或贵重货物要配备消防设施和安防监控设备等；二是要根据仓库作业的特征来选用设备，如以流通加工业务为主的仓库在设备选用时首先应侧重于加工设备的选型和布局，交叉配送业务为主的仓库在选用设备时应重点关注拣选及配载作业的效率，而用于长期保管货物的仓库则应首要关注货架等保管设施的选型和布局，以尽量提高仓库的面积利用率和保管货物总量等；三是要根据仓库的作业量来选用设备，如保管量较大而出入库量较小的保管型仓库可以考虑选用驶入式或移动式货架，保管量和出入库量都较大的流通型仓库可以选用高层货架，人工拣选工作量大的可以选用重力式货架等；四是要根据仓库的建筑结构选用设备，如狭长形的仓库选用驶出式货架可以既提高保管量又不影响出入库及库存周转率，具有一定空间高度的零配件仓库可以选用阁楼式货架以提高仓库空间的使用效率等；五是要注意各类设施设备之间的配合，如货架高度应与叉车扬程相匹配，通道宽度与叉车转弯半径相匹配，仓库地坪承载能力应与货架负载能力相匹配等。

在仓库的各作业区域完成功能与需求规划后，即可针对各区域的特性来规划所需设备的类别、型号、功能及数量，并预留出一定的空间、通道、管路或接口。但鉴于不同设施设备在采购、安装、使用等方面性质的不同，随着仓库建筑施工的逐步完成以及经营业务的逐步开展，各项设施设备也可以根据实际情况来调整最初的规划。

具体来说，仓库中的设施设备大致包括以下 8 个类型。

1. 储存设备

主要指用来长期保管和存放货物的各种类型的建筑与货架，例如库房、货棚、旋转式货架（垂直旋转式货架、水平旋转式货架）、移动式货架、驶出/驶入式货架、重力式货架、托盘式货架，以及各类自动化的仓储货架设备等。这类设施设备的选型通常要与仓库建筑主体的规划同时进行，在设计仓库布局和建设结构时就对未来选用的储存设备加以充分考虑，以确保两者之间能够有效结合，既节约设备成本，又能发挥出最佳的使用效果。

2. 容器设备

主要指为了方便存储或搬移货物而使用的存放容器，如搬运类容器（托盘、移动栈板）、储存用容器（塑料箱、塑料桶、铁桶）、拣取类容器（拣选箱、拣选托盘）。除容器类设备需要与存储类设备同时加以考虑外，通常这类设备的选型可在各项作业流程及储运单位规划完成后再进行选型。

3. 搬运设备

主要指实现货物空间位置移动而必须使用的各类设备，包括自动化搬运设备（自动引导搬运车、自动堆垛机）、重型搬运设备（起重机、行车）、机械化搬运设备（堆高机、叉车）、人力搬运设备（手推车、手推台车、手动液压升降车）、输送设备（辊子输送机、带式输送机、悬挂式输送机、链板式输送机、旋转式输送机），以及各类码头、铁路等道路交通运输所需的设施设备等。在这些设备中，重型搬运设备和大型输送设备必须在仓库主体建设设计和仓库整体布局时就做出需求分析，先大致框定要使用的设备类型，并在仓库主体建筑框架完成后再进行具体的选型和装配。其他各项搬运设备由于体积较小，使用比较灵活，可以在仓库业务基本明确后，根据每日进出货搬运、拣货、补货等方面作业量再进行选择。

4. 拣选设备

主要指为了提高拣选工作效率而配备的机械设备和人力辅助设备，如人力拣选搬运设备（拣选推车、台式拣选车、电子拣货台车）、辅助拣选设备（RFID、条码扫描器、拣选指示灯与指示屏）、自动化拣选设备等。该类设备一般应在仓库业务基本明确后，再根据所需拣选的货物类型、批量、每日作业量等信息，结合货物的容器、包装、形状等特征确定设备的类型和数量。

5. 环境类设备

主要指为了改善仓库中货物的保管环境与仓库的作业环境而使用的设备。例如为控制仓库温度而使用的保温、供暖、制冷等设备；为调节库内湿度而使用的通风、抽湿等设备；为减少库内虫鼠害而使用的诱捕、灭虫、熏蒸等设备；为方便库内操作而使用的采光、照明等设备。

6. 加工设备

主要指为货物进行流通加工等作业时所需使用的设备，如裹包集包设备、外包装设备、条码印制及粘贴设备、拆箱设备、称重设备等。仓库中购置这些设备的主要目的是配合目前市场对于物流服务需求的多元化或客户在生产销售中的便利化要求，增加仓库中物流服务的附加价值。

7. 安防设备

主要指为了保障仓库中保管商品的安全，减少灾害或事故损失的设施设备。例如，仓库烟火感应装置、消防喷淋装置、安全监控与摄像装置等。由于该类设备一般都要通过有关部门的认证和检查后才允许投入使用，因此应在仓库建设初期就进行规划，并在仓库主体建筑完成后即安装到位，但有时也会随着仓库业务的重大变化在业务调整过程中临时进行安装。

8. 其他设备

主要指为了方便仓库中其他各项作业的开展而使用的一些设备。例如容器暂存设施、废料处理设施、装卸站台设施、叉车充电设备、仓库清洁设备等。这些设备在仓库的作业过程中一般起到辅助性的作用，可以在各项业务基本开展起来后，根据业务的实际需求逐步添置采购。

二、辅助作业区域设施设备

辅助作业区是为仓库的主营业务提供配套服务和支持的辅助区域，例如能源水电、包装材料、维修保养等。相关的设施设备主要包括停车场与车库、给排水设施及泵站、变电室、油库、维修车间、包装材料间、配件与工具间等。

为了能够与库房的建筑结构相适应，各类辅助生产区域的设施设备在仓库系统规划时就须配合考虑。一般来说，在仓库的规划设计阶段应对辅助作业区域的设施设备做好初步规划，并预估所需预留的空间，部分还须在此阶段就完成设施设备的选用定型。这是因为辅助生产区域的设施设备往往具有一定的体积和占地面积，相关的功率、型号、接口等性质也会进一步影响到主体建筑与作业流程。

在选用辅助作业区的设施设备时，一是应认真分析计算生产作业区的需求，如水电、能源、叉车、包装及辅助材料等的数量和类型，以此为依据选用适当的设施设备并留有一定的余量；二是注意与生产作业流程之间的合理衔接，例如包装材料间应尽量靠近流通加工生产线，叉车充电装置应靠近仓库的主要装卸搬运区域等，确保各类辅助材料或能源供应的通畅，促进主生产流程的顺利进行；三是合理利用仓库的建筑空间，各类辅助设施设备应合理挖掘仓库主体建筑的闲置空间或主生产作业难以利用的死角来进行安置，使仓库的空间效率得以充分发挥；四是优先保障仓库及生产作业的安全，在设置各类水电油气设施设备时应注意与其他建筑之间保持适当的距离，防止因设备泄漏、走火等原因造成仓库的巨大损失。

三、行政生活区域及其他设施设备

在仓库的运营使用过程中，除了主要的物流作业需要配以一定的设施设备外，其他各项行政管理、人员生活等尽管与仓库的作业程序并无直接关联，但是也需要购置一些设备以确保工作的正常开展。行政生活区域及其他设施设备的选用具有比较大的灵活性，一般不需在先期进行规划定型，可以在仓库主体建筑完成后再根据实际需要依次进行采购添置。

1. 办公设备

主要指为进行经营及行政管理工作而需使用的设备，如办公桌椅、会议演示、文稿印制、档案保管等。

2. 信息管理设备

主要指为支持仓库管理信息化而使用的设施设备，如服务器机房、计算机主机、网络设施及相关外围设备等。

3. 劳务生活设备

主要指为仓库工作人员提供必需的生活、保健等服务的设施设备，如盥洗室、休息室、餐厅、医务室、休闲场地及相关设备等。

4. 外围安防设备

主要指为控制库区人员及车辆的正常流动，防止偷盗抢劫等行为而安装的设施设备，如门禁系统、防盗电网、库区监控等。

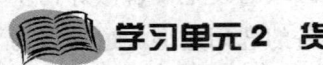

学习单元2 货架

 学习目标

1. 熟悉货架的作用和功能。
2. 熟悉货架的分类和特点。
3. 能够根据仓储要求正确地选择货架。

一、货架的作用

货架是仓库中最为重要的一种设备,它是仓库存储功能的体现,就一般字面意义而言,货架泛指用来存放货物的架子。而在仓库中,货架是指专门用于存放成件物品的保管设备。

货架承担了仓库中最核心的工作任务,随着现代工业商业的迅猛发展和物流业务的大幅度增加,为了实现仓库的现代化管理,不断提高和加强仓库的服务功能,我们不仅要求货架的数量增加,更要求货架具有多样化、自动化、智能化的功能,能够合理存放多种品类的货物,并能实现高效便捷的机械化操作。

具体来说,货架的作用大致包括如下几方面:一是货架是一种以钢结构为主的框架式设备,可以帮助仓库充分利用存储空间,提高库容利用率,扩大仓库储存能力;二是货架可以使存入货架中的货物之间互不碰撞挤压,有效地减少了货物的损耗破损,对货物起到一定的保护作用;三是存放在货架中的货物由于相互之间并无接触,每一个单件的货物都是独立存放的,因此要对其进行存取等操作时会更加方便,可以做到先进先出;四是在货架中进行存储,每一个货格所能存放的货物件数是固定的,所以便于进行货物的清点及计量;五是当对货架采取密封、防潮、防尘、防盗等附加措施后,可以有效保护货物的安全,提高货物的存储质量;六是许多新型货架可以具有多种功能特点,有利于实现仓库的机械化及自动化管理。

二、货架的分类

货架技术经过了长期的发展,迄今为止已经开发出了近百种不同类型的货架以适应不同货物、不同仓库环境中的保管存储工作。在过去以人工管理和货物存储为仓库主要业务的时期，大多使用的是传统式的货架，例如层架、U形架、悬臂架、格式货架、抽屉式货架、橱柜式货架、栅格架、马鞍架、气罐钢筒架、轮胎专用货架等。随着时代的进步，现代物流业取得蓬勃发展，市场对于仓库管理与服务的要求也越来越高，大量的新型货架也随着现代化工业及自动化管理理念的普及应运而生，例如旋转式货架、移动式货架、高层货架、阁楼式货架、装配式货架、调节式货架、托盘式货架、驶入式货架、重力式货架、屏挂式货架等。

在这些货架中，有些是可以用于存放多种不同品类货物的通用货架，例如各种托盘式货架、重力式货架、移动式货架、驶入式货架等，大多数长度、体积、重量不超限的货物，或者一般包装的货物都可以存放于这种货架上。而另一种称之为专用货架，即专门针对特殊货物的独特外观结构而设计的货架类型，例如专门用于存放长条形货物的悬臂架、专门用于存放轮胎的轮胎架等。

我们还可以从其他多个角度对货架进行分类，见表10—1。

表10—1　　　　　　　　　　　　　　货架分类

分类方式	具体分类
按照货架的封闭程度分类	可以分为用于存放普通货物的敞开式货架，用于存放精密仪器、贵重物品或其他需要防尘防潮物品的封闭和半封闭式货架
按照货架的主体结构分类	可以分为货架与库房建筑的支撑结构相统一的整体结构式货架和可分别独立施工安装的分体结构式货架
按照货架的安装构造分类	可以分为能够按照需要进行拆分并重新组合的可拆卸式货架，安装完成后即基本固定难以进行调整的固定式货架
按照货架的制造材料分类	比较常见的是钢结构货架、木结构货架和钢木混合结构货架，还有钢筋混凝土货架、钢结构与钢筋混凝土混合式货架等
按照货架的结构特点分类	可以分为悬臂式货架、层格式货架、橱柜式货架、抽屉式货架、重力式货架等
按照货架的可移动性分类	可以分为移动式货架、旋转式货架、组合式货架、固定式货架、可调式货架、流动储存货架等
按照货架的空间高度分类	可以分为高度在5 m以下的低层货架，高度在5~15 m的中层货架，高度在15 m以上的高层货架
按照货架的承载重量分类	可以分为每层货架载重量在500 kg以上的重型货架，每层货架（或搁板）载重量为150~500 kg的中型货架，每层货架载重量在150 kg以下的轻型货架

三、货架区的储量测算

仓库采用货架储存托盘或货箱时,往往需要根据储存区域面积大小测算储量大小。货架的放置通常是垂直或平行于通道的,假设已知某存储区的长度和宽度、主通道和存取通道的宽度要求,并且已知货架的宽度、货位的宽位和径深、每个货位可存放托盘的数量,那么普通货架区的储量计算公式为(假设通道为东西走向、货架为南北走向):

$$南北向可放货架排数(向下取整)=\frac{储区的东西长度-单排货架宽度}{单排货架宽度+存取通道宽度}+1$$

$$托盘数=2\times货架排数\times\left(\frac{南北宽度-主通道宽度}{货位宽度}\right)\times货架层数\times每货位可放托盘数$$

如果储存的货架摆放方向是东西走向,而主通道是南北走向,其公式类似。在考虑货架摆放走向时,除了货位数量外,还要考虑货物出入的频率、货物的搬运特征、货物搬运通道、货物保存期限及先进先出要求、仓库的安全及消防、信息化或自动化设备的使用等因素。

上述的计算主要针对普通货架,除了普通货架以外,还有积层式货架、移动式货架、拣选货架、重力货架、简易轻型货架、自动化货架、旋转式货架、悬臂式货架、通廊式货架等。这些货架的货位计算跟普通货架并不完全相同,我们必须根据实际情况加以测算。在货架类型的选择上,除了考虑储量以外,也必须考虑其他因素,例如拣选便利性等,从拣选便利性上看,托盘式货架高于驶入式货架、通廊式货架;移动式货架低于驶入式货架、旋转式货架;驶入式货架高于驶出式货架;敞开式货架高于封闭式货架。

学习单元3 搬运车辆

学习目标

1. 熟悉仓库中常用的搬运车辆。
2. 能够根据仓储需求及各类搬运设备的特点,正确地配置所需的搬运车辆。

一、手推车

手推车是一种以人力为主,在路面上水平输送物料的搬运车。其特点是价廉、轻巧、易操作、回转半径小,适于短距离搬运轻型物料。因运输物料的种类、性质、重量、形状、行走线路条件及作业内容不同,可选用不同类型的手推车。在选择和使用手推车时,首先应考虑物料的形状及性质。当搬运多品种货物时,应考虑采用通用型的手推车;当搬运单一品种货物时,则应尽量选用专用手推车,以提高作业效率。其次还要考虑输送量及运距,由于手推车是以人力为动力的搬运工具,运距不宜太远,载重量不宜太大,用于仓库内外的物料装卸或仓库内各工序间的搬运作业。

二、电动托盘搬运车

电动托盘搬运车由外伸在车体前方的、带脚轮的支腿来保持车体的稳定的正上方,并可以做微起升,使托盘货物离地进行搬运作业。根据司机运行方式,分为步行式电动托盘搬运车、站驾式电动托盘搬运车、座驾式电动托盘搬运车;其作业安静、不起尘,大量应用在库房内部或车间内的物料搬运。

三、固定平台搬运车

固定平台搬运车是具有较大承载物料平台的搬运车。承载平台离地低,装卸方便;结构简单、价格低;轴距、轮距较小,作业灵活等,一般用于库房内、库房与库房之间、车间与车间之间、车间与仓库之间的运输。根据动力不同,分为内燃机型和电瓶型。

四、叉车

叉车是一种用来装卸、搬运和堆码单元货物的车辆。它具有适用性强、机动灵活、效率高的优点,不仅可以将货物叉起进行水平搬运,还可以将货物提升进行堆码。如果在货叉叉架上安装各种专用附属工具,如推出器、吊臂、旋转夹具、串杆、侧移叉、倾翻叉等,还可以进一步扩大其使用范围。根据所用的动力,叉车可以分为内燃机式叉车和蓄电池式叉车。内燃机式叉车又可分为汽油内燃叉车和柴油内燃叉车,前者多用于 $1\sim 3\ t$ 的起重载荷,后者多用于 $3\ t$ 以上的载荷。蓄电池式叉车一般用于 $2\ t$ 以下的起重载荷。根据叉车的结构特点,叉车还可分为平衡重式、前移式、插腿式、侧面叉车等。

1. 平衡重式叉车

平衡重式叉车是使用最为广泛的叉车。货叉在前轮中心线以外,为了克服货物产生的倾覆力矩,在叉车的尾部装有平衡重物。这种叉车由于运行速度比较快,而且有较好的爬坡能力,因此适用于在露天货场作业。取货或卸货时,门架可以左右或前移,便于货叉插入,取货后门架可后倾,使物料重心后移,以便在运行中保持货物的稳定。平衡重式叉车主要由发动机、底盘（包括传动系、转向系、车架等）、门架、叉架、液压系统、电气系统及平衡重等部分组成。叉车门架一般为两级门架，起升高度为 2～4 m。当需要叉车在更高的高度作业时，可采用三级或多级门架。货叉的升降及门架的倾斜，均采用液压系统驱动。一般提升油缸配合起重滑轮、链条可使货叉增速升降，即货叉起升降速度为内门架（或油缸活塞）升降速度的 2 倍。

2. 前移式叉车

前移式叉车是其门架（或货叉）可以前后移动的叉车。运行时门架使货物重心位于前后轮之间，运行稳定，不需要平衡重，自重轻，降低直角通道宽和直角堆垛宽，适用于车间、仓库内工作。按操作可分站驾式和座驾式；按作业场所可分普通型、防爆型、冷藏型。前移式叉车是在车间或仓库内作业时使用较为广泛的一种叉车。这种叉车采用蓄电池为动力，不会污染周围的空气。由于在库内作业，地面条件好，故一般采用实心轮胎，车轮直径也比较小。在取货或卸货时，货叉随着门架前移到前轮以外。但运行时，门架缩回到车体内，使叉车整体保持平衡。这种叉车的蓄电池起一定的平衡作用，不需配备专门的平衡重。车体尺寸较小，转弯半径也小。在巷道内作业时，其所需巷道宽度比平衡重式叉车小得多，从而可提高仓库面积利用率。

3. 插腿式叉车

插腿式叉车的结构非常紧凑。货叉在两个支腿之间，因此无论在取货或卸货时，还是在运行过程中，都不会失去稳定性。由于叉车尺寸小，转弯半径小，在库内作业比较方便。但是货架或货箱的底部必须留有一定高度的空间，使叉车的两个支腿可以插入。由于支腿的高度会影响仓库的空间利用率，必须使其尽量低，故前轮的直径也比较小，对地面平整度的要求比较高。根据其起升机构分为手摇机械式、手动液压式和电动液压式三种，适用于车间、仓库内效率要求不高但需要有一定堆垛、装卸高度的场合。

4. 侧面叉车

侧面叉车主要用于长料货物的搬运。这种叉车有一个放置货物的平台，门架与货叉在车体的中央，可以横向伸出取货，然后缩回车体内将货物放在平台上即可行走。这种叉车司机的视野好，所需通道宽度也较小。

叉车的种类较多，除了以上类型，还有其他类型，例如重型叉车，它通常采用柴油发动机作为动力，承载能力 10.0～52.0 t，一般用于货物较重的码头、钢铁等行业的户外作业。集装箱叉车，通常采用柴油发动机作为动力，承载能力 8.0～45.0 t，一般分为空箱堆高机、重箱堆高机和集装箱正面吊，应用于集装箱搬运，如集装箱堆场或港口码头作业。

仓储设施设备

学习单元 4　装卸货设施

学习目标

1. 熟悉各类装卸货设施。
2. 能够根据仓储装卸需求，及各装卸货设施特点，配置合理的装卸货设施。

装卸货即是将货物由车辆搬至码头（月台）的动作或相反，其最需要克服的关键在于车辆与月台间的间隔。为作业安全与方便起见，常见的装卸货设施有4种。

一、可移动式楔块

可移动式楔块又叫竖板（见图10—1），当装卸货物时，可放置于卡车或拖车的车轮旁固定，以避免装卸货期间车轮意外滚动可能造成的危险。

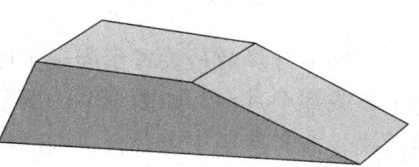

图10—1　可移动式楔块

二、升降平台

最安全也最有弹性的装卸货辅助器应属于升降平台，而升降平台分为卡车升降平台（Truck Levelers）（见图10—2）及码头升降平台（Dock Levelers）（见图10—3）两种。

图10—2　卡车升降平台

当配送车到达时，以卡车升降平台而言，可提高或降低车子后轮使得车底板高度与月台一致，而方便装卸货；若以码头升降平台而言，则可调整码头平台高度来配合配送车车底板的高度，因而两者有异曲同工之效。

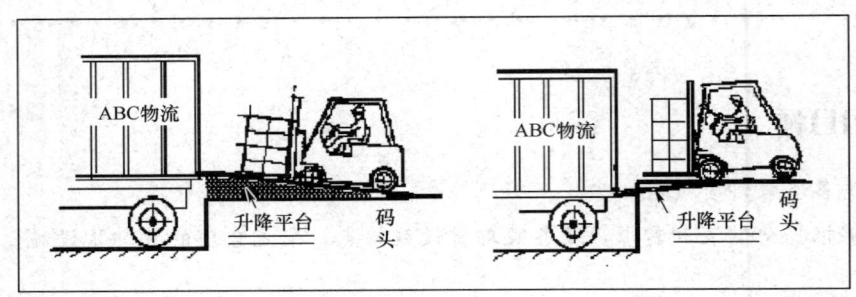

图 10—3 码头升降平台

三、车尾附升降台

车尾附升降台是装置于配送车尾部的特殊平台。当装卸货时，可运用此平台将货物装上卡车或卸至月台，如图 10—4 所示。它可延伸至月台，亦可倾斜放至地面，其设计有多种样式，非常适用于无月台设施的物流中心或零售点的装卸货使用。

四、吊钩

当车辆倒退入码头碰到码头缓冲块时，码头设施即开动吊钩，使其钩住车辆，以免装卸货时轮子打滑，如图 10—5 所示。其功用有如移动式的楔块，也可用链子等代替吊钩。

图 10—4 车尾附升降台

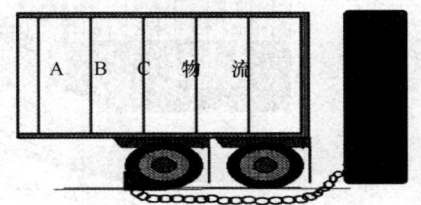

图 10—5 码头吊钩

除了使用以上4种设施来克服车辆与月台间的间距外，若车辆后车厢高度与码头月台同高，则可考虑直接将车辆尾端开入停车台装卸货的方式，如图10—6所示，不但可让车辆与月台更紧密结合，使得装卸作业方便、更有效率，且对于货物安全也更能发挥保护效果。

图10—6　车辆高度与月台同高的卸货方式

学习单元5　起重机械

学习目标

1. 熟悉各类通用起重机械。
2. 能够根据仓储需求及各类起重机械的特点，正确地配置所需的起重机械。

起重机械是一种以间歇作业方式对物品进行起升、下降和水平移动的搬运设备。起重机械以完成货物垂直升降作业为主要功能，兼有一定水平运输作业，工作对象主要为笨重的大件物品。起重机械至少具有完成物品上下升降功能的起重机构。根据起重机械的活动范围不同，起重机械分为简单起重机械、通用起重机械和特种起重机械。

一、简单起重机械

简单起重机械一般只做升降运动或一个直线方向移动，只需要具备一个运动结构，包括手拉葫芦、手扳葫芦、电动环链葫芦和升降机等。其起升货物重量不大，作业速度及效率较低。

二、通用起重机械

通用起重机械具有使物品做水平方向的直线运动或回转运动的机构，通用不仅指搬运物品的多样性，而且也包括使用场所的广泛性。通用起重机主要有桥式起重机、龙门式起重机、固定回转起重机和移动回转起重机（如汽车起重机）等。

1. 回转类起重机

回转类起重机是利用臂架或整个起重机的回转来搬运物品，臂架的吊钩幅度可以改变，起重机的工作范围是一个圆柱或扇形立体空间。回转类起重机分为两大类：固定回转起重机和移动回转起重机。前者装在固定地点工作；后者安装在有轨或无轨的运行车体上，随着工作需要可以改变其工作地点。转柱式回转起重机、定柱式回转起重机和转盘式回转起重机属于固定回转起重机；塔式、港口门座式和铁路起重机属于有轨运行回转起重机；汽车式、轮胎式和履带式起重机属于无轨运行回转起重机。

2. 桥式起重机

桥式起重机是横架于车间、仓库和料场上空进行物料吊运的起重设备。它的两端坐落在高大的水泥柱或金属支架上，形状似桥。桥式起重机的基本参数有起重量、起升高度、跨度、各种机构的工作速度及各机构的工作级别。另外，机械的生产率、轨距、外形尺寸、最大轮压等也是重要参数。这些参数说明起重机的工作性能和技术经济指标，是设计起重机的技术依据，也是生产使用中选择起重机技术性能的依据。桥式起重机已有国家标准，选用时可参考有关资料。

三、起重机的选择

在物料搬运中配备起重机的原则，主要根据以下参数进行起重机选择：所需起重物品的重量、形态、外形尺寸等；工作场地的条件（长、宽、高、室内或室外等）；工作级别（工作频繁程度、负荷情况）的要求；每小时的生产率要求等。

根据上述要求，先选择起重机的类型，再决定选用这一类型起重机中的某个型号。

学习单元6　输送机械

学习目标

1. 了解输送机械分类。
2. 了解各类输送机械的特点及其适用情况。
3. 能根据仓储需求及各类输送机械的特点，正确地配置所需的输送机械。

输送机械是在一定的线路上连续不断地沿同一方向输送物料的物料搬运机械，装卸过程无须停车，因此生产率很高。皮带类型的输送机械常称为传送带，其他类型则称为连续输送机。输送机械以完成水平物品运输功能为主，兼有一定垂直运输作业，工作对象为小型件及散状物品居多。输送机械输送能力大，运距长，结构简单。还可在输送过程中同时完成若干工艺操作，所以应用十分广泛。输送机械也能进行倾斜输送，还可组成空间输送线路，输送线路一般是固定的。

一、输送机械分类

连续输送机械可以根据其装载的物料类型（散装或单元化）进行分类，也可以根据其所处的位置或其最大载重量进行分类。常见的类型有斜槽输送机、皮带输送机、轮式输送机和辊子输送机等。

二、单元负载式输送机械

在物流系统中，搬运作业以集装单元化搬运最为普遍，因此所用的输送机械也以单元负载式输送机械为主。单元负载式输送机械主要用于输送托盘、箱装件或其他有固定尺寸的集装单元货物。根据有无动力源来区分，输送机械可以分为无动力式和动力驱动式两类，无动力式是利用输送物品本身的重量或人力推动为动力的，可分为滚轮式、滚筒式及滚珠式三种形式。动力驱动式输送机械一般均以电为动力，根据其输送介质的不同，可以分为皮带输送机、链条式输送机、辊子输送机和悬挂式输送机等。另外，按应用方式分类，单元负载式输送机械又可分为积存输送机械和分类输送机械。

1. 皮带输送机

皮带输送机常称为传送带，是用输送带作承载和牵引构件的输送机械，它利用物品与皮带之间的摩擦力来输送各种轻量或中量的规则或不规则形状的物品。

2. 链条式输送机

链条式输送机有许多种类型，最简单的链条式输送机由两根套筒辊子链条组成。链条由驱动链轮牵引，链条下面有导轨，支撑着链条上的套筒辊子。货物直接压在链条上，随着链条的运动向前移动。

3. 辊子输送机

辊子输送机是一种使用广泛的输送机械，它由一系列以一定的间隔排列的辊子组成，用于输送成件货物或托盘货物，辊柱在动力驱动下带动其上置物料移动；也可在无动力情况下，由人力或依靠重力运送物料。物料在辊子输送机搬运系统上可同时完成焊接、装配、测试、称量、包装、储运和分拣等各类工艺作业。物料也可在某些区段短暂停留积放，而不影响输送线中其他部分的正常工作。辊子输送机结构简单，运行可靠，维修量少，布置灵活，营运经济，适应性强，成本低，承载能力大，因而搬运大而重的物件较为容易，常用于搬运托盘集装货物和包装货物。

4. 悬挂式输送机

悬挂式输送机的结构是一种由牵引链形成的空间封闭运输线路。它的主体承重结构安置在上部，通常用钢梁架起在空中，而不是由地面支撑。采取这种输送装置的好处在于可以不占用地面面积，充分利用仓库的空间，不会影响仓库中其他的搬运装卸或流通加工等作业，还能够适应于吊装货物的检验或加工作业。同时，采用这种输送装置时可以避开地面设备的干扰，采取最佳路线将货物送达目的地，输送效率比较高。但是这种输送装置的承重能力一般较差，只能用来输送重量较轻或不怕摔碰的货物，且与其他输送、分拣或存储设备之间的衔接性不太好。

第 2 节　自动化仓储设施设备

 **学习单元 1　自动物料搬运设备**

 学习目标

1. 了解自动物料搬运设备的特点及其适用情况。
2. 了解各类自动搬运设备的特点。
3. 能根据仓储需求配置所需的自动搬运设备。

自动物料搬运设备主要有自动导引搬运车（Automatic Guided Vehicle System，AGVS）、自动堆垛机和搬运机器人。自动搬运系统是以多台自动导引搬运车为主体结合集群中央控制系统组成的物料搬运系统，主要应用于自动化程度较高的机械制造业、自动化仓库等场合。

一、自动导引搬运车

AGVS 即无人驾驶的自动搬运车系统，是一种能自动导向、自动认址、自动动作的搬运车辆。自动导引搬运车系统中有若干辆自动导引搬运车在计算机控制下按导引路线行驶。AGVS 广泛应用于柔性生产系统（FMS）、柔性搬运系统和自动化仓库中。AGVS 主要由导向系统、移载装置、转向机构及安全设施四大部分组成。

自动导引搬运车应用最广泛的领域是装配作业，特别是汽车的装配生产线作业。在重型机械行业中，自动导引搬运车的主要用途是运送模具和原材料，由于运送物的重量较大，自动导引搬运车需要配备功率较大的移载装置。自动导引搬运车在其他行业中，如仓储业、邮政业、纺织业、电子行业等都有广泛的应用。

自动导引搬运车的优点有：灵活性强，自动化程度高和代替人力，适应特殊工作场地。

由于自动导引搬运车具有以上一些独特的优点，故一般适用于有噪声、空气污染、放射性元素等对人体有害的地方及通道狭窄、光线较暗等不适合用人驾驶车辆的场合。

二、自动堆垛机

自动堆垛机也称巷道堆垛机，是自动化立体仓库存取货物的主要设备，其结构和形式很多，通常可分为单柱式和双柱式、有轨和无轨结构等。其运行方式有直线运动和回转运动，合起来可以有 4 个自由度，以达到存取货物的高效和方便。

三、搬运机器人

搬运机器人是一种有若干自由度、动作程序灵活可变、能任意定位、具有独立控制系统，能搬运、装卸物件或操作工具的自动化机械装置。在生产物流中主要用于搬运和装卸工件，在物流的节点和输送线的端点用来装卸堆垛料，在装配线上用于产品的装配与喷漆等。在生产物流搬运中应用搬运机器人不仅能提高生产率，减少成本，保证产品质量，而且还能增加系统的柔性，为生产物流搬运提供强有力的工具和手段。另外，桥式起重机能充分利用空间，对其增加自动化功能后可变身成能在空间移动的搬运机器人，成为物料搬运自动化的重要设备之一。在选择自动搬运设备时，首先要了解系统的基本参数和要求，例如，所搬运物料的形状、体积、重量和品种；搬运的途径、速度、频率和定位精度；搬运中的加工和装配要求；厂房的空间位置约束；物料搬运路线的可扩充性等。在实际工程中，自动搬运设备的选择不但要从技术角度考虑，还需结合投料能力和环境条件做出综合选择。

 **学习单元2　自动化立体仓库**

 学习目标

1. 熟悉自动化立体仓库的概念。
2. 了解自动化立体仓库的分类。
3. 了解自动化立体仓库的优点。
4. 能根据仓储需求进行自动化立体仓库的选择决策。

一、自动化立体仓库概念

自动化立体仓库是指由电子计算机进行管理和控制，不需要人工搬运作业，而实现收发作业的仓库。立体仓库是指采用高层货架以货箱或托盘储存货物，用巷道堆垛起重机及其他机械进行作业的仓库。将上述两种仓库的作业结合称为自动化立体仓库。

二、自动化立体仓库类型

自动化立体仓库可以按照储存物品的特性、自动化立体仓库的建筑形式及设备形式等进行分类，下面逐一进行介绍。

1. 按照储存物品的特性进行分类

（1）常温自动化立体仓库系统。常温仓储系统温度一般限制在5～40℃，相对湿度限制在90%以下。而在室内相对湿度在90%以上的地区，或者冬天产生露凝较为严重的地区，就必须特别防患。一般常温仓储系统为防止夏天产生高温导致仓储的物品变质，除了必须配备通风系统以外，其屋顶、墙壁都要覆盖隔热、防火材料。

（2）低温自动化立体仓库系统。该系统又包括恒温空调仓储系统、冷藏仓储系统、冷冻仓储系统等。

1）恒温空调仓储系统对于温湿度的要求是低温、低湿度，依照其存放物品对于温湿度的要求而设计。除了内部空气不与外界直接对流外，其余系统考虑大致与常温仓储系统相当。由于温度要求均匀，因此其空调配置、管理与分布及其空间的利用，必须妥善规划。

2）冷藏仓储系统的温度必须在低温0～5℃之间，主要用作水果的储存。与恒温空调系统相类似，要求较高的湿度控制。

3）冷冻仓储系统，一般而言有－35～－2℃急速冷冻。但是由于钢材在－20℃以下会有脆化现象，机械性质会急剧变化，因此冷冻自动仓库的钢架必须考虑使用低温材料以及低温焊材。当然，高架吊车以及周边配电系统也应该考虑环境冷冻因素。而其基础除了需要考虑一般冷冻仓库地板所需要的结冻断热因素外，由于必须高负载承载，因而其地下隔热层的设计也应该慎重考虑。

（3）防爆型自动化立体仓库系统。主要以存放具有挥发性或易于燃爆的物品为主，所以其系统中使用的电气电控照明等设备，必须考虑其功能，按照不同的防爆等级来设计，因此会有不同的造价。

2. 按照自动化立体仓库建筑物形式进行分类

按照建筑物形式可以将自动化立体仓库分为一体式钢架仓储系统和自立式钢架仓储系统。

（1）一体式钢架自动化立体仓库系统。指钢架与建筑物结构是一体的，其钢架除了承受本身储存品的负载以外，还必须承受仓顶重量，以及风力、地震等外力所产生的应力。一体式钢架自动化仓库的高度一般在15 m以上，目前国外的高架吊车已经有40 m高的。对于高层的一体式仓储系统需要考虑避雷系统，但是如果仓库外表的材质是铝锌铜板时，避雷系统的铜线必须隔离保护，否则一旦让雨水将铜离子与锌板发生反应，屋顶会很快被侵蚀而漏水。

（2）自立式钢架自动化立体仓库系统。在现有的厂房或新建筑物内，独立安装仓储系统，所以其钢架与建筑物是各自分离的结构体。钢架设计必须能够承受负载重量以及由于地震所造成的短期负载，而风力影响则由建筑物承担。自立式仓储系统可视为设备安装在建筑物内，自立式钢架仓储系统一般以15 m高度以下较为经济，因为当高于15 m时，建筑物内部必须采取挑空结构，且地板负载会超过地耐力，需要进行基础补强，所以不经济。不过在地质不佳地区，即使是15 m以下的自立式仓库，也可能需要打桩，因此，不可未经过确认即轻易安装。自立式钢架仓储系统，其结构体与建筑物可以分开施工，且钢架安装都可以在室内进行，不受外部气候影响，所以施工期较短。根据仓储系统的规模大小不同，一般而言，现场施工试车平均在3～5个月即可完成。

目前，国外自动化立体仓库的发展趋势之一是由整体式向分离式发展，因为整体式自动化立体仓库的建筑物与货架是固定的，一经建成便很难更改，应变能力差，而且整体式投资高，施工周期长。

3. 其他分类

按照自动化立体仓库设备形式来划分，自动仓储系统可以分为单位负载式自动化立体仓库、开放式钢架、封闭式钢架、推回式钢架、重力式钢架等。

自动化立体仓库采用的高层货架有各种类型。按照建筑材料不同，可分为钢结构货架、钢筋混凝土结构货架等；按照货架的结构特点，可分为固定式货架和可根据实际需要组装、拆卸的组合式货架；按照货架的高度分，小于 5 m 的为低层货架，5～15 m 的为中层货架，15 m 以上的为高层货架。

三、自动化立体仓库的优点

自动化立体仓库作业全部实现机械化和自动化，一方面，能够大大节省人力，减少劳动力费用的支出；另一方面，能够大大提高作业效率。

采用高层货架、立体储存，能有效地利用空间，减少占地面积，降低土地购置费用。事实上，国外自动化立体仓库能够得到快速发展，地价昂贵是一个很重要的原因。

自动化立体仓库采用托盘或货箱储存货物，货物的破损率显著降低。

自动化立体仓库的货位集中，便于控制与管理，特别是使用电子计算机，不但能够实现作业过程的自动控制，而且能够快速高效地进行信息处理。

四、自动化立体仓库的发展

自动化立体仓库是一种新型仓库，也是一种处于发展中的技术。国外自动化立体仓库经过几十年的发展与完善，显示出了它的许多优点。然而，由于国内外的资源状况、经济体制、管理水平、技术水平都各有不同，自动化立体仓库在国外显示的许多优点并不一定就能在国内也表现出优势。所以，我们在采用自动化立体仓库这项技术时，一定要从实际出发，考虑我国近期的情况，特别要立足于本单位的实际情况。

衡量一座仓库设计或建筑结构的优点，一个重要的出发点是看它的综合经济效益，而不能单纯地追求形式设备的先进与否。如果在投资、生产效率、储存量、改善劳动条件和作业费用等方面加以比较，总效果是最好的，就可以采用自动化仓库这种形式；反之，则不宜采用。目前，我国物流系统的作业水平是不高的，因此，在对系统生产效率的要求不是很高的情况下，人力作业不感到费力而采用机械又太复杂时，应优先考虑使用人力；一般机械可以方便地完成作业，而自动化过于复杂时，应优先考虑机械作业。不应试图排除轻微体力劳动和简单的机械作业，一味追求自动化。

我国自动化立体仓库已经有了 20 余年的发展历史，可以相信，随着国民经济的发展，经济体制的日趋完善，生产水平的不断提高，自动化立体仓库将得到更好的应用与发展。

 **思考题**

1. 仓库的生产作业区的常用设施设备有哪些？可分为哪几种类型？
2. 辅助作业区和行政生活区的设施设备有哪些？
3. 货架分为哪些常用的类型？分别适用于哪些商品？
4. 搬运车辆主要有哪几种常用类型？
5. 仓库作业中常用的装卸、输送及起重设施设备有哪些？
6. 为什么要发展自动化立体仓库？

第 11 章

订单与拣货补货

第 1 节　订单管理　/228
第 2 节　拣货补货　/235

第1节 订单管理

 **学习单元1 订单概述**

 学习目标

1. 熟悉仓储订单的概念。
2. 了解仓储订单的内容。

订单是指由需求方向供应方发出的一种文件形式,记录了需求方对商品物资的品类、数量、时间等需求信息,当供需双方之间存在购买关系时还须记录相应的价格信息。比较正规的订单一般应以书面形式体现,具有一定的法律效力,有时为了方便市场交易中供需双方的操作,也可以用电子邮件、格式化订单等简易形式体现,但这样通常要辅以其他形式的文本或约定来明确双方之间的权利义务关系。

订单是供货方与需求方之间最为关键的信息交流方式,但由于下单方式多种多样、订单执行情况千变万化等原因,对于大多数的企业而言,订单管理都是一个常见的管理难题。订单管理得好可以给企业带来服务质量提高、市场份额扩大、客户满意度增加等好处;但若管理得不好,则可能导致客户流失、库存失衡等不良后果,甚至可能带来一定的法律风险。

企业要做好订单管理工作,就不能仅仅是被动地等待订单接收再进行处理,而是应该主动对市场上的各类需求情况进行调查研究,在订单产生之前就做好准备和市场预测。例如,要熟悉和掌握客户的经营状况,判断其近期的销售、库存等情况,及时收集各类市场信息;要充分把握自身的供货能力,根据生产周期和备货数量等因素合理做好供货准备等,从而使得企业妥善做好订单管理工作,而不至于因突发订单而手忙脚乱。

学习单元2 订单流程

学习目标

1. 熟悉订单管理的流程及各阶段的处理。
2. 能采取合理的订单下单、接单、确认、处理和输出方式。

对于供应方来说,订单是其生产、拣货并组织货物运送的依据,例如,企业采购部门向供应商发出的订货凭据、企业生产部门向原材料仓库发出的领料单等。

一、下单与接单

需求方根据自身对于物资商品的需求,向供应方发出订单的操作称为下单;供货方接收订单的操作则称为接单。通常需求方应根据采购合同或其他文本中的约定,对自身的需求进行判断,并选择正确的时间点,以传真、文件、电子邮件等方式向供货方发出订单,并确认供货方接收到了该订单。

1. 传统方式

(1) 铺货和巡货。铺货的方式是指供货方直接将商品物资放在送货车上,根据销售记录或销售计划,依次将车开到各个需求方处,现场根据需求方所要求的品类和数量来卸货送达。此种方式能够大大方便需求方的看样取货,省略了下单接单及按单拣货等作业流程,因此对于周转率较快的商品或新上市商品比较适用,也常用于工厂内部各生产车间的备件及原材料的补货作业。

巡货的方式是指供货方派出专门人员巡回了解各个需求方的情况,掌握其所需要订购的商品物资的类型、数量,并相应制订出拣货和送货计划,隔日再将货物送达上门。此方法可以帮助供应商在充分了解需求的基础上再进行作业,从而降低了供货方的铺货成本,比较适合于超市、商场零售、工厂内部供应等类型的订货作业。

(2) 口头订货。口头订货是指客户通过电话等方式口头将商品名称、数量、送货时间等订单信息告知供应商,并由供应商的销售人员进行记录生成订单的订货方式。这种方式的效率较高、形式方便简单,比较常见于供需双方长期合作,且商品价值较低、商品类型较简单的情况。但是若是订货内容比较复杂,采取口头订货的方式则容易导致一些错误,造成双方的误解和矛盾，而且口头订货没有证据留存，也不利于未来法律纠纷的处理。

（3）传真与邮件订货。客户通过传真或邮件的方式将商品名称、数量、送货时间等订单信息告知供应商的订货方式。这种方式的效率较高，也能够将比较复杂的采购需求信息准确地传递给供应商，是目前比较常用的订货方式之一。但由于一般情况下传真或邮件只是一种单方发出的信息，特别是供应商所收到的传真件类同复印件性质，不具备完整的法律效力，因此采取该方式之前供需双方一般应首先建立起一定的合作关系，并采取协议、合同等法律文本形式对双方的权利义务进行约定，才能在今后采取传真或邮件等简化的方式进行订货。

（4）业务员跑单接单。由供货方的业务员对客户进行拜访或接待，通过与客户面对面地沟通洽谈后签订订单的方式。这种方式的成本比较高，需要供货方安排比较多的人力来进行客户的沟通服务，但因为可以比较充分地获悉客户的需求，也能够在沟通现场针对客户的实际情况提供更为明确贴切的服务，对于订单的把握也更为细致，所以，这种方式被广大的生产企业所采用，比较适合于技术含量较高、供货细节复杂、配套服务繁多的商品订购过程。

2. 电子订货方式

无论采取前述的哪种方式进行订货，都需要人工进行大量单据填写、登记、查询、核对等工作，常常造成供货方各个作业环节之间的时间耽误或信息传递错误。尤其在如今市场高度发达，需求方订货频度越来越高、订货内容越来越丰富的情况下，更要求供货方能够实现快速的订单处理、快速分拣配货，传统订货方式已无法应付需求。同时，在供货方接单以后，如何确认订单是否正常出货、如何处理库存缺货、如何查询订单执行进度等也是仅仅依靠传统的人工订货模式所无法解决的问题。

电子订货，顾名思义就是采取电子信息来传递订单信息的订货方式。电子订货的核心是采用电子数据交换的方式来代替传统模式中的下单接单动作，从而实现自动化订货的信息系统，即电子订货系统（Electronic Order System，EOS）。

电子订货可以有多种形式。例如：可以由企业的订货人员携带专门仪器巡视商品货架，若发现某类商品缺货则立刻使用仪器对商品或货架上的标签进行读取，识别出商品的类型，再输入订货数量等信息，从而生产一份电子订单；也可以利用零售点的 POS 机数据，当销售出一定量的商品并使得结余存量低于安全库存量时，则按照预先设置的订货规则生成一份电子订单；供货方也可开发一套专用的网络信息系统，由客户企业或消费者在网上填写品类、数量等信息来实现下单动作，并直接由系统生成一份标准的订单信息等。一般而言，电子订单具有反应快、数据可靠性高、易于统计处理等特点，可以大幅度提高供货方的订单处理速度和准确度，提升服务水准，而且能够大量节省人工成本。

二、订单确认

供货方在收到订单后,应对订单进行确认,例如确认需求方的身份真实性、订单信息的完备性及有效性、执行订单的可行性,有时还需确认货款是否足额给付等。经确认为虚假、无效、不可执行或不应执行的订单可以被取消,或与需求方沟通后对订单进行更新调整。

1. 需求方信息

无论是采取哪种方式接收的订单,供货方首先要查核对方信息的真实性与完整性,例如是否存在送货地址不详、客户单位名称不全、未提供有效联系方式等。这样做的目的是确认订单的真实性,排除不明客户、虚假客户所下的订单,避免未来不必要的法律风险或账款风险。

2. 需求方信用

如有必要,供货方还需审核对方的财务及信用状况,更重要的是要确定对方是否有能力支付该订单的账款,以防出现拖欠、欺诈等不利情况。例如,对于某些黑名单客户,电子订货系统一旦读取到其名称或组织机构代码等关键信息时,便应立刻警示订单处理人员,甚至可以直接拒绝该订货请求。而对于某些信用额度受限的客户而言,当输入了超过其信用额度的订货量时,系统可直接禁止输入超限的订购量,或给出警示要求通过其他途径加以解决。

原则上来说,需求方信用的核查工作应由销售部门来负责,但由于销售部门往往为了争取订单而忽视信用查核工作,甚至有时会故意降低信用审核的标准,因此,不少企业也会授权由财务部门或专门的订单处理部门来承接这项工作,一旦发现需求方的信用有问题,则可以取消订单或将订单退回销售部门。

3. 订单内容

对订单中所涉及的商品种类、数量、送货日期等基本内容的确认是订单确认工作中最基础的工作,包括检查是否有漏填、是否表述完整无歧义、是否存在笔误或模糊不清、是否有附加说明等。如果在订单确认环节中发现了问题,则应立即与需求方进行沟通,以明确订单的具体要求。若是采取电子订货方式的话,由于后台二次审核的成本高难度大,一般需要在订单的网上填写过程中就对各项数据框定规则,从一开始就禁止用户填写不合要求的订单信息,确保电子订单的准确率,减少后期订单处理过程中的麻烦和压力。

4. 订单形态

根据需求方所订购商品物资的类型不同,订单的形态也可以分为多种类型,其处理方式也有所不同,因此供货方在接单后必须对订单形态予以确认。订单形态见表11—1。

表 11—1　　　　　　　　　　　　订单形态

形态	内容
一般订单	供货方接单后，在仓库中按照正常流程来安排完成分拣、发运和收款等作业的订单
生产订单	供货方接单后，必须先组织原材料进行生产，随后再进行分拣、发运、收款等作业的订单
现销订单	若供货方采取铺货或现场交易的方式将商品出售给了需求方，则因商品已交予客户，故该项交易所对应的订单不必再参与拣货、出货、配送等作业，只需对其交易信息进行记录，安排收款工作即可
间接订单	供货方在接受订单后还须向第三方进行转达，由第三方组织货物配送给需求方的订单
合约订单	由供货方与需求方签订协议，约定在特定时间配送商品。这种情况下每次单独送货前并没有订单，但事实上相当于在协议签署当时就一次性生成了今后的所有订单，只要需求方没有发出取消指令，则该批订单一到约定时间就立即生效
寄库订单	如果需求方因促销、降价等市场因素已经先行预购了一定数量商品，或者仓库中的货物本来就是需求方所寄存的，那么当需求方发出订单后，供货方只需确认当前商品的留存数量是否足够，并按订单数量组织发货即可

5. 其他订单要求

由于需求方在其订单中往往会对所涉及的物资商品提出一些个性化的要求，例如特殊的包装材料、分装形式、标签内容，供货方有时也会根据不同情况给予一些额外的非标准的配件、赠品及服务等，因此在订单处理过程中必须详细确认这些附加信息，以防错漏。

三、订单处理

当订单被确认接受后，供货方将把订单信息进行汇总处理，并转化为生产、拣货、运送、财务等部门的工作指令。各部门受到该指令后即安排进行作业，按照订单中的要求将货物及相关票据准时准确地送抵需求方，并就订单的执行情况进行记录，以便于后期的付款、统计等管理工作。

在订单处理环节中，一般包括以下 4 个步骤。

1. 分配号码

在订单处理过程的最初环节，供货方要为每一张订单都分配一个单独的订单号码。该号码可以方便工作人员今后对于订单的记录、查询和统计等一系列工作，大大提高订单管理和处理效率。同时该号码也是订单在处理过程中的唯一性标识，是避免订单在流转中出现错误的必要手段。

2. 库存查询

供货方根据订单中所记录的品类和数量，首先要对自身库存中的商品存量进行查询，确认当前的有效库存是否能够满足需求。如果库存充足，则该张订单可以进入下一个配货环节进行处理。如果因存在缺货等情况无法保障按时按量的供货，则应抓紧组织货源，并在必要时与需求方进行沟通，采取延迟送货等手段来协调解决。

3. 分配存货

当订单被确认进入配货环节后，供货方要为其指定分配库存中的一批品类和数量都相符合的货物。该项分配工作的目的在于加强库存管理和订单管理工作的计划性，为后续的拣选等作业环节预先做好安排，避免工作人员随意拣选而造成的混乱。所以，尽管该项分配一般只是在计算机程序中的虚拟分配，但其必须对所有的仓库管理工作都做出准确的分析判断，是整个订单管理工作最为核心的部分，决定了订单管理工作乃至整个仓库管理工作的效率。

（1）分配存货的原则。如果说供货方每次只需处理一张订单的话，那么情况会简单得多。供货方只需在库存中划拨出订单上所记录的品类和数量即可完成配货作业。然而通常情况下，供货方往往会同时接收和处理许多份订单，甚至会出现订单货总量超过库存总量的情况。那么这个时候，供货方必须要对所有的订单进行排序，确定出一个最合理的先后次序，再依次对订单进行配货。常用的订单排序指标有以下 4 种。

1）客户重要性。供货方可以根据重要性程度来确定关键客户，并优先满足关键客户的订单需求。或者也可以参照 ABC 方法划分出多个优先级，将客户重要性程度依次排序，优先对级别较高的客户进行配货，保障其订单满足率。

2）经济指标。为了获取最大的经济利益，供货方可以优先选择交易金额最大（利润最高、订货量最大）的订单来进行配货，有时也可综合多个经济指标进行订单排序。

3）客户信用。对于许多生产能力较大、渠道范围较广的供货方而言，其所面对的客户数量众多，良莠不齐难以管理。因此，依照客户的信用度进行订单排序是一种比较常用的保障供货方安全的方式。

4）特殊优先权。对于缺货补货订单、延迟交货订单、紧急订单或远期订单等特殊情况下的订单，由于其牵扯到供货方信用、高额缺货惩罚等因素，因而供货方可以给予该类订单优先配货权，甚至有时可以超越关键客户而最先进行配货。

在实际工作中，由于上述若干指标往往会混合在一起使用，经常会比较复杂，人工排序的难度较大，因此，供货方一般会事先在电子订货系统中将订单排序的优先原则设置好，在进行批量订单的处理过程中，系统会自动根据预先设置好的原则来进行计算和排序，并从先到后依次对订单进行配货。供货方也可设置若干人工介入的程序入口，以便于在特殊情况下对订单的先后顺序进行调整。

（2）存货不足时的处理。如果在订单分配过程中发现，某些类别的商品库存已经不足，不能够满足剩余订单的需求，这时可以依照供货方的订单政策与需求方进行沟通，采取如下几种方式进行应对：将剩余的部分库存商品分配给该订单；分配性能质量类似的替代商品给该订单；删除该订单中缺货的品类，等缺货的商品重新到货后或下一次订单时再补送；将该订单整体延迟，等缺货的商品重新到货后再补送；删除该订单中缺货的品类，等待需求方再次下单；将该订单整体删除，等待需求方再次下单等。

4. 修订客户档案

供货方应为每个需求方都建立一份档案。由于每一张订单中都包含了需求方当时当刻的个性信息，因此在订单处理的过程中不断修订完善客户档案，能够使供货方更加清晰地把握需求方的特征与动态，从而使每一次交易都更易进行，且有益于双方合作机会的增加。需求方的档案内容主要包括以下3点。

（1）基本信息，包括姓名（单位名称）、代号、证件号码、地址、联系方式、银行账号等。

（2）级别信息，包括信用额度、付款条件、优先级、折扣率及折扣条件等。

（3）分类信息

1）区域类别，如按地理区域可分为华南、华北、长三角地区等；按行政区域可分为江苏省、浙江省、安徽省等。

2）送货类别，如按送货距离可分为短途、中途、长途等；按送货方式可分为专车直送、巡回送货与托运送货等；按车辆类型可分为大型车送货、小型车送货、自备车送货、运输公司送货等。

3）服务类别，如是否需要协助安装、是否需要提供配件材料、是否有特定的时间要求、是否需要进行客户技术培训等。

4）其他信息，如需求方对订单延迟的一般处理态度、可能出现的付款风险提示、可能出现的其他交易机会、关键人的特征等。

四、订单输出

供货方对于其所接收并确认的订单经过上述的处理步骤后，即可开始着手将订单信息进一步转化为便于展开后续作业的有关单据。

1. 拣货单与拣货计划

为了提高货物分拣出库的工作效率，降低仓库的运营管理成本，供货方须依据每张订单所分配存货来制订出合理的拣货计划，并生成拣货单来指导工作人员进行作业。也就是说，拣货单与拣货计划并非根据订单的顺序而依次生成的，而是应配合仓库的拣货策略及拣货作业方式来设计，是根据拣取时间、工作负荷、拣货路线等多个因素综合计算得到的结果。拣货单和拣货计划不但要为工作人员提供详细的拣货信息，能够引导工作人员按照正确的路线行进至目标货位并取出正确数量的货物,还要能够适应于仓库的管理特征,为提高拣货作业的效率提供支撑。

随着拣货及储存设备的自动化程度越来越高,传统的拣货单已不能满足现代化仓库管理的需求,利用计算机管理、无线通信、手持设备等方式来进行拣货成为当前仓库管理行业发展的趋势,例如带有条形码或 RFID 标签的货架及托盘、带有显示屏的拣货车、能够进行自动存取的机械化装置等现代化设备已经在医药、电子、日化等多个领域的仓库中得到了广泛的应用。

2. 出库单与送货单

在生成拣货交给工作人员进行拣货作业的同时,订单处理流程还同时得到了相应的出库单和送货单,并分别将之送给对应的仓库管理人员和运输管理人员。这些单据尽管在商品的品类、数量等方面与拣货单基本一致,但作为仓库管理流程中不可或缺的一个组成部分,这些单据可以帮助仓库起到监督、核准、复查等方面的作用。

根据工作的需要,出库单或送货单可以选择在不同的时间点进行打印。例如,有些仓库为了保证送货单上的信息与实际出货信息的一致性,最为直接的方法就是在一切清点核查动作完成,并将送货单信息修改完善后再打印出来签字。但倘若单据数量较多,临时打印会耗费许多时间,从而影响正常的出车时间,所以也可以考虑提前批量打印的方式。

3. 缺货资料

对于库存分配后所发现的存货量不足的问题,供货方可将之记录下来,形成临时缺货的商品清单。这份缺货清单可以方便后面的订单分配工作使用,也可提供给本企业的采购与生产部门,督促他们抓紧时间及时对商品库存进行补充。

第 2 节　拣 货 补 货

 **学习单元 1　拣货作业**

 **学习目标**

1. 熟悉拣货的单位、要点、路线等基本概念。

2. 了解拣货策略的分类及其内容。
3. 能根据订单选择合适的拣货作业模式。

每一张订单中都至少包含一项以上的商品，当众多的订单汇聚在一起，由供货方将商品分别从仓库拣取出来，并按照订单的要求快速正确组成特定组合的工作即称为拣货作业。

拣货作业是仓库管理工作中十分关键的一环，有些仓库专业人士甚至将之与人体的心脏相类比，足见拣货作业的重要性之高。从成本分析的角度来看，物流成本大约占到商品最终成本的30％比重，而这其中拣货成本一般至少占到30％～50％，特别是对于体积细小、组合复杂的商品来说，其拣货成本甚至可以高达其他各项搬运、包装、运输等成本之和的10倍以上。从人力成本的角度来看，由于仓库保管目前仍然属于劳动密集型产业，人力成本是仓库经营中最大的一项成本投入，而直接或间接从事拣货作业的人员数量一般都要在仓库人员总量的50％以上。从时间投入的角度来看，拣货作业所消耗的时间也占到整个仓库内作业时间的30％～40％。由此可见，对拣货作业进行合理规划，提高拣货作业的效率和有序性，对于降低仓库的经营成本，促进仓库业务的长期稳定发展具有重要的意义。

要实现高效的拣货作业，一是要对仓库布局进行优化设计，修正不合理的仓库布局因素（如库内通道、作业区布置、出入口等），并为仓库配备合适的拣货设备，从而使得高效率的拣货模式得以在仓库中进行。二是在每次拣货作业的安排过程中要安排合理的拣货路径，尽量减少无效行走时间，减少各拣货路线之间的冲突。三是做好日常的人员配备与培训，做好设备的维修维护工作，加强监督及考核激励，确保各项工作能够及时开展。

一、拣货单位

在实际工作中，拣货单位基本可分成托盘、箱及单品3种类型。

单品是拣货的最小单位，可以由工作人员单手从箱中直接取出；箱是用纸箱、塑料、木材、线绳等将若干单品聚拢在一起，可以由工作人员双手从托盘上取出的拣货单位；托盘是由若干数量的箱在托盘上堆积而成，无法由人力直接进行整体搬运，必须使用堆垛机等机械设备。

除上述3种常见类型之外，有时仓库中还会遇到体积大、形状特殊，无法按托盘、箱归类，或必须在特殊条件下进行拣取作业的货物，如家具、桶装油料、长杆形货物、冷冻货物等。

一般而言，以托盘为拣货单位的话，其单次拣取货物的体积、重量最大，数量最多，因此该种拣货方式的单次拣取量较大，而总的拣取次数可以较少，适合于大批量订货的情况。反之，以单品为拣货单位的话，单次拣取量较小而总的拣取次数较多，比较适合于订货批量小的情况。

对于仓库中的某一批货物而言，应该采取何种拣货单位才是最合适的要根据订单分析结果而定。如果订货的最小单位是箱，则拣货最少是以箱为单位，但也可能以托盘为单位或两者的组合。例如，部分订单以箱为单位进行拣取，部分订单以托盘为单位进行拣取，其他部分的订单则是若干托盘加若干箱的方式进行拣取。对于大体积、形状特殊且无法按托盘或箱来归类的特殊货物，还需要考虑采用特殊的拣货方法。

二、拣货要点

拣货作业几乎与仓库中的所有作业内容有关，并会对这些活动产生一定的影响，包括储位规划与分配、搬运及分拣设备、仓库通道的设计与使用等。而这其中对拣货作业影响最大、最主要的因素有3个，即拣货方式、拣货路线与仓储策略。

除了少数的全自动化仓库之外，拣货作业大多都是要靠人工拣取来完成，因此在拣货系统的设计运行过程中，仓库管理人员必须掌握7个要点以对拣货作业进行优化，见表11—2。

表11—2　　　　　　　　对拣货作业进行优化的7个要点

要点	作用
不要等待	减少等待闲置时间，提高人员的工作效率
不要拿取	减少人力搬运，尽量多利用输送带、无人搬运车等设备
不要走动	减少仓库中的无效走动距离，提高时间利用率
不要思考	使任何人员都能"傻瓜式"地完成拣取任务
不要寻找	合理安排储位，使工作人员能够快速找到拣取货位
不要书写	避免拣取过程中的记录工作，降低工作量，降低出错率
不要检查	做到一次拣货成功，充分利用电子设备，减少核查工作

三、拣货凭据

由于拣货工作人员一般没有机会直接接触订单，因此他们也不知道该拣取哪些货物来满足客户的需求，更不会知道该怎样安排拣货才是最合理的。所以，仓库管理者们有必要为拣货工作人员提供一些信息或材料，以作为他们开展拣货工作的凭据，指导他们该在何时到何处拣取多少何种货物。

常见的拣货凭据有以下 5 种类型。

1. 传票

以传票作为拣货凭据的做法即直接利用客户的订单（分页或复印本），有时也可以使用供货方的出库单或送货单来告知工作人员有关的拣货信息。使用此种方法的优点是无须对订单进行额外的处理，工作量比较小，适用于订单数量和订购品项数都很少的情况，常用于配合单张订单拣取的拣货方式。但是由于传票本身也是企业的工作流转凭据，如果在拣货过程中反复使用容易被污损，而且在存货不足等情况发生时拣货人员往往会直接将备注信息写在传票上也易导致传票内容难以辨识。特别是由于传真中一般未包含货物储位等信息，因此在拣货过程中必须靠工作人员的记忆在存储区中寻找存货的位置，造成许多无谓的搜寻时间及走行距离，所以此种方式不太适用于订单量大、品类数较多的情况。

2. 拣货单

将原始的客户订单输入计算机后，由电子订货系统或仓库管理系统对订单进行处理，进而将订单信息转化为拣货信息，并打印成为拣货单来指导工作人员的拣取作业。采取这种方式尽管在完成拣取后仍然需要再次进行复检，而且会占用一定的订单预处理时间，但其好处也是非常明显的，具体如下：避免了传票在拣取过程中受到污损；可以将货物所在储位的信息打印在拣货单上，同时可按路径先后次序排列储位编号，引导拣货员按最优路径进行拣货；拣货人员只需按照单据打印的储位、品类、数量进行拣货即可工作，比较简单；可配合仓库的分批、分区、订单分割等拣货策略，提升拣货效率。

3. 贴标签

如果将拣货单中的每一个单项都用可粘贴的标签打印出来，拣货人员在完成拣取作业的同时就将该标签对应地粘贴于货物之上，用以作为确认该项单笔作业完成且品类数量正确的标志。采取该种方式可以使拣货与清点的工作同步，标签贴完即意味着拣货完成。倘若拣货完成而仍有标签剩余，则说明一定是拣货过程中出现了漏拣或少贴等情况。

采取贴标签的拣货方式除了与拣货单具有相同的特点之外，还额外使得拣出货物的信息一并得到确认，在提高了拣货的准确性的同时大大缩短了整个拣货工作的时间长度。如果在标签上连价格、条码等信息也一起印出的话，还可以为后期的出库、装车、送货等多项作业提供方便。

4. 货架指示

货架指示方式最初是在货架上安装信号灯以便指引拣货人员快速找到拣货位置。随着液晶显示技术的成熟，现在已经发展成为在货架上安装液晶显示器以显示本货架的商品信息及应拣取数量的方式,即数位拣取系统。

该种方式可以帮助工作人员实现无单拣货,并能够有效防止拣货错误,减少工作人员在库间的无效移动。常用于存放货物体积小、品类多的移动式或重力式货架上。

5. 随行指示

随行指示的方式与货架指示的差别在于,利用无线通信技术的随行指示可以把提供指示信息的显示器安装在不停移动的拣货车辆上,或由拣货人员持有。这样做的好处是可以减少仓库中显示器的配备数量,减少仓库的信息化投资成本。而且随行指示可以提供更多更丰富的拣货信息,方便仓库实现更为灵活的拣货策略。

实现随行指示的方式有很多种。例如,将拣货单中每个单项对应的商品信息打印成条形码,由拣货人员在行动过程中用扫描枪依次读取显示,每一个条码信息都能指导完成一项拣货作业;或将显示器安装在拣货车辆上,拣货人员可根据其指示进行作业,并可对显示器进行输入,将拣货信息即刻反馈给仓库的中央管理系统。

四、拣货策略

拣货策略的优劣是影响拣货效率的最为重要的因素。作为仓库的管理人员,在决定采取何种拣货策略时要先对货物特性、储位安排、设施设备等条件都有充分的了解,并结合各种拣货方式的优缺点进行综合分析。常见的拣货策略主要有以下 7 种。

1. 摘果式拣货

针对每一张单独的订单安排作业员持单(副本或分页)巡回于仓库之中,将订单中所需采购的商品逐一从储位上挑取出来的方式。

采取单张订单的拣货策略的好处是作业方法简单、前置时间短、订单导入简单、作业员责任明确、派工简易公平,且比较好地保持了订单的完整性,拣货后无须再进行分类作业。但若遇到订单中的商品品类较多、总量较大的情况,采取该种拣货策略则会增加不少无效行动距离,降低拣取效率,而且拣货人员的搬运难度也会增加,特别是在拣货区域较大的仓库中,这些困难就显得更加明显。

因此,单张订单拣取作为一种传统的拣货方式,一般比较适合少品种、大批量的订货情况。有时在订单差异较大,订单数量变化频繁的情况下,若采取其他拣货策略难以处理时也可以采用单张订单拣取的方式来应对。

摘果式拣货的拣货总时间通常为订单前置时间加上拣选时间之和。例如:

已知某仓库共有 40 品类的商品和多张需要处理的订单,经统计后,按照每张订单中所订货物的品类数进行划分,见表 11—3。

表 11—3　　　　　　　　　　订单品类统计表

订单数	品类数
40	1～5
37	6～10
30	11～15
45	16～20
20	21～25
40	26～30

若采取摘果式拣选，拣选工人每处理一张订单的前置时间只需要 1 min，但订单中每多一个品类就需要平均多花 0.5 min 的时间，当有 8 个拣选工人时，处理完这些订单需要花费多少时间？计算公式为：

$$拣货时间 = \frac{前置时间 \times 订单数 + \sum(订单数 \times 订单平均品类数 \times 单品类拣货时间)}{人数}$$

$$= \frac{1 \times (40+37+30+45+20+40) + 0.5 \times (3 \times 40 + 8 \times 37 + 13 \times 30 + 18 \times 45 + 23 \times 20 + 28 \times 40)}{8}$$

$$= 226.25 \text{ (min)}$$

2. 播种式拣货

播种式拣货的操作模式是先将多张订单集合成一批，将每一张订单中相同类别的商品数量相加后再进行统一拣取，之后按订单的需求将拣取出来的商品依次放到对应的发货货位上。由于播种式拣货是将订单中的同类商品合并起来拣取，因而减少了重复寻找储位的时间，缩短了拣取的平均行走搬运距离，增加单位时间的拣货量，使拣货效率得以提高。

播种式拣货特别适合于品项数量少、订单数量大、订单差异性小、订单总量比较稳定的仓库使用。但是这种方式也存在一定的缺点，一是对新订单无法做出及时反应，必须等订单累积到一定数量后才能做一次性处理，因此会有一定的拖延时间。二是由于增加了订单的批量分类环节，增加了工作量。三是破坏了订单的完整性，需要在拣取出货物后另行将货物进行分配。

有一个重要问题是，在采取播种式拣货策略时，仓库管理人员将经常面临如何对订单进行分批的决策。也就是说，仓库管理人员必须对如何从已经到达的订单中挑选合适的部分订单来进行批量处理做出正确的判断，从而使拣货及其他相关作业实现较高的效率。经过对大量仓库作业方式的总结，大致有 4 种分批策略可供选择。

（1）先到先得法。先到先得分批策略是最简单的一种方法。这种方法不需要进行多余的计算，只要不超过拣货人员一次拣货批量的限制，将现有订单按照先到先得的原则进行分批合并处理，就可以开始拣货。这种方法的优点是操作比较简单，但对于提高拣货及相关作业的效率几乎没有什么作用，有时若订单比较不凑巧时甚至还会增加拣货人员的工作量。

（2）时段分批法。时段分批的策略就是根据仓库各项工作的节奏将整个工作日划分为几个时段，将每一个时段中积累的订单分别进行汇总处理的一种方式。例如，若某仓库一天中共有三个班次的配送车辆，则仓库管理人员可根据配送班次的时间，分三次将每个时段中的订单进行批量处理并安排拣货作业，确保拣货作业能够与配送作业实现同步，从而实现仓库整体效率的最优。

另一种情况有时也被称为"时窗分批"，即若某仓库的订单到达的频率比较高，而仓库中各项拣取及出货的作业时间又非常紧迫时，则可以利用作业之间的短暂间歇开启时窗（10～30 min），将此前所到达的新订单汇总成一批进行处理，并生成新的拣货指令。这种分批策略相当于是根据每一天仓库中作业的自然节奏来划分时段，能够见缝插针地利用每一分钟时间，比较适合于订单数量多、下单频率高且相对均匀、订单内容相对简单、库内整体作业比较繁忙的情况。

（3）作业分批法。作业分批法也是为了适应于仓库中其他作业的要求，为实现整体作业效率提高的目标而采取的分批策略。例如，可以将同一配送区域或同一配送路线的订单汇总在一起进行处理；也可以根据流通加工的要求，将采用相同流通加工环节的订单汇总在一起进行处理；还可以根据所需使用的特殊配送车辆（如冷冻车、冷藏车）来对订单进行分批汇总处理。

（4）定量分批法。定量分批法是指在订单处理之前先根据仓库的作业特点和设备条件预先设置好一个最佳批量，当累计订单数量到达该预设的最佳批量时，便开始对订单进行批量处理的一种方式。有时该预设的最佳批量并不一定指订单数量，而是指订单中某些关键商品的量。采取定量分批法的目的是可以维持比较稳定的拣货效率，使自动化的拣货、分类设备得以发挥其最大的功效。它比较适用于订单量及商品量波动较小的情况，否则容易造成拣取作业的经济性大幅度降低。

播种法拣货的时间主要包括订单前置时间、拣货时间及最后的分货时间。这里以前面的例子来进行说明。该例子中的货物若采用播种式拣选，将所有的订单按照所订货物的品类进行整理归类，这时需要处理订单的前置时间为 60 min，拣选工人从货位上批量拣出每品类商品需要 5 min，而分配每品类商品时平均只需为每张订单多花 0.4 min 时间。则拣货时间计算公式为：

$$拣货时间 = 前置时间 + \frac{品类拣货时间 \times 品类数 + \sum/(订单数 \times 订单平均品类数 \times 单品类分货时间)}{人数}$$

$$= 60 + \frac{5 \times 40 + 0.4 \times (3 \times 40 + 8 \times 37 + 13 \times 30 + 18 \times 45 + 23 \times 20 + 28 \times 40)}{8} = 244.8 \text{（min）}$$

3. 分割式拣货

分割式拣货的策略是指当仓库所接收的订单中所订购的商品类别较多时，为了使其能在短时间内完成拣货，可以将每张订单都按照商品品类群切分成若干张子订单，交由不同的拣货人员同时进行拣货以加快完成的一种方式。该种拣货策略比较适应于订单的品类数较多、单一订单的订货数量较多的情况，但是会增加订单集中处理环节的工作强度，也会导致拣货出错率的提高。分割式拣货策略必须与商品的储位分区联合运用才能有效发挥其优势。

4. 分类式拣货

分类式拣货的策略是指当每张订单的订购总量较小时，拣货人员可以一次处理多张订单，且在拣取商品的同时就完成配货的一种方式。举例来说，拣货人员可以同时在拣货车辆上携带多家客户的发货箱，并根据这多家客户的订单在拣取商品的同时就将商品分装入对应客户的发货箱。采取这种方式可减少事后再次对商品进行分类的麻烦。

5. 分区式拣货

分区式拣货策略是指将库存分为几个不同的拣货区域，每一个拣货区域中存放固定类别的商品并配有相应的拣货人员，每个拣货人员都只负责在本区内拣取货物，然后将各区拣取出的货物再集中起来进行分配和发货的一种方法。分区方式可分为拣货单位分区、拣货方式分区及工作分区。适合于库存商品具有明显的品类、部分商品互相兼容或相关性大的情况。采取这种方式的优点是拣货员对其所负责的区域比较熟悉，拣货效率较高，而且货物在合理分区后可以缩短拣货距离。

6. 接力式拣货

此种方法与分区拣取类似，也需要先在仓库中划分出几个不同的拣货区域并配备拣货人员。而其差别在于接力式拣货策略中，一位拣货人员的作业完成后需要将拣货单及拣货车辆以接力的方式交给下一位拣货员来继续完成。

7. 复合优化拣货

通常情况下，拣货策略即使在同一个仓库中也并非一成不变的，有时我们经常会根据订单的实际情况进行调整，或者将以上各种拣货的方法互相配合使用，从而使得拣货的效率进一步提高。例如，分割式和分区式拣货策略通常需要共同使用，作业分批和时段分批也完全可以混合使用，或者当订单量小时采取摘果式拣货而当订单量大时再采取播种式拣货等。

在计算机的帮助下,我们还可以采取若干数学算法来优化拣货策略。例如在定量分批法中,可以针对若干项主要商品设置其最佳批量,并由计算机对订单情况进行实时监控,选择出能够使该若干项商品总量最接近最佳批量的订单组合,最大限度地实现拣货人员及设备的工作规模化效应。

五、拣货路径

拣货路径是在拣货作业安排中一项非常重要的影响因素。合理的拣货路径能够减少拣货人员的无效行走距离、减少作业时间以及避免因道路堵塞等意外原因造成的其他浪费。而不合理的拣货路径不但会使拣货人员白走许多冤枉路,而且还会使拣货作业变得异常复杂和困难,增加拣货出错的概率。

常见的拣货路径安排方法有以下5种。

1. S形法

S形拣货路径方法是最简单的一种拣货路径的安排方法。拣货人员从仓库中最靠近入口的一个拣货储位附近进入通道,以S形的方式依次穿越所有包含拣货储位的通道进行作业,并最终到达发货区,如图11—1所示(P点为本次拣货所涉及的储位)。

2. 回程法

回程拣货路径方法也是一种较为简单的拣货路线安排方法。与S形法类似的是拣货人员也须从仓库中最靠近入口的一个拣货储位进入通道,并依次进入每一条包含拣货储位的通道中进行作业。而不同之处是,拣货人员在一个通道内完成拣货作业后不是按照S形路线进入下一个通道,而是退回到其最初进入仓库的主通道,再从该主通道进入下条拣货通道,如图11—2所示。

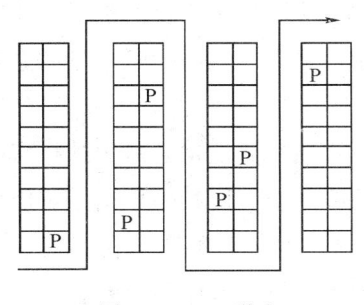

图 11—1 S形法

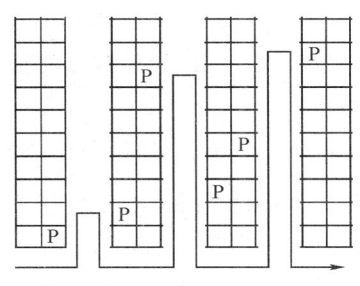

图 11—2 回程法

3. 中间法

由于S形法和回程法都可能导致拣货人员必须走完整个拣货通道,行动距离比较长,因此在拣货量比较大的情况下，可以将拣货通道从中拆分为两段，拣货人员最多进入到通道的中间点进行作业，完成后即采取回程法进入下一个拣货通道。采取此种方式时一般需要配备两个拣货人员，每一个拣货员只拣取一半拣货区的货物，如图11—3所示。

4. 综合法

综合拣货路径方法是把S形法和回程法结合起来使用。每一次从一个通道完成作业时，都对下一个储位的位置进行分析，判断出应该采取S形路线或是回程路线才最短，从而不必刻板地依照S形法或回程法进行拣货，减少不必要的行走距离。将该思路进行延伸，我们同样可以对中间法作出改进，即当在某一个通道中间点两侧有若干位置非常邻近的拣货储位时，就没有必要非得严格按照中间点来划分拣货区域，而是可以适当进行调整，使得双方总共行走的距离减少，如图11—4所示。

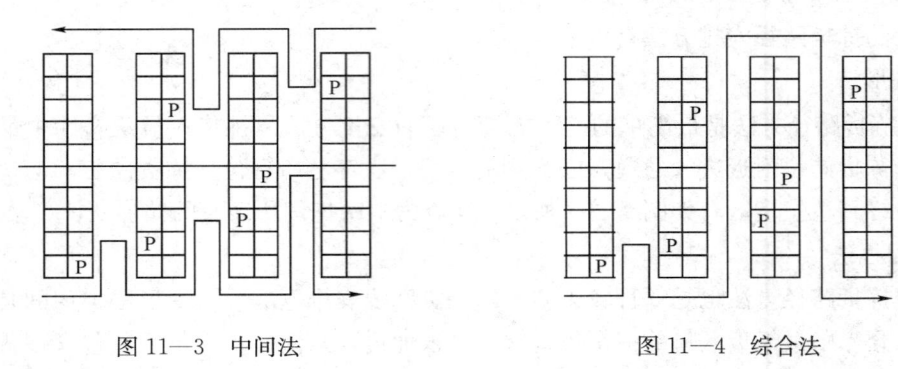

图11—3　中间法　　　　　　　　图11—4　综合法

5. 优化法

自瑞利夫和罗森特尔在1983年首次依据动态规划法针对仓库内的最短拣货路径问题提出了一套完整的计算方法以来，近几十年来类似的方法层出不穷。但是由于拣货问题复杂，目前大多数还是采取启发式方法来得到相对较优的结果，其中比较常见的是冒泡算法和节约算法两种。

依靠计算机的高速运算能力，这些优化算法可以方便快捷地得到最短的拣货路径。然而，制定最优拣货路径的本意是使拣货人员的行走路线最短，但其副作用是可能导致拣货路径的混乱，增加拣货人员的工作难度，容易把货物搞混淆，不利于仓库管理目标的实现。特别是在拣货密度比较大、多人共同拣货的情况下，仅仅按照最短路径的方式来规划每个拣货人员的行走路径常常会导致通道堵塞、发货区忙闲不均等情况发生。因此，在实际工作中，我们往往会综合考虑拣货路径的长度、作业有序性、作业规模效应等指标来进行安排，并采取计算机仿真模拟的手段来进行预测，必要时还须对订单分批进行调整，以便于及时采取调整措施避免可能出现的不利情况。

六、存储策略

不同的存储策略会对订单的拣货作业产生不同影响。采用合适的存储方式可以大大缩减拣货的行走距离和提高拣货效率,所以存储策略的选择也是拣货系统需要重点考虑的因素之一。

对仓库的存储策略进行选择的主要目的有两个:一是尽可能提高仓储货位的利用率,二是提高拣货系统的拣货效率。要实现以上两个目标,在对存储策略进行选择时需要重点考虑货物的周转率、货物的相关性与同一性、货物的互补性等参数,尽量做到先进先出,储位布置明晰。

目前仓库中比较常见的存储货物方式主要有固定式储位、随机式储位、分类式储位等。

1. 固定式储位

仓库为每一种品类的货物都指定一个或多个固定的储位,不同的货物之间不能互用储位。采取这种存储策略时各种货物在仓库中的分布区域都是固定的,拣货人员容易熟悉货物的储位分布,便于拣货作业的顺利开展。而且该种方法可以根据货物周转率大小或出货频率来安排储位,以缩短出入库搬运距离。比较适用于各种货物的特性差别较大,货物的品类少而数量多的情况,能够配合采取分区式或接力式的拣货策略。

2. 随机式储位

仓库为每一件入库货物都指定一个不固定的随机储位。采取该种方法时,即使同一种货物也可能被安排不同储位之中进行保管。这样做的好处是可以提高仓库存储空间的利用效率,但缺点在于由于储位是随机指派的,货物可能出现在任何可用的储位中,因此难以记忆、难以寻找,增加了货物盘点与分拣工作的难度,特别是在规模比较大的仓库中则往往必须有计算机管理信息系统的辅助才能正常开展工作。

3. 分类式储位

为了与仓库的各项作业之间实现配合,在储位安排上往往需要进行分类,将不同类别的货物安排在不同的区域进行存储。而从拣货作业的角度来看,仓库中往往是20%的货物实现了80%的周转量,因此可以按照体积订单指数(货物所需的平均存储空间量与日均订单量的乘积)、物流搬运量[单件货物的体积(重量)与日均出入库量的乘积]等参数,把库内货物分为A、B、C三类,将周转量最大的A类货物存放在最靠近出入口区域内,B类和C类依次向后存放。采取这种方式可以提高A类货物的拣货速度,缩短整体的搬运距离,也能够配合采取分区式或接力式的拣货策略。

学习单元2　补货作业

 学习目标

1. 了解补货作业方式和补货时机。
2. 能进行补货方式和时机的选择。

如果仓库中保管的商品总量较大、商品的体积较小、拣货单位又以单品为主，那么频繁地从存储区域直接进行拣选作业就显得不是那么方便和高效，且容易导致仓库内部的管理出现许多问题，如商品外包装破损、过于频繁的搬运装卸作业、人员工作效率下降等。因此，在大多数遇到这类情况的仓库中，往往会采取补货作业的手段来加以解决。也就是说，商品的拣选作业并非直接在存储区域中进行，而是将商品先搬移到另一个专门设置的动态管理区域中，随后再进行拣货作业。

通过采取补货作业的方式，可以保持主存储区中商品的整箱完好状态，避免出现开箱散箱货物，并且使拣货人员无须在仓库存储区域中的频繁走动，从而使主存储区中的商品得到更为妥善的保护，减少因为人员的操作失误而造成损坏。同时，由于把大量的作业集中在同一个区域中进行管理，相比于直接从主存储区进行拣货而言，大大缩短了工作人员的行走距离，使拣货效率得以有效提高。

一、补货方式

1. 单品补货

单品补货的含义即为每次补货作业都是将原先存放在存储区域中的整箱物品先开箱拆零成为单件物品后再补充放置到拣选区域中的一种补货方式。该种补货方式的特点是因其补充的都是单件物品，所以可以直观看到物品的形态品类，大大方便了后期的拣选工作，常常被用在直接面向终端发放少量单品的批发零售、工厂领料领件等情况中。

例如，在某生产企业中，由于车间大多数时候都是以单品为单位进行领料领件的，因此为了提高发货效率，仓库的拣货工作也应以单品进行准备。通常的做法是将常用的工具、材料等开箱拆零后整齐摆放在拣货区域中，一旦有相关出货凭据即可快速拣取出相应物品进行发货。同样的方式也常应用于自选超市中，补货员一旦发现零售货架上的商品数量不足时，就立刻将仓库中或上层货架上的整箱商品取下，开箱拆零后整齐摆放在零售货架上，从而方便消费者直接选取自己喜爱的商品。还有一种常见的单品补货方式是为机械拣货装置补充备拣商品，其原因在于机械拣货装置尽管具有高效分拣的工作特性，但是它只能针对单件商品才能进行弹射、发送、清点等动作，无法自行向箱中拿取商品，所以补货人员必须将整箱商品拆开，确保备拣通道中存放有足够的商品，才能维持拣选机械的作业不被中断。

但需要注意的是，因存在开箱拆零等操作，所以补货作业本身相对有些烦琐，并且要求物品必须具有一定的大小且易于管理摆放，不太适合于体积过小或不定形状、散乱难管的物品。同时由于拣选区域中存放的是单件物品，通常工作中不会将太多数量的物品同时开箱拆零摆放出来，因此需要补货人员经常性在拣货区域间进行走动巡视，随时进行补货以确保备拣物品的数量充足。

2. 整箱补货

同样是针对以单品为单位进行订货或领料的情况，但如果每次订货的批量相对较大，每次都开箱拆零摆放出来的话会使工作量骤增；或者物品由于体积相对较小，不适合采取开箱拆零的方式进行管理时，就可以采取整箱补货的方式来进行拣货。

采取这种方式时，一般会采用前拣后存的方式来摆放货架，即在主存储区旁边设置专门的拣选货架（或拣选台）以方便作业。例如，许多出货频率较高、订单量较大的零售型仓库可以在拣货区域中使用重力式货架，当需要拣货时工作人员可直接从箱中取出一定数量的物品，一旦取完后工作人员则立刻将空箱取下，排在后面的箱子便在重力作用下依次滑向前侧顶替被取下的空箱位置。而补货人员在拣货区域后方进行巡视，一旦发现哪排箱子已经数量较少，则立刻从存储区中取出整箱货物放置到重力式货架的后侧进行补货。如此互相配合可使拣货人员加强其工作的专注度，有利于提高拣货准确率，并实现不间断的快速拣货作业。

3. 托盘补货

托盘补货的方式主要适用于整箱出货的形式。常见的方式是在仓库靠近出口处或中央主通道处设置拣货区域，有必要时还可配备传送带。拣货人员从拣货区的托盘上成箱拣取货物，随后进行整理归并后送至出货区，也可直接送至出货区由出货装车人员进行整理。补货人员则在拣货区和存储区间进行巡视，发现拣货区货物数量不足时，则立刻驾驶搬运车辆从存储区中整托盘地取下货物送至拣货区，若发现有空托盘则将其拾起送至托盘回收区域统一放置。

二、补货时机

究竟何时进行补货是该项作业的一个关键性的决策因素。补货过于频繁会加大工作量,补货过早则会使拣货区货物过多不便于人员行动。而补货迟缓或补货过晚则会导致拣货作业中断。类似于经济订货模式的思路,通常补货的时机决策有以下3种常见方式。

1. 批量补货

批量补货一般是指于每天或每一批次的拣货工作开始前进行补货,根据当天(当批次)的拣货总量及拣货区的剩余储备量计算一个合理的补货总量,或也可在空间区域足够且货物没有特殊存放保管要求时,每次固定一个相对充足的补货量。

批量补货之后往往拣货区已经拥有了充足的备拣货物量,在拣货过程中不须再进行二次补货,因此比较节省补货人员的工作量。采取这种方式的仓库中往往会由一名拣货人员兼任补货的责任,并于补货作业完成后继续参与拣货作业,以达到节省人工成本的目的。

该种补货方式比较适合于每日(次)拣货物品的总量比较稳定且紧急插单等意外事件较少,或是每批次拣取工作量较大必须事先加以掌握的情况。

2. 定时补货

定时补货是指仓库根据自身的工作节奏将每天划分为若干个时间节点,补货人员每到一个时间节点便巡视各拣货区域,并对备拣货物数量不足的部分进行补充。

该种方式中补货人员需要间歇性地在拣货区域间行走巡视,以维持整个拣货作业的通畅有序,比较适合于因拣货总量相对较大而需要多次补货,且拣货作业的节奏比较稳定,各类货物出货量相对均匀的情况。

3. 随机补货

随机补货的方式主要应用于仓库的拣货作业总量非常大、作业节奏变化较多、难以采取批量或定时的方法进行补货的情况。通常采取这种方式进行补货的仓库中每日需要应对大量的拣货出货任务,货物量多、任务紧急,必须配备一名或多名专门的补货人员随时巡视于拣货区域间,或采取专门的信息系统(如看板、计算机补货)等来确保补货作业的及时有效,否则就极易导致拣货工作的中断,影响仓库的正常工作开展。

思考题

1. 仓储订单的概念和作用是什么?

2. 下单与接单的常用方式有哪些？
3. 仓库的订单处理流程是怎样的？
4. 对拣货作用进行优化的要求有哪些？
5. 常用的拣货方式有哪些？
6. 如何安排拣货路线和计算拣货时间？
7. 补货作业的方式有哪些？

第 12 章

库 存 管 理

第 1 节　库存及库存管理要素　　　/252
第 2 节　库存管理策略方法及发展　/259

第 1 节　库存及库存管理要素

 **学习单元 1　库存概述**

 学习目标

1. 掌握库存的概念。
2. 熟悉库存的功能与分类。
3. 能分辨各类不同的库存。

无论是从占用流动资金的总量还是从企业成本中的比例来看，库存无疑是企业在经营管理中所需关注的相当重要的内容，其对企业的成本和利润都具有重要的意义。在很多情况下，只需企业库存的负担下降 1%，就可能导致财务利润上升 10%。因此，任何一个领域、生产任何一种产品的企业，都会对库存管理给予非常高度的重视。

一、库存的含义

对于企业而言，暂时处于存储状态的商品叫作库存，它是商品已产而未销（未用）、正在等待被销售（使用）的一种临时状态。

企业为了能够及时满足客户的订货需求，必须要经常保持一定数量的商品作为库存。这是企业经营过程中的一项基本功能，除了保管储存商品外，还承担着整合需求和供给、维持供应链系统顺畅的功能。例如，为了确保配送工作的顺利进行，企业的配送中心往往要预先储存一定数量的商品在仓库中，等待订货需求到达后便可立即进行拣货包装出库配送等一系列的作业。但若企业没有足够的存货，则极有可能造成供货不及时、供应链断裂，这不仅会使企业交易机会丧失，降低市场占有率，严重的还可能会使企业承担更为严重的生产停滞损失或违约赔偿责任。

但是，盲目提高库存保有量也并非上策，因为维持库存的存在需要投入一定的成本，同时须承担由于商品积压和损坏而产生的库存风险。因此在库存管理中，既要保留合理的库存数量以防止货源中断和库存不足，又要避免库存过量而产生不必要的库存费用。

二、库存的功能

从企业经营的角度来看，库存主要具有平衡供求关系、实现规模效应以及安全储备等功能。企业对于这些功能的需求迫切程度决定了进行库存管理时所采取的策略以及建设库存时所投入的资金大小。

1. 平衡供需差异

库存可以从一定程度上缓解需求与供给之间的时间差异，能够帮助企业的管理者有效协调生产环节的有序性和市场需求的不确定性之间的矛盾。在现实生活中，许多产品的销售都会因季节等原因存在周期波动，借助于库存储备使企业在安排生产计划时屏蔽掉波动性因素的影响，只需对未来的销售总量有一定程度的准确预测即可。这样尽管企业会在销售低谷期投入大量的资金用于库存储备，但可期望在销售旺季中得到充分的回报。同时，由于库存的平衡功能可以将突发性的销售高峰分解到较长时间的生产中去，因而大大降低了企业在生产能力上的投入，使企业即使投资建立较小规模的生产能力，也能通过库存积累来保障销售高峰期的产品供应。

随着世界经济的发展，曾经的大批量生产、大批量销售的时代已经过去，市场需求出现了个性化、多样化、特色化的改变，生产方式也转变为多品种、小批量的柔性生产方式。库存管理的主要功能也从过去重视物资保管和降低成本，逐渐变为重视如何才能更好地控制库存量和提高作业水平上来。

2. 实现规模效应

库存的第二个功能是实现规模效应。企业在生产过程中往往会借助于规模效应的方式来降低单件产品的平均成本，并且提高生产作业环节的效率。然而，供应链上下游不同企业间实现最佳规模效应的产品批量大小很难一致，如果强行要求同步生产则可能导致成本急剧上升，相应的管理难度也会大大增加。因此，通过在各个生产环节间建立库存的方式，可以使上下游作业环节都采取各自的最佳批量进行生产，从而使整个供应链的成本降到最低。

同样的情况还存在于采购、销售与运输环节中。例如对于运输而言，由于供应商可能处于异地他乡，因此企业往往会采用批量运输的方式将库存一次性购满，以避免因频繁的小批量运输而导致的运输成本上升。这是因为绝大多数的运输费率对装运数量和规模都有明确要求。所以，在仓库里储备一定量的货物，等待时机成熟再集中安排统一装运，可以为企业节省不少费用。再如对于采购而言，由于大批量的采购能够获得议价方面的优势，因此当企业具备较大的库存管理能力时,也就允许采购利用更大订单的批量以获取价格折扣,帮助企业节省采购费用。

3. 储备安全库存

储备安全库存可以预防企业在生产与销售工作中常见的不确定因素所造成的风险。第一种不确定因素来自市场,当企业的销售端忽然产生一个超乎预计的需求高峰,这时如果仓库中仅按照常规预测来进行库存储备的话,很有可能会产生失销或违约,因此必须在常规库存之外再储备一部分安全库存,用以应对市场的不时之需。第二种不确定因素则是由于企业内部的自身原因而造成的,例如由于机械故障、不可抗力、管理不当而导致的生产延误,或道路堵塞、车辆维修而导致的运输延误等,都可能使得库存中的计划储备量下降,进而无法满足市场的正常需求,安全库存则可以从一定程度上预防该类延误所产生的不良后果。第三种不确定因素来自企业的供应渠道,如果供应链忽然发生重大变动,例如供应商无法继续保障充足供货、材料成本忽然上涨、同行企业集中大批量买断货源等,都有可能导致企业的生产被打断,保存一部分的库存可以帮助企业在遇到这类难关时得以暂时的喘息,留出时间来寻找解决方案。因此,尽管安全库存的存在会占用企业一定的成本,但从某种意义上说,储备安全库存相当于投入成本购买保险。

4. 实现快速交付

快速交付产品以满足客户和分销商的需要是企业的重要经营目标。如果能够向下游生产企业实现快速交付,下游没有必要在其制造工厂内维持高库存;如果能够向分销商或零售店实现快速交付,就可以减少在供应链中的安全储备量。

总之,企业保有一定的库存可以对整个供应链起到很好的支撑作用,可以促进实现供应链中综合利益的平衡,以最低整体成本进行生产和满足市场需求。

三、库存的弊端

诚然库存在企业生产运营过程中是不可缺少的,但过高的库存量也会造成企业成本上的压力,并带来呆滞库存以及其他很多的问题。例如,为了对库存商品进行保管,客观上减少了企业可用于生产的面积,还造成了对企业流动资金的积压,增加了保管费用。而且商品的长期存放可能会变质损坏,造成浪费。这些因素都会直接和间接地使得企业的总成本上升,降低企业的市场竞争力。

同时,大量库存的存在很有可能掩饰了企业生产及销售过程中的问题。例如,当库存量较小时,企业就能很容易发现供应商交货不及时问题,但当库存量较大时,这个问题就经常会被忽略。再如,当企业出现次品率和返修率上升、市场销售率下降等趋势时,企业本应及时发现并采取措施加以解决,但若库存量的数字较大时就很有可能使这些变化趋势被淹没其中,难以发现。

四、库存的分类

按照企业库存管理目的的不同,可以将库存分为以下 8 种类型。

1. 常规库存

常规库存也可被称为周转库存。这种库存是为满足市场的常规性需求而存在的,其主要功能是缓冲市场供需的时间差异和生产环节的批量差异,保障供需双方和供应链上下游的经营活动都能正常进行。常规库存通常会按照企业的生产、销售、采购等经营计划,采取一定批量一定时间间隔进行比较有规律的补充。

2. 安全库存

为了防止由于突发性大量订货或供应商延期交货等不确定因素导致的企业损失,在仓库中提前准备的一部分超出常规库存需求的多余库存被称为安全库存。根据企业对不确定性的承受能力不同,安全库存的量甚至可高达企业总库存量的 50% 以上。

3. 过程库存

在产品加工或流通过程中暂时处于静止状态的商品称之为过程库存。其中,因等待加工而暂时被存储的商品叫作加工库存;因等待运输(或已在途运输)而被暂时存储的商品叫作中转库存。

4. 渠道库存

当企业所面临的是通过下级若干层分销商进行销售的格局,其真正意义上的库存就不仅是指自身仓库中所保有的商品,而是应该包括下级分销商仓库中所有的商品。这部分商品尽管已经脱离了企业,但是并未真正实现销售,所以必须在企业的生产和销售计划方面加以考虑,甚至在某些销售渠道中,这部分商品还有可能再次返回企业形成库存积压。

5. 季节库存

季节库存是指为了满足在一定季节中出现的特殊情况而建立的库存。其中,为满足特定季节的销售需求而建立的库存称之为季节性销售库存,为满足在特定季节生产或采购的需求所建立的库存称之为季节性生产(采购)库存。

6. 呆滞库存

呆滞库存是指企业因管理策略失误,如市场预测不准、生产质量失控、商品保管不当、销售策略失误等原因,导致商品滞销而长期保管在仓库中形成的库存。或由于企业的生产计划调整,库存的调整未能及时跟上,而导致部分原材料或零配件不再被使用,长期放置在仓库中形成呆滞库存。

7. 促销库存

促销库存是指为了与企业的促销活动相配合而建立的库存。这部分库存的目的主要是为了满足在促销期间忽然增加的预期销售额。

8. 战略库存

战略库存是指企业为了自身的长远发展，采取一定经营策略而建立的库存。例如，为了避免原材料供应短缺或价格上涨给企业带来亏损而预先大批量采购建立的库存等。

学习单元2　库存管理要素

 学习目标

1. 熟悉库存成本的构成项目。
2. 了解销售和采购决策与库存的关系。
3. 能根据销售和采购来确定库存水平。

一、库存成本

1. 保管成本

保管成本是企业维持库存时最为常见的一项成本。该项成本中可以简单拆分为两个部分，一是企业本来就应支出的费用，但是由于仓储部门的建立而划入仓储费用进行计算，例如商品的运输配送费用、流通加工与包装费用等。二是为了保管一定批量的商品而需投入的仓库建设、人员劳动、设备采购与维护、水电能源费用，这部分费用又可以进一步拆分为固定费用和变动费用两种，其中固定费用一般不与保管商品的数量、时间长度有关，即使不保管任何商品也必须支出，如仓库货架及安防系统建设成本的分摊、设施设备的定期维护费用等；变动费用则与保管商品的数量、时间长度或商品作业量成正比例关系，保管量或作业量越大，则该笔费用越高。

保管成本在企业的实际经营中一般都应最终分摊到具体的单件产品上去，保管成本尽管与商品价值没有直接的关系，但是它却会直接影响企业售出产品的成本与价格。例如，企业可以首先计算出仓储部门年度投入的总保管成本，随后除以产品总数，从而计算出每个产品的平均保管成本。

2. 采购成本

采购成本是企业为了建立库存而投入在商品采购上的费用，可以粗略地将之分为单次采购成本与单件采购成本两大类。单次采购成本指企业为了完成一次采购行为而需投入的费用，主要包括请购、通信、采样、审核、人员劳务及交通等管理性成本。而单件采购成本是指为了实现一件商品入库而需投入的费用，主要包括商品价格、运输费用、搬运装卸费用、包装托盘费用及相关税费等。

3. 保险成本

保险费是指企业为了保障库存商品风险赔偿而投入的费用，一般是根据保险公司对其所承担风险的程度进行评估后收取的。风险评估主要取决于产品与设施这两方面的性质。例如，容易被偷的高价值产品以及易燃的危险品就会对应比较高的保险费用，而不易被水、火、霉、虫等侵害的大宗商品的保险费则较低；仓库内的预防与监管措施完善，如安装了高质量的保安摄像机和自动喷水、灭火系统等，也可以降低保险费的收取额度。

4. 损耗成本

商品保管在仓库中不可能是永远稳定不变的，根据商品性质的不同多少会发生一些损耗，特别是对于那些损耗率比较大的商品，其可能是企业库存成本中非常大比例的一个组成部分。

从财务成本的角度来看，损耗可以分为量的损耗与质的损耗两种类型。就量的损耗而言，一是因商品的风化、挥发等自然性质而产生的自然损耗；二是因保管不善或环境不佳而导致商品产生超过自然损耗的非正常损耗。而质的损耗情况比较复杂，一般是商品总量基本稳定，但因存放时间过长而陈旧，导致部分甚至全部丧失使用价值或销售价值。

尽管某些情况下，企业的库存损耗可以获得保险公司的理赔，但更多则是必须企业自己承担损失。例如因产品陈旧，采取折价销售而损失的利润；因原材料过期报废，重新进行采购的成本；因配件霉锈而进行的处理成本等。

5. 资金成本

资金成本是库存成本中最难以测算也最具争议的部分。产生资金成本的原因主要有两个方面，一是从获取资金的角度来看，由于库存的建立是用企业的资金投入来实现的，而企业获得资金是需要成本的，例如当企业以10％的年利率从市场上融到了100万元资金，每年需要支付10万元的利息，企业若将资金再换购成总价100万元的商品堆放在仓库中，那么这些商品除了自身100万元的采购成本外，还需担负10万元的资金成本。二是从使用资金的角度来看，企业如果不投资在建立库存上，则可以利用资金转投其他项目，从而获得投资收益，例如当企业有一个债券项目可投资100万元且年回报率为15％，但企业最终决定将100万元用于库存上，那么库存商品中除了可见的投入100万元采购成本外，还承担了不可见的15万元机会成本。

需要注意的是，上述几项关于库存成本的概念是企业实际经营中最为常见和最常用的，但并未包含所有。而且，在企业的实际库存管理策略制定过程中有时也并不这样进行分类，而是简单地将资金、损耗、保险等成本全部分摊到单件货物上去，把总库存成本分拆为采购成本和保管成本两大类。

二、采购决策

采购（包括补货）是对库存进行补充和控制的主要方式。因此必须将采购决策也纳入进来一并加以考虑，才能确保库存总量的合理性。否则，倘若放纵采购部门仅按照市场价格或供应商的情况进行采购，则会使企业的库存失去计划和控制。

从库存管理的角度来看，采购决策主要考虑的是对每一个商品的订购数量和订购时间问题。

1. 采购批量

由于采购成本中包含单次采购成本的因素，因而加大采购批量可以摊薄单件商品的总采购成本。但是采购批量过大又容易导致库存保管成本的上升。所以，对采购批量的控制主要从两方面进行分析。一是针对采购行为本身的合理性，采购部门需要对即将采购的原材料、零配件等进行成本分析，并结合对市场价格走势的判断，与供应商（生产商）之间进行沟通磋商。二是针对库存控制方面的合理性，采购部门需要对库存负责，或受到库存管理部门的约束，使得采购数量既不会使库存量超过合理的界限并导致成本的上升，同时又要保证可靠的生产与销售供应水平，有效控制企业的库存成本与风险。

采购部门需要在上述两个因素内进行综合考虑。例如，有些供应商会承诺当采购数量超过一定范围的上限时，可以对商品的采购价格给予让步折扣，那么这时就需要平衡保管成本与采购成本，以得出最佳的采购批量。

2. 采购时间

采购时间计划的制订要非常准确，延误进货会造成企业停工待料，影响生产、销售和信誉；太早进货又会造成库存上升和资金积压、场地浪费、商品变质等后果。所以，必须依据全面考虑制订合理的采购计划，既能使生产与销售变得通畅，又可以减少成本，提高企业的市场竞争力。

站在企业的角度来看，从发出采购指令到商品入库之间往往会存在一个被称为"提前期"的时间周期。提前期由采购计划的呈请审批时间、处理订购单的时间、供应商分拣备货时间和商品运输入库时间等组成。采购部门需要充分考虑提前期的因素，合理预测库存在未来一段时间的变化趋势，提前做出相应的采购决策。

3. 其他因素

除上述两个主要因素外，采购决策中还包括采购对象、采购方式等许多内容。例如，采购部门应尽量选择离本企业地理位置比较靠近的供应商作为采购对象，这样就能使得运输费用得以充分降低、提前期缩短、采购机动性高，协调沟通与取样验货等工作也更为方便。而从采购方式来看，为了便于管理和提高效率，也可以采用直接采购、委托采购、集中采购、分散采购、邀标采购等多种方式。

三、销售决策

通过销售的方式来缓解库存压力也是一种常用的库存管理手段。当企业由于生产计划等因素导致库存在可预期的时间内即将达到高位，则可以由销售部门采取促销或向渠道铺货等策略提前将库存实现销售，从而实现降低库存量的目的。例如，在医药行业中，当可预见到未来一两个月内将有几个大批量货物运抵入库，现有的仓库将难以完全容纳时，可以由销售部门启用一定的促销策略，提前将库存中的商品分销到渠道中去，从而大大降低自身仓库中的库存量，为迎接进货高峰做好准备。

第 2 节　库存管理策略方法及发展

学习单元 1　库存管理策略

学习目标

1. 熟悉库存管理的策略。
2. 能根据企业的情况，选择合适的库存管理策略。

库存是企业中多种矛盾的交汇之处，处理得好或不好对企业所带来的价值或造成的损失都是巨大的。不合格的库存管理可能导致的后果包括：库存成本上升、销售或生产停滞、产品过剩或浪费等。而良好的库存管理则可以为企业带来提高资金使用效率、配合企业高效生产、减少仓库的占用面积等好处。

从目前实际工作的经验来看，库存管理主要有三种思路，即反应式策略、计划式策略和延时式策略。

一、反应式策略

典型的反应式的库存管理策略是指不对市场进行预测，也不主动进行库存储备，而是等待市场的需求被确定之后，依据订单上所列明的商品类别和商品数量开始采购和生产，并于商品完成后立即交付给客户。

采取这种策略可以仅在过程中建立少量的库存，而不会为了销售中的快速交付而建立大批量的库存，非常有效地降低了企业的各项库存成本。但缺点是客户必须为了得到商品而等待一段时间，而且由于客户需求的不确定性，会使得企业的生产过程比较散乱而难以管理，也难以实现规模效应。

然而，这种库存管理策略是基于若干个假设之上才能成立的。一是客户的需求模式在提前期内是稳定的，企业可以清晰地预测到该需求的时间、数量和内容，既不会发生需求的忽然灭失，也不会发生需求的忽然增加，企业只需按照计划进行生产即可实现正常销售；二是市场上有充足原材料可供使用，企业无须担心当订单下达后采购不到原材料而导致无法实现生产；三是企业可以快速组织起生产能力而无须顾虑这些生产能力在闲置时期的浪费，包括工作人员、生产设备等，或者可以通过有效的管理手段使得这种浪费事实上并不存在；四是企业不需要通过批量采购或批量生产而降低成本。

二、计划式策略

采取计划式策略的库存管理恰恰与反应式相反，它会主动地对市场进行预测，并且提前开始生产做好库存储备，当客户的需求一旦被确定，即刻从库存中调出相应的商品进行销售。采取这种策略的优势在于可以立刻满足客户的需求而无须等待，但缺点在于需要为了维持库存的存在而支付一定的成本，而且当需求预测出现失误时还有可能让企业承担库存浪费等风险。

采取计划式策略有很多好处，主要体现在：一是大大提高了客户服务水平，增加客户信心，使客户无须等待即可获得商品；二是保证了对于下游生产的充足供应，能够促使整个供应链成本的降低和稳定性的提高；三是能够有计划地组织生产、采购、运输等作业，有利于企业的管理规范和批量规模效应的实现；四是能够帮助企业对产品开发及生产组织进行优化，也可对促销策略提供可靠支撑。

但是采取计划式策略同样也有若干假设前提。一是对于市场需求的精确预测，不光要对总量预测准确，同时还要预测出各类别商品的需求量，甚至要预测出不同销售区域的需求量，这样才能准确地安排生产计划；二是各类商品的生产周期可控，采购渠道稳定，即使偶尔发生一些波折也能通过内部管理的手段来化解，不至于因为生产延误而导致库存不能及时到位，否则即使有了准确的预测也无法如期实现市场销售。

三、延时式策略

假设企业能够非常精准地对市场进行预测的话，那么上述两种方法在本质上将是一样的，只不过启动生产和交付客户的时间点有所差异而已。然而事实上，完全精准的市场预测是不可能实现的，企业往往只是能够做出一定程度的预测，并不能对未来完全准确地加以把握。

同样，在反应式策略中假设了客户可以等待商品的生产过程，而在计划式策略中假设了客户无须等待。然而事实上却是客户可以等待少量时间，却不愿等待太长的时间，也有可能客户愿意为了获得一些其他方面的价值而延长等待时间。再如采购与生产过程的管理，在反应式策略中假设每一笔订单的采购和生产都是独立的，而在计划式策略中则会将所有的订单进行批量组合优化。然而事实上，企业很少会使订单的生产完全独立，也很少会全面综合起来进行优化，而是在两者间取一个折中。也就是说，如何折中是在决定库存管理策略时的一项重要问题。

延时式策略是比较常见的一种方式。它要求企业首先根据客户等待时间、采购时间与成本、生产的计划性与规模效应等因素，决策出一个合适的中间点，随后先采取计划式策略将商品生产到这一中间点的状态，并建立库存储备。然后当市场上的订单需求明确产生时，再将处于中间点状态的商品进一步加工成为最终商品进行销售。这样做综合了以上两种基本策略的好处，具体来说：一是可以确保客户的等待时间在可容忍的范围内，不至于因为等待时间过长而失去销售机会；二是不必像计划式策略那样建立大量多品种的库存，而是将库存集中起来，从而有效减少库存总量；三是既充分利用了企业的生产能力，发挥了生产和采购中的批量规模效应，又可将规模效应不强的部分空置出来等待市场的选择，促使实现柔性化生产；四是降低了对于市场预测的依赖度，即使仅能对销售总量进行相对准确的预测而不能预测分类销售，采取延时式策略也不会产生过多的库存浪费；五是依然能够从一定程度上保证客户信心和供应链的稳定。

仓库中的流通加工作业就是延时式策略的一种体现。例如，某食品生产企业对最近本地市场开发销售情况做了充分调研后，预测出未来一段时间内本企业将有 200 t 的销售量，但是却无法进一步明确大包装食品和小包装食品的销售量。于是，该企业可将散装食品统一运至仓库进行保管，随后每天监控市场上大小包装食品的销售情况。如果大包装食品的销量比较大，零售点的现场备货量已经不足，则马上通知仓库进行流通加工，将库存食品装入大包装内送至零售点。由于流通加工的速度比较快，可以及时满足市场的需求，而且这种做法避免了预先就将食品装入包装内进行存放的风险，不会因分类预测的失误而导致浪费。

模块化生产也是延时式策略的一种典型应用。例如，某家电生产企业对最近本地房地产的销售情况进行调研后，预测出未来一段时间内本企业将有10万台左右的电视机销售量，但是尚难以预测具体的型号和尺寸。因此，该企业将电视机拆分为若干标准模块分别建立库存，如电源模块、遥控模块、信号处理模块等，随后根据市场的进一步信息反馈随时进行组装，生产出最终的产品供应市场，较之一开始就将电视机完全组装成型的做法而言，这种延时生产的策略极大地降低了企业的库存风险。

学习单元2　库存管理方法

学习目标

1. 熟悉 ABC 分类法、EOQ 方法和订货点方法。
2. 能根据 ABC 分类法对各类商品库存进行控制。
3. 能根据 EOQ 方法进行库存决策。
4. 能计算库存指标。

一、ABC 方法

1. ABC 方法概述

ABC 方法最先是1951年由美国通用电器公司在库存管理中率先应用的，之后在各企业迅速普及，并广泛运用于各类管理实务上，取得了卓越的绩效。该方法由 ABC 分析法衍生而来，常用于确定库存中的管理重点，便于指导企业集中力量处理主要问题，从而起到提高库存管理效率、减少管理成本投入等效果，是一种简单有效的科学管理方法。

ABC 分析法的基础可追溯到1906年的帕累托（Pareto）分析，他在研究意大利米兰的人口与财富分配时发现：仅占总人口很小一部分比例的少数人收入却占了总收入的大部分，而大多数人收入却只占总收入的很小一部分，从而得出了所谓"关键的少数和次要的多数"的结论。他把这种现象描绘成一条曲线，即著名的帕累托曲线。到1951年，GE

（通用电器公司）的迪基发现这一理论同样适用于库存管理，可以将库存物品按资金、数量等进行分类，针对不同类别的商品分别采取不同的管理办法，尤其对重点商品实行重点管理，可以取得比平均化管理更好的管理效果。

ABC方法的主要目的是在库存管理中突出重点。例如，可以将仓库中的全部商品以占用资金量进行依次排序，再按照一定的标准将它们分成ABC三类，对这三类产品按不同的要求加以管理。这与所谓的2/8原则类似，即认为20%的因素占据了80%的重要性，而其余80%的因素只有20%的重要性，所以只要管好20%就可实现企业大部分的管理目标。事实上，在经济与管理实践中，有非常多的情况与此类似。如果我们对企业销售数据进行统计，往往可以发现少数几种产品销售额（或利润）占了企业销售总额（或利润总额）的大部分，而其余多数产品实现的总销售额可能仅有20%～30%。还比如，20%的客户贡献了80%的订单、20%的关键员工创造了80%的企业利润、20%的供应商造成了80%的延迟交货等。当然，这里的20%与80%并不是绝对的，只是一个约数而已。它提示在企业的经营管理过程中，在资源有限的情况下，重点应该放在起着关键性作用的那少部分因素上。

ABC方法正是在这个原则的指导下，对库存中的商品进行分类，找出占用大量资金、产生大量利润、占用大量资源的少数重要的库存商品，并加强对它们的控制与管理。而对其余那些品类多但重要性低的商品，则实行较简单的控制和管理。一般在实际管理工作中，将重要性占比为60%～70%、数量比率为10%～20%的商品划为A类商品，对其实行重点管理；将重要性占比为20%～30%、数量比率为20%～30%的商品划为B类商品，对其进行普通管理；将重要性占比为10%～20%、数量比率为60%～70%的商品划为C类商品，对其进行比较宽松的一般性管理。

2. ABC方法步骤

（1）收集资料。在收集资料阶段，库存管理部门应将仓库中所有经营保管的商品，包括已出库和未入库的商品信息尽量全部收集起来，包括各种商品的库存量、出库量和结存量、销售量、销售价格、采购成本、各种作业资源的占用量、缺货率、差错率、拣货时间、订单满足率等。

ABC方法除了应用在商品的库存管理上，还可以应用在订单管理、客户管理等方面，仓库在收集资料时可以根据管理重点的不同而有所侧重。例如当发现客户满意度比较低时，则可针对性地就缺货率、差错率等指标进行订单数据的收集。

（2）整理排序。以对商品的销售额做ABC分类为例，当把某一特定时间周期内的商品资料数据收集到位之后，需要将这些数据做如下处理：将商品单价乘以商品销售量，计算出每一类商品的销售额；按销售额的大小顺序，排出其品种序列。销售额最大为第一位，以此类推，并计算各类商品的销售额占总销售额的比重，见表12—1。

表 12—1　　　　　　　　　　商品销售额及占比

类别	销售额（元）	销售额占比	累计销售额占比
商品 4	32 345	33.54%	33.54%
商品 8	18 345	19.02%	52.56%
商品 1	12 531	12.99%	65.56%
商品 7	8 267	8.57%	74.13%
商品 2	4 997	5.18%	79.31%
商品 10	4 436	4.60%	83.91%
商品 3	4 423	4.59%	88.50%
商品 5	3 324	3.45%	91.94%
商品 11	2 690	2.79%	94.73%
商品 12	2 368	2.46%	97.19%
商品 6	1 679	1.74%	98.93%
商品 9	1 031	1.07%	100.00%

（3）绘图分类。整理排序之后，需要根据排序绘制出帕累托曲线，如图12—1所示。

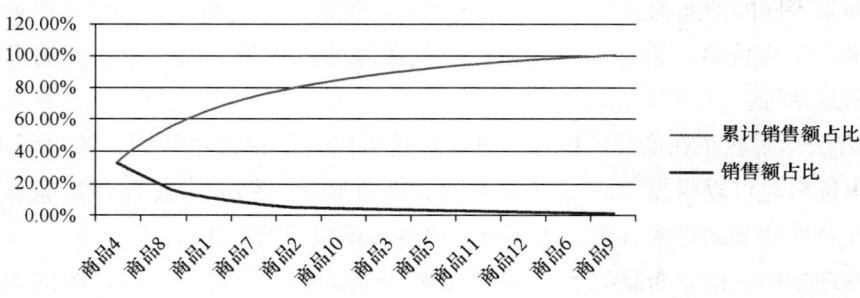

图 12—1　帕累托曲线

通过上述绘制出来的曲线，我们可以看到，编号为4、8、1的三种商品即占到全部销售额的60%左右，因此可以将之划分为A类商品；编号为7、2、10、3的四种商品占到全部销售额的20%左右，因此可以将之划分为B类商品；编号为5、11、12、6、9的商品占到全部销售额的10%左右，因此可以将之划分为C类商品。

3. ABC方法的管理准则

在对库存中的商品进行ABC分类之后，应依据企业的经营策略对不同类别的商品进行不同管理，以便突出库存管理的重点，在达成企业管理目标的同时尽量减轻库存管理的压力。

（1）A类商品的管理准则。A类商品尽管在品种数量上仅占总量的10%~20%，但其重要性比较高，如果管理好这一类别的商品，就基本可以实现企业60%~70%的销售目标。因此，对于企业来说，应该尽最大的可能，采取多种方法来加强对于A类商品的管理。

例如，加强对A类商品库存监控，一旦发现库存量降低到特定值以下，就应立刻采取采购补货措施。

1）对A类商品制定比较高的安全库存，从而降低其失销概率。

2）加强对A类商品的日常盘点检查，以提高对库存量的精确掌握；一旦发现问题应立即进行排查修复。

3）加强对于A类商品的客户关系管理工作，确保准时交货，确保不出现差错。

4）尽量提高A类商品的库存周转率。

5）单独为A类商品建立一套完整的库存管理记录。

6）尽可能实现产品包装、外观、模块等的标准化，以便于实施管理。

7）选择最优的订购批量，尽量缩短A类商品的提前期，在库存控制中采取重点措施加强控制。

8）加强对于A类商品的预测分析工作。

9）加强与A类商品的供应商之间的沟通协调，确保采购进货的安全性与及时性。

10）建立多条供应渠道，以防出现供应中断等意外情况。

总之，由于A类商品尽管销售额大但是类别较少，因此只要集中管理力量，采取适当的管理策略，严密监视A类商品的变化情况，是完全可以管理好的。

（2）C类商品的管理准则。C类商品与A类商品相反，虽然其品种数量较多，但销售额却是较少的。所以，如果企业像对待A类商品那样对C类商品进行非常认真的管理，就会发现投入精力和成本很高但所产生的经济效益很小。因此，针对C类商品的管理恰好和A类商品相反，要放宽控制或一般控制，宁可允许其出现一些问题或失去一些销售机会，也要减少在其管理上的投入，以便集中力量管理A类商品。

1）由于 C 类商品所占销售额非常少，因此即使多储备一些也不会增加多少成本，但可以减少库存报警或减少采购次数。

2）减少对于 C 类商品的盘点检查次数，甚至可以将部分 C 类商品不列入日常管理的范围，不对其进行常规性的盘点，如螺丝钉、螺母之类的数量大且价值低的商品等。

3）容许 C 类商品在一定的时间段内低于其核定的最低库存量，等待其他商品需要采购时再一起合并采购。

4）对 C 类商品的销售可规定一个最少出库的批量，或通过批量折扣的方式，达到减少处理次数的目的。

5）如果某些 C 类商品可以比较容易地实现采购或补货的话，可以不设置库存。

6）在安排出入库等作业时，对 C 类商品给予最低的优先作业次序。

7）为 C 类商品设置一个最大库存量和最小库存量，当库存量降到最小时，即一次性订货到最大库存量，简化订货量的计算程序。

8）对于 C 类商品中长期不产生任何销售的类别，应将之视作呆滞物资，除某些因特殊原因仍必须保留外，都应该做清仓处理。

（3）B 类商品的管理准则。B 类商品的品类数量和重要性处于 A、C 类之间，因此其管理方法也介于 A、C 类的管理方法之间。在多数企业中，对 B 类商品采取的是一般常规管理的方法。即采用比 A 类商品相对简单的管理方法，可以容忍出现一些风险，但又要保证 B 类商品有一定的基本安全性，成本也应得到合理的控制。

4. ABC 方法的考虑因素

企业在实施 ABC 方法的库存管理时，除了从销售额、利润额等常见角度进行分类，有时还必须要关注其他方面的一些因素。

（1）高单价商品。当采取 ABC 方法依据销售额或利润额划分出 A 类商品进行重点管理后，企业有时还会发现在 B 类甚至 C 类商品中有一些商品的单价非常高，稍微多几件就会使库存成本产生比较明显的上升。这类商品在管理准则上应略有区别，要比单价低的同类商品更加严格一些。例如，与客户密切联系，详细了解其需求计划；加强与上游供应商的联系，以便及时补充库存；严格控制库存量，力求减少库存积压；与客户加强沟通，研究降低成本的代用方法，尽量减少高单价商品的使用；降低该类商品的安全库存量；寻求其他方式来解决该类商品库存量不足的问题；如果该商品的重要性和利润额都较低，可以考虑放弃经营。

（2）具有特殊重要性的商品。在进行商品的 ABC 分类时，仅考虑销售额和利润额是不够的，为了保障企业的正常生产经营，有时还必须考虑商品的重要性，例如，生产过程中的必备材料，如果缺货会造成停产或影响正常生产的商品；对企业或人员的安全具有保障作用,尽管长期不被使用,但在紧急情况下是必需的商品;目前市场供应短缺,缺货后不易补充的商品。

企业不应把 ABC 分类与商品的重要性混为一谈,因为它们不但具有不同的意义,而且在管理措施上也是不一样的。

二、EOQ 方法

1. EOQ 概述

经济订货批量(Economic Order Quantity,EOQ)模型,是库存管理领域中最为重要的分析方法之一。该方法对于采购成本与保管之间的平衡做出了简单而又深刻的分析,后来许多的库存控制方法都是在它的基础上加以完善而来的。

EOQ 方法由美国学者哈利斯(F. W. Harris)于 1915 年首次提出,但是由威尔逊(Wilson)于 1934 年独立再创并把它引入到企业界中,经过数十年的发展和完善,EOQ 模型已经丰富完善成为一整套的库存管理理论,并在企业的经营管理实践中得到了广泛的应用。现代的 EOQ 库存管理策略认为,库存商品是产供销系统之间的润滑剂,它可以使各环节分离并独立工作,可以消解由于预测误差与合作不畅造成的脱节,可以在需求发生波动时帮助供应链系统快速调整进入高效合作状态。

在基本的 EOQ 库存管理模型中主要考虑的是在企业全年销售总量固定的情况下,通过控制单次订购批量,使总的库存成本最小化的问题。

2. 常见 EOQ 模型

(1)基本 EOQ 模型。基本 EOQ 模型的前提假设是持续消耗、瞬间补货、不允许缺货。它的原理来自于对比采购批量上升与下降对库存成本造成的影响。当采购批量上升时,可以减少采购次数,但同时也会导致保管量的上升;反之,若采购批量下降则保管量会下降但采购次数会上升。因此,企业需要找到一个合适的最优采购批量,以使得库存成本恰好处在最低点。该最优的采购批量就被称为经济订货批量。其计算公式为(时间单位:年):

$$经济订货批量(EOQ) = \sqrt{\frac{2 \times 单次采购成本 \times 年需求量}{单位保管成本}}$$

年度采购成本的计算公式为:

$$年度采购成本 = 单次采购成本 \times \frac{年需求量}{EOQ} + 单件商品价格 \times 年需求量$$

当单件商品价格不变时,年度采购成本的计算公式可简化为:

$$年度采购成本 = 单次采购成本 \times \frac{年需求量}{EOQ}$$

年度保管成本的计算公式为：

$$年度保管成本 = 单位保管成本 \times \frac{EOQ}{2}$$

其中，库存的平均数量为经济订货批量的一半。

年度的库存成本总共为：

$$年度库存成本 = 单次采购成本 \times \frac{年需求量}{EOQ} + 单位保管成本 \times \frac{EOQ}{2}$$

通过对上述基本 EOQ 模型计算公式的分析，我们可以发现如下几个特点：当单次采购成本上升时，最优订货批量上升，反之亦然；当单位保管成本上升时，最优订货批量下降，反之亦然；当年需求量上升时，最优订货批量上升，反之亦然；当库存成本达到最低时，保管成本与采购成本相等，反之亦然（此处所指的采购成本不包含商品的价格）。

（2）带批量折扣的 EOQ 模型。有时供应商为了加速销售，会采取一些促销手段，例如：已知企业的保管单价、单次采购费用、商品价格、年需求量等数据，并且已经求出了最优订货批量 EOQ。供应商给予承诺如果单次采购批量大于某一个特定值 T，则给予商品单价 $X\%$ 的折扣。这时，对于企业的库存管理人员来说，就有必要在计算经济订货批量的同时，对供应商给予的价格折扣加以考虑，以求得企业总成本的最优方案。

判断 T 与 EOQ 的大小，如果 $EOQ > T$，则企业只需按照最优订货批量进行采购即可享受价格折扣，所以 EOQ 为企业的最优决策。

如果 $EOQ < T$，则继续做如下判断。

计算单次采购量为 EOQ 时的总成本为：

$$年度库存成本 = 单位保管成本 \times EOQ + 商品单价 \times 年需求量$$

计算单次采购批量为 T 时的总成本为：

$$年度库存成本 = 单位保管成本 \times \frac{T}{2} + 单次采购成本 \times \frac{年需求量}{T} + 商品单价 \times$$

$$(1-X\%) \times 年需求量$$

比较上面两项成本的大小，选择其中较小的一个作为企业的最优订货批量。

（3）其他 EOQ 模型。假设企业发生缺货不可避免，加大安全库存的代价又太大，以至于大于因缺货造成的损失，所以企业会允许暂时缺货的情况出现，这就产生了允许缺货的经济订购批量，相应的决策模型也就变化为求使采购成本、保管成本、缺货损失三者之和最小的最优订货批量。

因此，在 EOQ 理论中的基本模型还可以有其他几种常用的变化形式。其变化点主要是两个，一是是否允许缺货，二是瞬时补货还是持续补货。对这两个变化点进行不同的组合，则可以得到 3 种新的变化形式。

持续消耗、持续补货、不允许缺货的模型，其最优经济订货批量为：

$$经济订货批量（EOQ）=\sqrt{\frac{2\times 单次采购成本\times 年需求量}{保管单价\times\left(1-\frac{年需求量/365}{日补货量}\right)}}$$

持续消耗、瞬间补货、允许缺货的模型，其最优订货批量为：

$$经济订货批量（EOQ）=\sqrt{\frac{2\times 单次采购成本\times 年需求量}{保管单价}}\times\sqrt{\frac{单件缺货损失}{保管单价+单件缺货损失}}$$

持续消耗、持续补货、允许缺货的模型，其最优订货批量为：

经济订货批量（EOQ）

$$=\sqrt{\frac{2\times 单次采购成本\times 年需求量}{保管单价\times\left(1-\frac{年需求量/365}{日补货量}\right)}}\times\sqrt{\frac{单件缺货损失}{保管单价+单件缺货损失}}$$

3. EOQ 模型的缺陷

与其他的任何经济学或管理学中的数量模型一样，EOQ 模型也是在许多前提假设条件下才能成立，但这些条件有时未必符合实际情况，具体如下：

假设单次采购成本不变，且与采购批量的大小无关。然而事实情况下，采购成本不但会由于市场环境、采购时间等的变化而不一样，而且还会受到采购批量大小的影响。

假设保管单价不变，保管成本与保管量和保管时间长度保持正比例关系。然而事实上，保管成本中存在许多因素并不与保管量有关，例如员工工资、水电费用等，不管仓库中保管的商品有多少，这些费用企业总是要固定支出的。

假设年需求量稳定不变。然而事实上，年需求量会随着企业经营业务的开展，随着对于市场信息的进一步收集分析和企业生产计划的调整等，不断发生着变化。

假设企业对各种商品的需求是相互独立的，各类商品之间没有连带关系。然而事实上，如果存在多种商品要组合销售或使用的情况，那么就会发现若仅采取 EOQ 方法来进行库存管理的话，企业的供货安全性极低。

假设库存商品的消耗是缓慢连续且均匀发生的，发货数量远远小于最优订货批量。然而事实上，企业往往会发现很多类商品的消耗速度是不均匀的，是突发式的，会存在低谷时期几乎不消耗，而高峰时间消耗量大于最优订货批量的情况。

假设订货提前期是稳定的，且远小于订货周期。然而事实上，订货提前期长于订货周期并非罕见。

假设库存被消耗后应该被重新填满。然而事实上，客户需求如果是间歇性的话，企业完全没有必要因库存量较低而开始新一轮的采购。

EOQ方法是在计算机技术尚不发达的年代下能够采取的比较优秀的一种管理模型。尽管它存在许多不符合实际的前提假设，但是由于该方法对于库存管理本质的深刻描述，因此不失为一种非常简单直观的好办法，曾经被广泛地应用于国外企业的库存管理实践中，且收到良好的效果，并且至今对我们的库存管理决策工作依然还有很好的理论指导价值。

三、订货点方法

在库存管理工作中，最根本的就是决策订什么货、订多少货和何时订货这三个问题。如果说 ABC 方法和 EOQ 方法分别解决了前两个问题的话，那么订货点方法主要解决的就是何时订货的问题。

所谓订货点，就是企业要决策出一个便于库存管理人员或采购人员识别的标志点，以使他们一旦发现该标志点出现就立刻实施订货行为。这样做的好处是通过预先决策，使复杂的库存管理决策行为转化为一个可见可操作的简单决策标志，便于实施准确的管理。

在订货点方法中，主要是定量订货法和定期订货法两种基本类型。

1. 定量订货法

定量订货法的基本原理是设置一个特定的库存量 Q_k 作为订货点标志，一旦库存商品量下降到 Q_k 就启动订货。

在定量订货法中，订货点 Q_k 大小为：订货点 Q_k ＝提前期×日均需求量＋安全库存量。

采取这种订货方式时，当企业发现库存下降到订货点 Q_k 时即启动订货，随后在订货提前期内库存持续消耗，预期消耗量为提前期与日均需求量的乘积。倘若市场需求比较稳定的情况下，当这部分库存消耗完，仓库中仅剩下安全库存量的商品时，下一批商品就送达到库了，及时对库存量进行了补充。即使市场需求不稳定，提前期内消耗量有所增加，企业也可以通过消耗安全库存的方式进行弥补，防止出现断货。

在定量订货法中有两种方式：一是可以将每次订货量直接取为最优经济订货批量 EOQ，这样每次订货量都一样，可以方便订货作业的操作。二是制定一个最高库存量 Q_{max}（一般可取为 Q_k+EOQ），每次订货后使得当前的名义库存（即包含已确定即将入库的在途商品量）达到 Q_{max}。这样计算出的订货量为：订货量＝Q_{max}－当前库存量－在途商品量。采取这种方式可以每次都使得库存量被充满，比较容易对库存量进行控制。

定量订货法主要应用于一些比较重要的商品，通过所设置的订货点 Q_k 可以防止库存被过度消耗而出现断货现象，保障了企业的供货安全性。

（1）定量订货法的优点

1）订货点标志可以被库存管理人员比较方便地识别出来，降低作业失误率。例如，在实际中可以采用"双堆法"简化处理,即将某商品库存分为两堆,一堆为经常库存,另一堆为订货点库存。当订货点库存被用完就立即开始订货,在订货提前期内则使用经常库存供货,当新商品到库后将两个库存都同时补满,如此往复操作。这样可以使库存情况一目了然,简单易行,并使盘点次数更为减少。

2)当订货量被确定之后,商品的订货、验收、入库、保管等业务都可以利用现有的规格化方式进行,作业量可控可预测,大大方便了管理人员的工作。

3)可以充分发挥经济订货批量的优势,降低库存成本,节约费用,提高企业经济效益。

(2)定量订货法的缺点

1)要随时掌握库存动态,占用了一定的人力和物力。

2)订货模式比较机械,缺乏灵活性。

3)订货时间不能确定,对于人员、资金的计划安排会产生一定影响。

4)会产生大量的单一订单,作业的规模效应难以体现,增加了工作量。

2. 定期订货法

定期订货法的基本原理是:设置一个特定时间周期作为订货点标志,一旦到达时间点就启动订货。这其中涉及如下几个参数:订货周期 T、订货点 Q_s、最高库存量 $Q\max$。

订货周期 T。订货周期不能太长,否则会增加库存的保管成本;也不能太短,否则会使订货次数和订货成本增加。一般该周期可以参照 EOQ 方法中所取得的最佳订货周期,即年需求量/EOQ。也可以根据企业的实际经营特点,通过与供应商协商等方法决定订货周期。还可以结合人们比较习惯的时间单位,如周、旬、月、季、年等来确定订货周期,从而与企业其他部门的生产计划或工作计划相吻合。

订货点 Q_s。当到达时间点后,订货程序被启动,但如果当时的实际库存量比较高(大于 Q_s),则由于本次的订货批量太小而没有必要实行订货。一般 Q_s 可以根据企业的实际情况,由库存管理人员、采购部门及供应商共同协商而定,主要的设置依据为单次采购成本的大小及对后期供货安全性的评估。

最高库存量 $Q\max$。定期订货法中的 $Q\max$ 可取为:日均需用量×(订购周期+提前期)+安全库存量。每次一旦进行订货都应使得当前的名义库存达到最高库存量 $Q\max$。当订货周期恰好取为 EOQ 方法中的最佳订货周期时,则定期订货法与定量订货法中的 $Q\max$ 也恰为相同的值,即 $Q\max=Q_k+EOQ$。

定期订货法是以时间周期为主要标志的订货控制方法。这种方法并不强调对商品库存量进行时时刻刻的严密监控,而只要求库存管理人员每隔一段时间进行检查即可,大大降低了管理工作的强度,比较适合用于重要性较低的商品类型。

（1）定期订货法的优点。采取定期订货法可以达到既保障需求又节省库存管理成本的目标。

1）通过妥善安排订货周期，可以使多种商品同时进行订货，减少单笔订货的次数，节省作业成本。定期订货法尽管会存在一些风险，但是只要订货周期和最高库存量被合理地设置，同样可以实现较好的库存安全水平。

2）无须对于库存量进行严密的监控，降低库存管理人员的工作量。

3）可与企业的周期性盘点工作相结合，工作效率得到进一步提高。

4）库存管理的计划性强，对于实现工作计划的有效安排十分有利。

（2）定期订货法的缺点

1）因为缺乏监控，所以如果商品需求量突然大增会发生缺货。

2）若要得到与定量订货法相同的供货安全水平，定期订货法需求设置更高的安全库存量。

3）由于每次订货的批量不一致，无法利用经济订货批量的优势。

3. 订货点方法的评价

如前所述，定量订货法和定期订货法都存在各自的优点和缺点，分别有各自的适用商品类型。但是在实际工作中，企业可以将两种方法综合起来一起使用，起到扬长避短的效果。例如，当达到定期订货周期的时间点时，尽管某些重要商品的库存量还未下降到 Q_k，但已经降到了 Q_s 以下，则可以与其他商品一起进行订货。或者可以利用计算机程序，为采取定期订货法的商品设置一个报警底线，当库存数量严重下降达到该底线时也可临时启动订货程序等。

订货点方法依赖于对客户未来需求的预测。我们只能根据客户以前的行为来预测其将来的趋势，并以此为依据进行库存储备。采取该方法的好处是如果客户需求能按之前预测实现，那么我们也能够回报以客户比较高的服务水平。但是，与 EOQ 方法一样，如果客户需求发生变化，那么就有可能出现失销或呆滞库存。或者，如果我们明知客户的需求将发生在若干月以后，那么是否有必要按照订货点方法在订货标志出现后就立刻对库存进行补充呢？因为采取订货点方法来满足需求时，必须建立起一定数量的库存储备，这无疑增加了一些企业原本不需要承担的库存成本。

4. 安全库存量的计算

安全库存量是为了预防需求或供应方面不可预测的波动，在仓库中经常应保持最低库存量作为备用的库存量。

安全库存量大小通常跟以下因素相关：库存需求量的变化，预期库存需求量变化越大，企业应保持的安全库存量也越大；订货提前期的变化，订货提前期的不确定性越大，或预计订货间隔期越长,则库存的缺货风险也就越高,安全库存量也应越高;由存货的短缺成本和储存成本所决定的缺货率,一般地,存货短缺成本越高,企业要求的缺货率越低,企业就需要保持的安全库存量就越大;另外增加安全库存量,尽管能减少存货短缺成本,但会给企业带来储存成本的额外负担。

安全库存量的计算公式通常如下:

(1) 每日需求量固定不变,但订货提前期变化。

$$安全库存量 = 日需求量 \times 提前期标准差 \times 安全系数$$

(2) 订货提前期固定不变,但每日需求量变化。

$$安全库存量 = \sqrt{提前期} \times 日需求量标准差 \times 安全系数$$

(3) 订货提前期变化,每日需求量变化,但两者之间相互独立。

$$安全库存量 = \sqrt{日需求量^2 \times 提前期标准差^2 + 提前期 \times 日需求量标准差^2} \times 安全系数$$

在以上公式中,均假设提前期天数或日需求量如果发生变化,则其变化规律为正态分布。其中安全系数可以从正态分布表中查得,见表12—2。

表12—2　　　　　　　　　　　正态分布表

服务水平(%)	安全系数 z
100.00	3.09
99.99	3.08
99.87	3.00
99.20	2.40
99.00	2.33
98.00	2.05
97.70	2.00
97.00	1.88
96.00	1.75
95.00	1.65
90.00	1.20
85.00	1.04
84.00	1.00
80.00	0.84
75.00	0.68

安全系数跟顾客服务水平相关,而顾客的服务水平跟所要求的缺货率相关,即:

$$服务水平 = 1 - 缺货率$$

如果企业所要求的缺货率不高于 5%，则服务水平为 95%，查表可得安全系数为 1.65。

服务水平和缺货率的选择上，并不是服务水平越高越好，因为随着服务水平越来越高，每提高一定比例的服务水平所要支付的代价将越来越大，但相应获得的回报却越来越小，所以对于企业来说，盲目追求过高的服务水平是得不偿失的。从理论上说，服务水平达到 100% 的前提是仓库内保有的存货水平为无穷大，即订货点为无穷大，这是不可能实现的。因此企业应根据市场的需要，将服务水平控制在最符合企业利益要求的水平上。

学习单元 3　库存管理的发展

学习目标

1. 了解一些现代库存管理方法。
2. 能正确描述现代库存管理方法，并了解其在企业中的适用性。

一、库存管理的发展过程

库存管理作为企业中一项非常重要的资产及运营管理内容，一直以来都得到企业的高度重视。由于时代背景及供需关系的不同，在早期供不应求的年代中库存是被作为一项资产来管理的，企业追求的是商品多多益善，根本不担心商品的销售问题，库存管理的目标也主要是商品质量与数量的稳定。但随着时代的变迁，今天的库存已经更多地看上去像一种负债，如果不能及时实现销售就会造成企业的经济损失，所以库存管理的指导思想与方法也发生了深刻的变化。

归纳起来，库存管理的发展主要经历了以下 6 个阶段。

1. 为生产而建立库存阶段

在工业革命后期直到 20 世纪初期，整个世界的主流是经济与贸易的大发展，各类商品（特别是工业制品）的供应往往跟不上市场的需求，企业处于有货不愁卖的黄金时期，甚至有时还会采取一定的囤货策略，例如购买大量原材料或囤积部分商品待价而售。所以，那时的库存管理主要是为了保障生产的顺利进行，在库存成本、防止失销、防止呆滞库存等方面都还没有很多的研究。

2. 即用即购阶段

时至 20 世纪初，由于第一次世界大战等原因，经济衰退使得大量拥有超额库存的企业因销路不佳、资金积压而纷纷倒闭。大量的库存商品被低价抛售甚至被浪费遗弃，以往利用囤积库存的手段来致富的人都面临破产的危险，企业在这样的市场环境中都纷纷转为即用即购的经营策略，因此库存管理的重要性也难以得到体现，很少有人对库存管理给予关注。

3. 适度库存阶段

在经济慢慢恢复以后，市场上的购买能力又渐渐开始活跃，企业为了开展经营开始逐步增加库存量，从而对库存管理的重要性有了新的认识，不再无所顾忌地储备超额库存，而是有了比较明确的库存风险意识。ABC 等很多方法都是诞生在这个时期，库存的科学管理方法开始启蒙。

4. 最佳库存阶段

由于美国在第二次世界大战中对"飞机应装载多少炮弹"或"军队应存储多少粮食"等问题的研究，统计学和运筹学理论向世人展示了其完美的应用和非凡的表现，从而得到管理学界的高度重视。库存管理领域也开始运用这些方法来计算最佳库存量以尽量降低企业的经营成本，提高企业的市场竞争力，并随着 EOQ 等许多方法推广应用，使库存管理作为管理学的一个重要分支走向普及和蓬勃发展。

5. 信息化整合阶段

随着信息技术、管理工具的进步以及计算机的普及，许多企业开始利用计算机进行库存管理，以往难以采集和计算的大量数据从此可以被轻松处理完成，从而有效推进了订单、采购、生产与库存管理之间的配合衔接。库存管理走向系统化、信息化，产生了 MRP、MRPII 等比较复杂的管理系统。

6. 供应链管理阶段

由于全球经济竞争的日趋激烈，单个企业独占竞争优势的年代已经过去，供应链上下游紧密合作共同面对市场已经成为大势所趋。于是，随着业务流程再造（BPR）的兴起，企业之间开始力求破除以往的壁垒，从根本上考虑供应链流程的合理性，创造共赢的合作局面。库存管理也适应了这一趋势，成为企业之间进行合作衔接、消除差异、实现缓冲的桥梁。

在今天的库存管理工作中，我们的眼光已经不仅仅是停留在库存商品之上，而是要从源头、从根本上提高库存管理工作的合理性。

首先，从企业业务开展之初，就要对仓库的设施设备进行合理规划。实践证明，仓库的基础设施设备若是满足不了库存管理的要求，如技术水平不高、设备老旧落后、设施容量不够等都会造成库存管理水平低下、库存管理不能与企业经营目标相匹配等问题,甚至还可能无法对库存商品进行有效的维护保养,给企业造成难以挽回的巨大损失。反之,如果仓库的设施设备过剩闲置,库存能力过剩,则仓库整体效益也会因成本增加受到影响。因此,仓库各类设施设备的配置应以能够确实有效地实现库存职能、满足生产和消费的需要为标准,做到合理配置。

其次,企业要以自身经营决策为依据,建立与库存管理目标相适应的组织管理机构。包括人员队伍合理、组织结构合理、管理流程合理等。既不能让组织机构过于庞大而占用企业大量的人力资源和管理资源,或导致人浮于事和效率降低,同时又要保证有足够的人手投入到库存监控等各项作业中,不至于因人均承受的工作压力过大而导致作业失误和拖延。

最后是对仓库内的所有商品进行整体协调,确保库存结构的合理,包括商品数量、种类比例、存储时间、周转速度等指标的合理化。库存管理人员要针对不同商品类型的特征及互相关系,采取服务外包、联合作业、第三方管理等方式,尽量提高效率降低成本。例如,对于采购关联性比较强的商品可以采取联合采购的方式共同进行管理;对于保管收益比较低且重要性不高,占地面积又比较大的商品可以采取外包的手段将之从仓库中清除出去;对于模块化比较明显或可以合并的库存进行统一管理从而降低安全库存量等。

二、库存管理的发展方向

1. 零库存

在如今这个供过于求的年代,库存对于企业而言不仅仅是成本上的负担,而且还占用了企业大量的人员、土地、能源等资源。因此,如何有效地控制并合理降低库存是当前几乎所有企业都必须研究的一个重要问题。而这其中,零库存就是非常典型的一种解决思路。

在第一次世界大战后,以美国福特汽车公司为代表的大规模批量生产方式开始盛行,这种生产方式以其规模性制造的成本优势为企业创造了巨大的收益。然而随着经济的不断发展,用户的个性化需求越来越强烈,福特的生产模式暴露出其柔性化程度低、无法实现定制生产等缺陷。同时,伴随着市场的激烈竞争,企业的成本压力越来越大,尽量节省每一分资金和每一滴资源成为企业管理人员的终极追求。

零库存的概念首先是由日本的丰田汽车公司所提出的,它的核心思想就是通过采购与生产的严格控制及对产品库存的有效管理,追求一种无库存或库存达到最少的管理理念。企业实施零库存的策略可以达到降低库存成本、减少库存对于资金和资源的占用量等目的。

对企业的零库存进行讨论需要从两个方面展开，即产品的销售端和生产的采购端。首先从产品的销售端来看，要实现零库存就意味着产品一经生产出来即被销售，这也就是前文所述的反应式策略，也俗称为拉式策略，即企业只为已经确定的订单进行生产。然而，事实上市场上对于产品的需求一般都是渐进产生的，很难正好与企业的最优生产批量相吻合，所以除非市场需求大到永远一抢而空的地步，否则企业要实现销售端的零库存一定要借助于其他方法。例如，汽车生产企业可以将生产出来的车辆立刻按照分销协议运送到销售公司的门店。无论这时产品的所有权是否已经转让给销售公司，站在生产企业角度来看便已经实现了产品的零库存。但实际上这些库存可能还并没有走向终端消费者，而是转化为了销售公司的库存而继续存在着。

其次从生产采购端来看，如果企业自身无须备有原材料库存，只当生产订单被确认后才将所需的原材料直接送到生产线上。这样从采购端来看，企业的仓库中并未保存任何东西，即实现了零库存。当然，同上面的产品销售端一样，除非原材料可以就地取材而且取之不尽，否则所谓的原材料零库存也只是企业自身的零库存而已。大量的原材料实际上存在于供应商的仓库中，为随时可能启动的企业生产流程而原地待命。

因此，我们可以看到，由于市场需求的波动及不确定性是永远客观存在的，真正意义上的零库存从理论来讲是不可能实现的。但是对于那些渠道整合能力较强、上下游合作机制良好的大型企业来说，通过一些手段在财务意义上或仓库意义上实现自身的零库存则是完全有可能的。

在企业中实施零库存这一管理理念的价值在于如下几个方面：

一是促使企业采取更为优化的生产和配送方式，包括生产计划、订单处理、销售渠道、原材料采购等，从根本上使得企业采取满足市场需求的方式，消除供应与消费之间的时间差异。二是当库存从占据供应链核心地位的大型企业中被转移到上下游的供应商或分销商仓库中时，相关的库存成本及管理责任也发生了转移。这样有助于这些大型企业降低自身的管理难度，使之能够把宝贵的精力集中到其核心业务上来，从而获得更具优势的市场竞争力。三是通过让供应商和分销商来承担库存成本及管理责任的方式，既可以优化供应链的总成本，也可以进一步调动他们的积极性，促使他们不断改良自己的生产模式和作业计划，更为主动地参与到供应链的合作中来，从而使整条供应链的效率更高，收益更大，形成合作共赢的局面。

2. 准时制（JIT）

JIT是丰田汽车公司为实现零库存理念而配套提出的管理模式。它强调"一切都是准时的"，即只在需要的时候生产，只在需要的时候采购。正是因为一切都是准时的，所以不需要提前期，也不需要安全库存，自然也就不需要库存了。

在JIT的管理模式中非常强调"拉式"策略的运用。它一改以往传统生产方式中主要依靠预测和计划来"推动"生产的方式,而是要求一切从市场需求出发,根据市场需求来生产产品,并且一环套一环地依次向前"拉动"各个工序的生产加工。在JIT的严密生产计划安排下,企业中的每一个生产工序都对它的下游负责,严格依照下游的生产计划信息来安排自己的生产进度和产量,保证刚好能够准时满足下游的需求,不会有不足,也不会有积压,更不会有浪费。

为了达到上下游紧密配合的目的,JIT开创了"生产同步化"的管理方法,对企业中各生产工具的设备和人员进行重新配备,确保各个工序之间的"节拍"相吻合,既避免了上下游两个工序之间因生产速度的不一致而导致的忙闲不均,也有效减少了由此积压起来的过程库存。同时,JIT要求对企业的生产现场进行周密的布置,使得物品能够在各道工序间无间隔地流动,从而减少对于过程库存的无效搬运操作。

例如,"看板"就是JIT模式中一种常用的信息传递工具,可以帮助上游工序简单准确地把握下游工序的需求,也可用于在部门间甚至企业间传递生产以及运输等信号。看板有很多种形式,比较常见的有卡片、黑板、标志杆、颜色灯或者容器。以容器为例,A和B分别是生产某产品的两个上下游加工小组,A加工出来的半成品按规定应放置在A和B之间的容器内。该容器在靠近B的一侧使用搬运看板,而在A的一侧用生产看板。当B小组启动生产后则取走容器内的半成品,同时摘下搬运看板并放置生产看板。A小组收到生产看板以后即刻开始生产,随后将半成品放入容器内,同时取出生产看板放置搬运看板,示意请B取走。甚至在某些企业内还可以更简单,只要容器被B推向了A,就表示B发出了要货指令,A即刻开始生产,当容器被装满后再由A推向B。B收到后取出半成品进行继续加工,如果还需要货则再次将容器推向A,如不再需求了就将容器保留在B手中,如此往复。

总之,在JIT中企业追求的是所有工作精益求精,在企业内部形成一个顺畅高效的工作流。为此,JIT提出了6项具体的工作要求。

(1)废品量最低。消除各种不合理因素,在加工过程中每一工序都要求衔接顺畅、节拍一致、产量一致。

(2)库存量最低。库存在JIT中被认为是生产计划不合理、过程不协调、操作不规范的表现,通过与外部的供应商和分销商的协调,以及加强内部的各个工序的管理,可以有效地消除库存。

(3)零件搬运量最低。零件搬运是非增值操作,通过现场的合理布置,可以减少零件和装配件运送量与搬运次数,节约装配时间,并减少装配中可能出现的问题。

(4)机器故障率最低。机器故障不但会造成停工损失,也有可能造成次废品率提高,对企业极其不利。加强日常维修维护、增加闲时巡检查、将机器开启前和停机后的检查工作制度化，可以有效降低机器故障率，是生产能够顺畅进行的保障。

（5）准备时间最短。尽管生产线的准备时间是必需的，但在 JIT 中依然认为准备时间可以尽可能地被压缩。如果准备时间趋于零，那么准备时间成本也趋于零，企业的生产线就有可能对非常的生产批量需求做出及时的反应。

（6）生产提前期最短。生产提前期越长就意味着要让客户或下游工序等待的时间越长，这对于满足市场需求是不利的。因此在 JIT 中会尽力缩短生产提前期，使之与小批量的柔性化生产系统相匹配，具备较高的应变能力。

3. 供应商管理库存（VMI）

如果对经济订货批量法进行深入探究便可发现，这个方法研究的是一个上游企业 A 向其供应商 B 采购商品的问题。因此不难想象，在这个问题中，不但企业 A 处建立了库存，而供应商 B 处为了保障企业 A 随时能够获得供应也建立了一个库存。根据运筹学的基本原理可以知道，这种双库存形式的总成本并不是最优的。而如果要取得最优的结果就必须站在供应链的角度将这两个库存进行合并，以共赢的态度寻求最优的解决方案。

在实践中，我们发现由供应商 B 代替企业 A 来管理这两个库存会使得整体的效率得到大幅度的提高。其原因在于以下几点：

在经济订货批量模型中仅考虑了企业 A 的库存成本最低，但供应商 B 的库存成本并未考虑在内，供应链的总体成本并非最低。

企业 A 的最优订货批量可能并不与供应商 B 的生产节拍相匹配，导致供应商 B 为了满足企业 A 的采购需求经常要加班生产或停工待产，生产的正常节奏被打乱，生产成本增加。

供应商 B 可能除企业 A 外还有其他客户，如果都把库存交给 B 来管理的话可以通过规模效应来获益。

企业 A 将库存管理的责任与成本交出去后可以实现轻装上阵，专心致志做强其核心业务，而不必再费心在库存管理上投入精力。同样对于供应商 B 也可以把更多精力用在保障供应上，双方都可以把业务做得更好。

由供应商 B 来管理库存可以使 B 更加了解企业 A 的实际情况，从而有利于双方的信息交互和互相协作，可以促使供应商 B 尽快进行生产模式的调整，进一步提高供应链的整体效率。

由供应商 B 来管理双方的库存有利于 B 将运输、配送等多种成本进行综合考虑，甚至还可以将 B 自身的采购行为也考虑进来，进一步降低供应链的总体成本。

同上，当供应商 B 对于企业 A 有了深入的了解后，可以促进 B 改善产品的开发创新过程，为企业 A 提供更多更好的新产品。

某些情况下，供应商 B 可以比企业 A 更了解市场，更懂得利用市场信息来促进销售，所以将库存交给 B 来管理可以及时淘汰落后商品，加速更新换代。

如果企业 A 需要向供应商 B 采购多种类型的商品时，上述若干项优势的体现将更为明显。

根据合作深度的不同，该方法可以进一步细分为供应商管理库存（VMI）、协同计划预测及补货（CPFR）、联合库存（JMI）等几种方法。

例如，某个经营花色面包的食品公司在某地区拥有多家直营店，以往一直采用的是由直营店长根据每日的销售量向总公司进行订货的方式来决定第二天早上的送货。公司高层经过调研后发现几个问题：一是直营店长为了提高销售量往往会倾向于多订货，导致企业的浪费增多；二是直营店长并不了解总公司的新产品计划，所以订货行为倾向于保守的老产品，不利于新品促销和公司市场战略的实施；三是每天的订货数据要等到下午才能知道，给库存管理部门和配送部门造成的工作压力非常大，往往导致库存管理部门为了应对直营门店的订货而提高库存储备量。

因此，公司经过慎重考虑后决定实施供应商管理库存的方法，即由公司直接根据当天 POS 机上反馈的销售量来制订送货计划，直接对各直营店的库存负责。经过一段时间的实施后发现，直营门店中的库存得到了明显的降低，公司的市场战略意图、新产品推销策略的执行力度也明显加大，而且公司总部的库存计划制订的计划性更强了，库存下降 30%～35%，更有趣的是直营门店经理的工作积极性完全放在销售上，业务也有了提高。

也就是说，当企业实施 VMI 管理后，不但总成本有了明显的下降，而且由于工作效率大大提高，使得整体的营销和市场工作也得到了有力的推动。

4. 物料需求计划（MRP）

物料需求计划（Material Requirements Planning，MRP）是运用计算机来彻底实现计划式策略的一种管理方式，它利用强大的计算能力把企业已经确定的产品生产计划细化为对各个零部件的周密计划，哪怕是一颗螺丝钉、一个按钮都不会遗漏。MRP 利用主生产计划（MPS）和主产品的层次结构逐层逐个地求出主产品所有零部件最准确的产出时间和数量。如果零部件靠企业内部生产，那就根据各自生产时间的长短来提前安排投产时间，形成零部件投产计划；如果零部件从企业外部采购，那就根据各自的订货提前期来确定发出订货指令的时间和订购数量，形成采购计划。

依靠 MRP 的帮助，企业可以将每一个零部件的生产采购时间及数量安排到最准确，使前一个环节的结束时间刚好与后一个环节的开始时间相吻合，没有提前也没有落后，并且使前一个环节的产量刚好满足后一个环节的需求，没有过剩也没有不足，从而使企业库存自然而然地降到最低。

MRP中主要包括以下3个基本概念。

（1）主生产计划。一般是指企业主产品的产出时间进度表。主产品是企业用以满足市场需求的最终产品，一般是整机等具有独立使用价值的商品等。在MRP中，这些主产品要具体到品种、型号，才能确定其组成结构。在大多数企业中，比较合适的产出时间进度是以周为单位，也可以根据企业生产性质的不同采用日、旬或月。主生产计划是根据客户合同和市场预测制订的，它详细规定生产什么、何时产出，是独立的产品需求计划，也是展开企业物料需求计划的主要依据，起到了从销售计划向生产计划过渡的承上启下作用。

（2）BOM（物料清单）。BOM详细阐述了主产品的结构层次、所有各层零部件的品种数量关系及装配关系，一般可用一个自上而下的树状图来表示（当产品结构比较复杂，包含零部件数量较多时，为了方便阅读也可以用树形隶属关系的表格来表示）。树状图的每一层都对应一层产品结构，最上层是0层代表主产品，0层下面是1层代表直接组成主产品的零部件，如此逐层分解直至最初级的原材料或者外购零部件。树状图中的每一个节点即代表着一个零部件，并用名称、数量和提前期这三个关于产品结构和生产计划的参数来对其进行描述。

（3）库存文件。库存文件是保存企业所有产品和零部件在库内保存状态的数据库，记录了生产计划运行前的期初库存量和运行过程中的动态库存变化。包括现有库存量、计划到货量、已分配量、订购（生产）批量，以及最小生产批量、最低安全库存量等参数。

MRP在运行之初先要将整个生产流程进行合理的时间段划分，编制各层物料代码，并在此基础上做好主生产计划、BOM、库存文件等数据准备工作。随后首先从0层开始，依次往下推算各层次零部件的需求量和需求时间、投产量和投产时间，并最终形成企业的整体物料需求计划，并分解为一张张细致的各车间生产任务单。

5. 其他库存管理创新

为了实现最佳的库存管理，世界各地的企业向着零库存的目标进行着卓越的探索和努力，提出了许多行之有效的实践方法。下面列举的是这些方法中的一部分，尽管五花八门种类多样，但如果我们对于这些方法进行深入思考的话，就可以发现这些方法大多是建立在JIT、VMI等方法基础上的不同形式。

（1）寄售法。供应商将原材料或零部件寄售在生产企业的仓库中，每隔一段时间统计其使用数量，确定应收账款并制订补货计划。库存物品的管理事宜由生产企业全权负责，保管费用也是由生产企业负担。对于供应商而言所承担的只是寄售物品的资金利息。这种操作方式对于供应商来说节省了仓库费用，还可确保销路。对于生产企业来说也大幅度降低了建立原材料库存的成本。

(2) 自来水法。由供应商负责在一个固定地点保管固定的物品，并承担所有库存管理的成本，生产企业只要按照需求数量随时办理采购手续即可。采取这种方法时，生产企业的库存费用几乎为零，但同样可以享受取用极为方便的供货服务。

(3) 供应商专柜法。生产企业将各个生产车间分散管理的原材料或零配件统一集中到仓库中，根据产品类型划分不同的保管区域请各个供应商对之进行管理。这种方式的优点是使原来的分散库存合并起来交给供应商统一管理统一结算，降低了生产企业的库存成本和管理成本，并且腾出了各车间的保管空间面积用于生产。

(4) 自动销售机法。生产企业根据对产量的充分预计，做出详细计划后，给各个生产车间分配特殊的硬币，将此硬币投入自动销售机即可随时取出存放着的零配件，供应商只需读取自动销售机上的数据即可全面掌握领料情况和及时采取相应的补货措施，并于事后以硬币数量与生产企业进行结算，管理复杂性大大降低。

(5) 巡回送货法。企业定期组织若干批不同类型的供应商巡回各生产车间，根据生产车间的存货情况和下一步需求计划，现场进行补货。采取这种做法在提高了企业对于库存管理的便捷性的同时，使供应商能够充分了解企业各生产车间的实际情况，有利于加强合作关系的建立。

思考题

1. 库存的含义是什么？
2. 库存的功能有哪些？
3. 库存的弊端体现在哪几个方面？
4. 进行库存管理时需要考虑的因素有哪些？
5. 有哪几种常用的库存管理策略或方法？
6. EOQ 模型的缺陷是什么？
7. 常用的订货方法有哪些？
8. 如何计算安全库存量？
9. 库存管理的发展历程是怎样的？

第 13 章

仓储质量管理

第 1 节　仓储质量管理及其实施　/284
第 2 节　仓储质量管理方法　　　/291

第 1 节　仓储质量管理及其实施

学习单元 1　仓储质量管理概述

学习目标

1. 了解仓储质量管理的特点。
2. 了解仓库质量管理的内容。
3. 了解仓储质量管理的意义和目标。

一、仓储质量管理概念

仓储质量管理是指为了确保仓库内货物的质量所开展的计划、组织、领导、协调和控制等活动，包括制定产品的质量标准和实现质量标准的实施方案；组织力量实施质量的保证方案；在实施过程中进行严格的控制和监督；在实施过程中做好人员与人员、部门与部门、企业内外之间的协调和信息沟通；质量标准在实施中的调整和优化。

狭义的仓储质量管理是指应用各种科学原理和科学方法对仓库内货物进行储存、保养，以保证提供高质量的仓库货物管理。

广义的仓储质量管理是指为了最经济地收发货作业和保管好适合使用者要求的货物所采取的各种方法和手段。

二、仓储质量的特点

仓储质量是仓储经营、作业、保管和服务的一系列活动的良好状态的反映。具体来说其质量特点表现有以下 7 点。

1. 储存多

储存多是指充分利用仓库、货场，增加仓库的有效利用面积，提高仓库场地的利用率，尽可能利用立体空间，合理安排减少场地空置，使仓库能容纳最多的货物。

2. 进出快

进出快有两方面的意思，一方面为货物进出库迅速，作业效率高、时间短，减少运输工具停库时间，货物出入仓库顺畅无阻；另一方面要求货物周转快，缩短货物滞库时间，提高物资流通速度。

3. 保管好

保管好是指仓库具有适合货物保管的条件，具有科学合理的保管方案和管理制度，有针对性的保管措施，员工认真进行保管作业，货物在仓库内堆垛稳固、摆放整齐、查询方便，账、卡、证、物一致，货物随时能以良好的状态出库。

4. 耗损少

耗损少是指没有发生货物残损和变质等各类保管、作业事故。仓库货物的自然耗损应控制在最低的程度，意外事故和不可抗力所造成的损失最小，整体货损货差率达到最低。同时也包括散落货物能及时良好回收，受损货物能及时得到维护。

5. 费用省

费用省是指通过节省开支、消除无效作业、充分利用生产要素、开展规模化经营，使仓储成本降低，客户所需支付的费用减少；避免发生不合理的、损害社会效益的费用发生。

6. 风险低

仓储风险包含两个方面，一是仓储保管人承担的风险，如仓储物搬运损坏的赔偿；二是存货委托人承担的风险，如不可抗力造成的仓储物损坏。仓储风险质量目标就是实现彻底消除仓储保管操作风险，尽力减少委托人承担风险所造成的仓储物损失。

7. 服务化

服务质量是仓储的生命力，是客户接受仓储服务的前提条件，也是其他质量特征在客户面前的综合体现。服务水平是一项软指标，不同的客户有着不同的服务要求，因此服务具有具体性和针对性。要保证仓储的服务水平，对内必须建立服务标准，以便所有员工按章遵守，保证服务水平。对外需要采取协议化手段明确服务水平。对外服务协议化是为了使客户明确所能享受到的服务水平，让客户知道物有所值。更重要的是针对客户对服务的无止境需求，通过协议进行明确的限定，防止发生服务纠纷。

三、仓储质量管理的内容

1. 储存物资质量

仓储的对象是具有一定质量的实体，即有合乎要求的等级、尺寸、规格、性能和外观等。这些质量参数是在生产过程中形成的，仓储工作就是在转移和保护商品的这些质量，最后实现对用户的质量保证。在当代流行的质量保证体系中，对用户的质量保证仍有赖于生产环节，也依赖于流通环节。

2. 服务质量

仓储业有极强的服务品质要求，不管是生产企业自营的仓储活动，还是对外从事的仓储业务，整个仓储的质量目标就是不断提高其服务质量。一般来讲，仓储服务质量普遍体现在满足用户要求方面，各个用户要求不同且这些要求往往超过企业的能力，要满足这些服务要求，就需要企业有很强的适应性及柔性，而这些又需要以强大的硬件系统和有效的管理系统做支撑。仓储承担者的责任是积极、能动地推进服务质量。

需要指出的是，有时候，用户提出的某些服务要求，由于"效益背反"的作用，会增大成本而出现别的问题，这时，盲目满足用户的这种要求不是服务质量的表现。

3. 储运工作质量

工作质量指的是仓储各环节、各工种和各岗位具体工作的质量。为实现总的服务质量，要确定具体的工作要求，以质量指标形式确定下来则为工作质量指标。这是将仓储服务总的目标质量分解成各个工作岗位可以具体实现的质量，是提高服务质量所做的技术、管理和操作等方面的努力。

仓储服务质量水平取决于各个工作质量的总和。仓储的工作质量可归纳为以下几方面内容：商品损坏、变质和挥发等影响商品质量因素的控制及管理；商品丢失、错发、报损等影响商品数量因素的控制及管理；商品维护、保养、商品入库、出库检查、验收；商品入库、出库计划管理；商品标签、标示货位与账务管理；库存量的控制；质量成本的管理及控制；温度和湿度控制；工作标准化管理；各工序设备正常运转、完好程度管理；上、下道工序（货主、用户）服务等。

4. 工程质量

和货物生产的情况类似，仓储质量不但取决于工作质量，而且取决于工程质量，优良的工程质量对于物流质量起到良好的保证作用，仓储工程质量受制于物流技术水平、管理水平、技术装备。好的仓储工程质量，是在整个仓储过程中形成的。要想"事前控制"仓储质量，预防仓储造成的不良品，必须对影响仓储质量的因素进行有效控制。

在仓储过程中，影响仓储质量的因素可归纳为以下六个方面：①人的因素，包括人的知识结构、能力结构、技术熟练程度、质量意识、责任心等反映人的素质的各项因素；②体制的因素，包括领导方式、组织结构、工作制度等方面；③设备因素，包括物流各项装备的技术水平、设备能力、设备适用性、维修保养状况及设备配套性等；④工艺方法的因素，包括仓储流程、设备组合及配置、工艺操作等；⑤计量与测试因素，包括计量、测试、检查手段及方法等；⑥环境因素，包括仓储设施规模、水平、湿度、温度、粉尘、照明、噪声、卫生条件等。

四、仓储质量管理的意义

1. 保持商品质量的必要条件

生产决定了产品的内在质量，作为流通领域的仓储环节若想保持商品质量，就必须采取各种科学方法提高仓储的质量管理。

2. 实施商品供应的有力保证

仓储质量管理以为用户生产建设服务为目的，它既能提供质量完好的商品，又能保证商品准确、及时的供应。

3. 提高仓储经济效益和管理水平的有效手段

仓储质量管理能消灭各种事故、差错的发生，有助于降低消耗，从根本上降低仓储成本，提高仓储经济效益。仓储管理是一门科学，而质量管理是科学管库的管理方法。提高仓储质量管理的过程就是提高仓储管理水平的过程。

4. 有利于国民经济的发展

仓储联系着生产、流通、交通等部门，关系到国民经济全局，关系到社会经济活动的供应保障能力，有利于企业的经营，有利于国民经济的发展。

5. 有利于提高仓储企业的竞争力

仓储质量直接影响仓储企业的信誉，要想提高仓储企业的竞争力，仓储质量管理是重要的手段。

五、仓储质量管理的目标

仓储质量管理必须满足两方面的要求：一方面是满足供应商的要求，因为仓储各项作业的最终结果都是保护供应商的产品能保质保量地转移给用户；另一方面是满足用户的要求，即按用户要求完成商品的送交任务。仓储质量管理的目的，就是在"向用户提供满足要求的质量服务"和"以最经济的手段来提供"两者之间找到一条优化的途径，同时满足这两方面要求。为此，必须全面了解生产者、消费者、流通者等各方面所提出的要求，从中分析出真正合理的、各方面都能接受的要求，作为管理的具体目标。从这个意义上来讲，仓储质量管理也可以理解为"用经济的办法，向用户提供满足其要求的仓储质量的方法体系"。

学习单元 2　仓储企业实施 ISO 9000

1. 熟悉仓储企业服务质量体系文件。
2. 了解仓储服务质量体系建立与实施。
3. 了解仓储服务质量的审核。
4. 能运用 ISO 9000 体系来指导仓储企业的质量管理。

仓储企业实施 ISO 9000 体系，要从仓储的各个环节建立操作规范和标准，在企业的 ISO 9000 体系中体现出以用户为核心的质量管理思想。

一、仓储服务质量体系文件

仓储企业服务质量体系一般由入库、储存、养护和出库等环节组成的全过程及相应的组织机构、程序和资源构成。

仓储企业服务质量体系由一套质量体系文件来表述。这套质量体系文件一般包括以下 5 个部分。

1. 质量手册

仓储企业服务质量管理手册一般可由四个部分组成：仓储企业服务质量方针和目标；仓储企业组织机构、职责、权限及相互隶属关系；仓储企业管理规范；手册评审、修改和控制方面的规定。

2. 仓储管理规范

仓储企业依据实际情况可对质量管理体系中的要素或其中一项活动控制过程编制相应的管理规范或程序文件。一般应采用"5W1H"方法，按公司标准格式写清楚目的、范围、干什么、谁来干、在何时何地干以及怎样干，采用什么设备、工具、文件以及如何控制（考核）和记录等。按照 ISO 9000 的标准，在仓储企业单位的质量手册中，对各个质量体系要素或其活动过程应按企业标准形式，编制以下一系列仓储管理规范：仓储合同评审管理规范；仓储运输安全管理规范；运输车辆保养和维修管理规范；车辆驾驶员培训和考核管理规范；应急状况的准备及处理程序。

3. 仓储技术规范

ISO 9000 体系要求仓储企业建立和实施以用户服务为中心，包括仓储质量、车辆使用与维修、相关产品安全和送货及时等在内的一系列仓储技术规范，它们也是仓储服务质量体系文件的重要组成部分。它很明确地规定了仓储质量的基本要求，即必须按照工作指导的规范操作，尽力满足用户的需要。同时，该标准还分别规定了仓储过程的以下质量要求：仓储活动准备过程的质量要求；仓储活动组织过程的质量要求；货物装卸过程的质量要求；仓储运输、交接过程的质量要求；计费结算过程的质量要求等。

4. 岗位作业规范

一般应按岗位编制作业须知、作业指导书或服务规范，以规范仓储操作人员和服务人员的行为。当国家或行业部门有相应的规章和标准时，应在上述工作程序文件中认真实施，并进一步具体细化，确保其具有可操作性。仓储企业根据不同的工作岗位特性，分别编制管理岗位工作规范，操作岗位（司机、装卸工、保管员和养护员等）作业规范与服务岗位的服务规范，这些规范应贯彻相应的技术规范和管理规范要求并作为考核相关人员工作（作业或服务）质量的依据。每一个岗位、每一项服务都有标准可依，实现规范化服务。

5. 质量记录

仓储企业所有为已完成的仓储活动或达到的结果提供客观证据的文件都是质量记录。质量记录包含仓储管理记录，每个仓储企业或每次仓储活动都应按照统一、规范、适用的原则，对各类货物安全运达或质量活动的原始记录、统计报表或专题报告进行设计、会审和编号。质量记录表有以下几个种类：质量保证协议书；收货验收记录表；装卸损坏率记录表；车辆技术状况分级评定表；车辆整洁合格状况考核表；顾客意见表；计量衡器校准或检定记录；内部质量审核报告及驾驶员执照等。

二、仓储服务质量体系的建立和实施

质量管理体系或服务质量体系的建立和运行一般应经过组织准备、原有质量体系的调查与诊断、体系分析、文件编制、运行考核和体系完善等阶段。

1. 组织准备

首先，公司最高管理者应高度重视服务质量管理，统一思想，深刻认识体系建设的必要性、重要性和长期性。其次，任命管理者代表，组织少数既懂仓储技术，又懂质量管理，并熟悉本公司业务的人员负责体系的设计、策划和文件编制等工作。同时，明确规定公司组织机构各层次、各部门及有关人员的职责、权限与相互隶属关系。最后，还应做好宣传、培训、收集资料等准备工作并拟订工作计划。

2. 调查与诊断

根据拟订的工作计划,对企业原有的质量体系进行调查,随后理清企业现行组织机构、质量状况、质量管理状况、资源状况和质量活动状况。

从现有的状况中找出其符合 ISO 9000 标准的内容和不符合 ISO 9000 标准的内容,进一步理清现有质量体系的结构、要素,判断其与 ISO 9000 体系的差距。

3. 体系分析

根据 ISO 9000 标准规定的要求和国家的相关法规、标准及企业的方针和目标,对企业现状进行分析,设计仓储质量活动过程网络,策划体系文件层次与项目,提出体系方案,并对体系方案进行评审和审定,绘制仓储质量职能分配一览表。

4. 文件编制

仓储企业文件编制应该遵循系统协调、合理优化、方便实施、可行可查的原则,凡能以本企业标准格式编制的文件一律按标准格式编制,以确保科学、合理、统一和规范。

编写质量体系文件的基本要求有以下 3 点。

(1) 符合性。应符合并覆盖所选标准或所选标准条款的要求。

(2) 可操作性。应符合本企业的实际情况。具体的控制要求应以满足企业需要为度,而不是越多越严就越好。

(3) 协调性。文件和文件之间应相互协调,避免产生不一致的地方。针对编写的具体某一文件来说,应紧扣该文件的目的和范围,尽量不要叙述不在该文件范围内的活动,以免产生不一致。

5. 运行考核

体系文件一旦批准发布,就应认真实施和考核,并通过内审和管理评审推进文件的不断实施。

6. 体系完善

通过一定时期的运行考核,按规定的程序修改、完善体系文件,再付诸实施和考核,按 PDCA 反复循环,以实现体系完善目标。实践证明,仓储质量体系的建立和运作都离不开标准化基础。因此,建立和实施仓储企业的标准体系,并用一个科学、实用、简便的企业标准体系表格来表述,是仓储企业发展的保证之一。

三、仓储服务质量审核

仓储服务质量审核包括服务质量审核、服务过程质量审核和服务质量体系审核三个部分。服务质量审核是对仓储服务质量是否满足货主质量要求的检查。服务过程质量审核是对仓储服务活动过程中各项环节是否符合管理规范和服务(工作或作业)规范的检查。而服务质量体系审核则是对仓储服务质量体系或其中某些要素是否符合有关质量体系文件规定的检查。

仓储企业的服务质量审核依据质量手册与文件，即管理标准或制度，编制审核大纲和检查表，对仓储企业的质量活动过程、质量体系或其部分要素进行审核，以确定其质量体系是否在有效运行，或质量活动是否处于受控状态，并针对质量缺陷实施质量改进。

第 2 节 仓储质量管理方法

学习单元1 常用仓储质量管理方法

学习目标

1. 熟悉常见的仓储质量管理的方法。
2. 能正确使用常见仓储质量管理方法。

一、全面质量管理

1. 全面质量管理方法

全面质量管理（Total Quality Management，TQM）是一个以质量为中心，以全员参与为基础，目的在于通过让客户满意和企业所有成员及社会受益而达到长期成功的管理途径。TQM 的基本观点有以下 3 点。

（1）为用户服务。企业必须生产出符合市场需求、用户满意的产品，这样企业才能生存和发展。仓储企业应以存货单位、收货单位和供货单位的需求为首要需求，真心诚意为客户服务，并做到保管好物资、收费合理、供应及时和准确、资料完整；同时在技术指导、业务咨询及其他代理项目中提供优质服务。

（2）预防为主。把质量的事后检验转移到事前控制，做到防患于未然，从而避免付出更高的代价。在物流企业生产全过程中，环节之间和工序之间设置应有严格的质量控制，事先有预见地消除在人员、设备、方法、材料及环境诸方面各种不利因素,保证产品及服务质量。

(3)前一道工序为后一道工序服务。前一道工序为后一道工序服务是一切为了用户观点的扩大。全面质量管理的精髓之一是要求把后一道工序当作是用户,质量符合标准后,工序才能后移。如此,在部门之间、环节之间以及人与人之间都有着严格的质量要求和质量责任,工序在严肃认真、一丝不苟地互相检验并且步步延续,服务质量才能得到保证。

2. TQM 在仓储管理中的应用

开展全面质量管理是企业质量管理最基本的方法,仓储全面质量管理是以仓储服务的质量为中心,将组织管理、专业技术和统计方法密切地结合起来,以最优的质量、最低的消耗、最佳的服务,达到客户满意为目标,运用一定的组织体系和科学的管理方法,对仓储全面质量进行全员性的、全过程的管理。在仓储管理中,TQM 包括以下 4 个方面。

(1)管理对象。管理对象不仅包括储存物资的质量,即物资经过仓储过程后保持原有的自然属性和使用价值的程度,而且还包括仓储内部各部门、各级机构、各环节的工作质量,如仓库设计规划、仓储计划、仓储作业、仓储管理、商务、财务、人力资源、设备管理等各方面。

(2)全过程管理。全过程质量管理是指把从市场宣传、商务磋商到接运入库、验收、仓储安排、码垛、保管保养、包装,到出库发料、交付、客户保持等各环节、各工序中影响质量的全部因素加以有效控制,使质量管理贯穿于仓储业务活动的全过程。

(3)全员管理。全员管理包括直接参与仓储活动的所有部门及人员和支持部门及人员,从企业的高层到底层的员工全部参与,使全体员工具有高度的质量意识,充分发挥主动性和创造性,确保仓储活动质量。因为仓储质量的好坏是多个环节相互协调的反映,涉及所有部门和人员,所以只有人人都对质量负责,大家共同努力,才能把质量管理做好。

(4)系统管理。对于整个仓储活动的质量管理,需要依据统一的质量标准和质量体系,对所有部门、人员都要有相同的质量责任要求。

仓储质量既包含仓储对象质量,又包含仓储手段、仓储方法的质量,还包含各项工作质量,是一种全面的质量观。因此,仓储质量管理必须运用全面质量管理的观点与方法,即企业或仓储部门全体职工及有关部门同心同德,把专业技术、经营管理、数理统计和思想教育结合起来,建立起从物资接运开始至出库发运全过程的质量体系,控制影响仓储质量的各种因素,有效地利用人力、物力、财力和信息等资源,为货主和用户提供满意的服务。全面质量管理的基本核心是提高人的素质,调动人的积极性,做好本职工作,通过做好工作质量来保证和提高产品质量或服务质量。另外,在强调全面质量管理的同时,也应突出贯彻 ISO 9000 标准。因为，ISO 9000 标准是质量管理的基础，它注重过程控制，强调规范化管理。

质量管理需要有效地建立质量管理体系，采取严格的质量责任制，通过事先控制、以防为主来保证质量，形成质量管理和保证的系统。以事先的要求、事先的检查、事先的防范进行管理，因而需要充分综合现代手段与技术进行质量控制，预先发现问题，提前做好控制工作，确保达到质量标准。

虽然说质量管理是一项系统的工作，要有规划、有系统地进行，从大处着眼，但是在质量管理中更要重视对细节的质量管理，从仓储、服务的小处入手。通过一系列小变革、小改革，解决小问题，改变小瑕疵，不断进行质量改进的良性循环，不断提高整体质量，这样可以大幅度降低质量管理的成本。

二、人机料法环

人机料法环是对全面质量管理理论中的五个影响产品质量的主要因素的简称。人，指制造产品的人员；机，指制造产品所用的设备；料，指制造产品所使用的原材料；法，指制造产品所使用的方法；环，指产品制造过程中所处的环境。

人机料法环也就是 4M1E 指的是：人员（Man）、机器（Machine）、原料（Material）、方法（Method）、环境（Environment）。现场管理中，有五个方面是需要现场管理人员注意的，也就是生产和仓储管理中所讲的五要素。

1. 人

人是仓储管理中最大的难点，也是目前所有管理理论中讨论的重点，围绕着"人"的因素，各种不同的企业有不同的管理方法。所谓人，就是指在现场的所有人员，包括主管、司机、保管员、搬运工等一切存在的人。对于现场中的人，管理工作应当注意什么呢？

人的性格特点不一样，那么作业的进度，对待工作的态度，对仓储质量的理解就不一样。有的人性格温和，做事慢，仔细，对待事情认真；有的人性格急躁，做事只讲效率，缺乏质量，但工作效率高；有的人内向，有了困难不讲给别人听，对新知识、新事物不易接受；有的人性格外向，做事积极主动，但是好动，喜欢在工作场所讲闲话。那么，作为他们的领导者，你就不能用同样的态度或方法去领导所有人。应当区别对待（公平的前提下），对不同性格的人用不同的管理方法，使他们能"人尽其才"。发掘性格特点的优势，削弱性格特点的劣势，就是要你能善于用人。

要提高仓储质量水平，首先从现有的人员中去发掘，尽可能地发挥他们的特点，激发员工的工作热情，提高工作的积极性。总的来说，人员管理是仓储管理中最为复杂、最难理解和运用的一种形式。

2. 机

机就是指仓储中所使用的设备、工具等辅助仓储用具。仓储设备是否正常运作、工具的好坏都是影响仓储进度和服务质量的又一要素。一个企业想要不断发展，除了人的素质要有所提高，企业外部形象进行提升，公司内部的设备也需要更新。好的设备能提高仓储效率，提高服务质量，降低人员的工作量和差错率。

3. 料

料指仓储物料。仓库储存的保管方法，货物养护方法，温湿度控制，装卸搬运方法和收发货的管理都跟货物的重量、体积、价值、数量和理化性质等"料"的特性相关，因此，从"料"的角度去分析质量问题，提出质量改进措施是质量管理的重要方面。

4. 法

法顾名思义就是法则，指仓储过程中所需遵循的规章制度。它包括：作业指导书、标准工序指引、仓储图纸、仓储计划表、作业标准、验收标准及各种操作规程等。这些法则的作用是能及时准确地反映仓储服务质量的要求和规范。严格按照规程法则作业，是保证仓储服务质量和仓储进度的一个重要条件。

5. 环

环指环境。某些货物（如计算机、高科技产品、生鲜等）对运输和储存环境要求很高，企业应确保库房环境达到货物要求。

"人机料法环"法一般是跟其他质量控制方法结合在一起应用。在进行全面质量管理中，一般要从"人机料法环"五个方面去考虑质量问题；利用鱼骨分析法寻找质量问题时也一般从"人机料法环"五个方面去寻找。

三、PDCA 循环法

PDCA 循环又叫戴明环，是美国质量管理专家戴明博士提出的，它是全面质量管理所应遵循的科学程序。全面质量管理活动的全部过程，就是质量计划的制订和组织实现的过程，这个过程就是按照 PDCA 循环，不停顿地周而复始地运转的。

1. PDCA 循环的阶段

PDCA 是英语单词 Plan（计划）、Do（执行）、Check（检查）和 Action（行动）的第一个字母的组合，PDCA 循环就是按照这样的顺序进行质量管理，并且循环不止地进行下去的科学程序。

PDCA 循环在仓储服务过程中对于质量改进的作用，可以按照"四阶段、八步骤"的方法进行。在实施中应注意任何结论的获得都要以事实为依据，运用统计工具进行合理的分析。

（1）PDCA 循环的四个阶段

1）第一阶段，计划阶段（P），通过对仓储质量问题现状的了解和分析进而制定经济技术指标和质量管理目标，以及达到这些目标的具体措施方法。

2）第二阶段，实施阶段（D），是按制订的计划和措施进行具体组织实施的过程。

3）第三阶段，检查阶段（C），检查计划的执行情况，并将执行结果和事先制定的标准进行对比，发现问题。

4）第四阶段，处理阶段（A），对检查得到的计划执行结果及问题进行处理。

PDCA 循环的四个阶段是一个周而复始，不断反复进行的过程，循环结束，在解决一部分问题的同时，会出现一些新的问题，因此再进行下次的 PDCA 循环。

（2）PDCA 循环的八个步骤

1）P 阶段。即根据客户要求和组织方针，为提供结果建立必要的目标和过程。

步骤一：选择课题。仓储服务质量水平提升的课题范围应是以满足市场需求为前提，企业获利为目标。同时也需要根据仓储企业的资源、技术等能力来确定提高方向。课题是研究活动的切入点，课题的选择很重要，如果不进行调研，论证课题的可行性，就可能带来决策上的失误，有可能在投入大量人力、物力、财力后效果却不显著。选择课题时可以使用调查表、排列图、水平对比等方法，够结构化呈现较直观的信息，从而做出合理决策。

步骤二：设定目标。明确了活动的主题后，需要设定一个活动目标，也就是规定活动所要做到的内容和达到的标准。目标可以是定性加定量化的，能够用数量表示的指标要尽可能量化，不能用数量表示的指标也要明确相应标准。

步骤三：提出各种方案并确定最佳方案。在所有方案中筛选出所需要的最佳方案，统计质量工具能够发挥较好的作用，例如正交试验设计法、矩阵图等都是进行多方案设计中效率高、效果好的工具方法。

步骤四：制定对策。有了好的方案，其中的细节也不能忽视，需要将方案步骤具体化，明确回答出方案中的"5W1H"，即为什么制定该措施（Why）？达到什么目标（What）？在何处执行（Where）？由谁负责完成（Who）？什么时间完成（When）？如何完成（How）？

2）D 阶段。即按照预定的计划，在实施的基础上，努力实现预期目标的过程。

步骤五：实施对策。对策制定完成后就进入了实验、验证阶段，也就是做的阶段。在这一阶段除了按计划和方案实施外，还必须要对过程进行测量，确保工作能够按计划进度实施。同时进行数据采集，收集过程中的原始记录和数据等资料。

3) C 阶段。检查，即确认实施方案是否达到了目标。

步骤六：效果检查。方案是否有效、目标是否完成，需要进行效果检查后才能得出结论。将采取的对策进行确认后，对采集到的数据和证据进行总结分析，把完成情况同目标值进行比较，看是否达到了预定的目标。如果没有达到预期的结果时，应该确认是否严格按照计划实施对策，如果是，就意味着对策失败，那就要重新进行最佳方案的确定。

4) A 阶段。即对总结检查的结果进行处理，对于失败的教训进行总结，对成功的经验加以肯定，并予以标准化。

步骤七：标准化。对已被证明有成效的措施要进行标准化，制定成工作标准，以便以后的执行和推广。

步骤八：问题总结。对于效果不显著的方案或者实施过程中出现的问题进行总结，为开展新一轮的 PDCA 循环提供依据。

2. PDCA 循环的特点

（1）大环带小环。整个仓储工作构成 PDCA 大循环，各作业班组或其他部门构成中循环和小循环，形成大环套小环的格局。

（2）阶梯式上升。PDCA 循环不是停留在一个水平上的循环，每一次循环都有新的目标和内容，每完成一次循环，质量水平就提高到一个新的阶段，并在新的水平上再进入下一次循环。

（3）综合应用。PDCA 循环应用工程学的统计观念和处理方法，提出解决问题的工具。同时，PDCA 循环还体现了管理工作的全面性和广泛性，每一个环节都可以延伸到每一部门、每一人员。整个管理螺旋上升的过程，也需要全员参与、群策群力来实现持续优化、持续创新。

四、因果分析法

因果分析法是通过因果分析图表现出来的一种方法。因果分析图又称特性要素图或鱼刺图，它于 1953 年在日本川崎制铁公司最早使用，可在寻找某种质量问题原因的过程中，发动大家谈看法、做分析，将群众的意见反映在一张图上，就是因果分析图。

一般说来，影响产品质量的原因尽管很多，关系复杂，但归纳起来，不外乎两种互为依存的关系，即平行关系和因果关系。在进行质量分析时，如果通过直观方法能够找出属于同一层的有关因素的主次关系或平行关系，就可以利用排列图对它们进行统计分析。但是由于因素在层间还存在着纵向的因果关系，这就要求有一种方法能同时整理出这两种关系，因果分析图就是根据这种需要而构思的。在具体分析时，我们可以从质量问题出发，首先分析哪些因素是影响产品质量的大原因，进而从大原因出发寻找中原因、小原因和更小原因，并查出和确定主要原因。

1. 因果分析图的类型

（1）质量结果分解型。质量结果分解型就是沿着产生仓储质量问题的原因查找各种可能的影响因素。一般在物流质量控制中应用该类型的因果分析图，常将作业人员、物流设备、作业方法、作业对象特性、管理和环境等因素分成大枝，再对各大枝进一步查找影响因素并细分为相应的中枝、小枝和细枝。

（2）作业分类型。作业分类型就是将仓储转运过程作为因果分析图的大枝，然后把各作业环节中对质量结果有影响的因素分为不同类别。该类型的优点是比较方便；其缺点是某一相同的原因可能出现多次，这样就很难表现不同原因共同对质量结果产生作用的情况。

（3）原因罗列型。原因罗列型就是先把所有影响质量结果的因素尽可能多地罗列出来，然后经过整理并根据因果关系的层次作出因果分析图。该类型的优点是能找出多种可能原因，从而不易漏掉主要原因，又由于原因众多可形成许多分支，使因果分析图内容更加充实；其缺点也正是由于原因众多而使分支难于连接，不易作图。

2. 因果分析图的绘制步骤

（1）明确要解决问题的准确含义，并用确切的语言把质量问题表达出来，用方框画在图面的最右边，如图 13—1 所示。

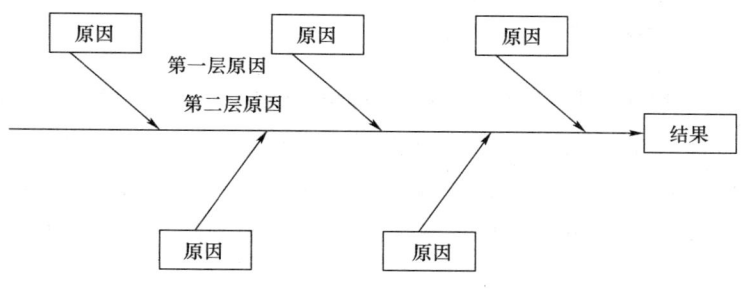

图 13—1　因果分析图

（2）从这个质量问题出发先分析大原因，再以大原因作为结果寻找中原因，然后以中原因为结果寻找小原因，甚至更小的原因。

（3）画出主干线，主干线的箭头指向质量问题，再在主干线的两边依次用不同粗细的箭头线表示出大、中、小原因之间的因果关系，在相应箭头线旁边注出原因内容。

（4）找出主要原因，用显著记号或图把主要内容圈起来，以示突出。

（5）记录因果分析图的绘制日期、参加讨论的人员及其他备查的事项。

3. 绘制因果分析图的注意事项

分析的问题只能是一个，主干线箭头指向这个问题。

质量问题中的大原因一般有人、机器、材料、方法、环境五个方面，以这些方面作为切入点，分析中原因小原因时要追根究底，直至分析出可以采取具体措施的原因为止。

人、机器、材料、方法、环境五个方面的因果分析图中的原因是可以归类的，类与类之间的原因不发生联系，要避免归类不当的错误，同时要避免因果倒置的错误。

要想方设法找出主要原因，注意大原因不一定都是主要原因，为了找出主要原因，可做进一步调查或作试验验证。

学习单元2　其他仓储质量管理方法

学习目标

1. 了解其他仓储质量管理方法。
2. 能理解各种其他仓储质量管理方法。

一、5W3H分析法

5W3H分析法也称为六何分析法，是一种思考方法，也可以说是一种创造技法，在企业质量管理中得到广泛的应用。5W1H是描述质量问题的手段，具体是When（何时），Who（何人），Where（何地），What（何事），Why（为什么），How（如何进行）。也可以是5W2H，即增加How much（什么程度）。也可以是5W3H，即再增加How feel（有何感觉）。

应用5W3H方法时，可以通过问"When，Who，Where，What，Why，How，How much，How feel"把质量问题叙述清楚，详细如下：

When：时间——什么时候发生的问题？问题发生持续的时间段或者时间点。

Who：人——什么人发现或提出了问题？例如仓库人员、客户、供应商。

Where：地点——在什么地方出现了问题？如地点、位置、方向。

What：事物——什么东西出现了问题？例如产品、半成品、机器、人员、软件、服务（注意不是"事件"是"事物"，很多人经常会描述成发生了什么事情，应该只需要描述发生了问题的"事物"，这个非常容易混淆）。

Why：原因——为什么这个成为一个问题？例如，一般与标准、规格、目标进行比较，如果存在差异则成为一件异常问题（注意不是解释问题为什么发生，只是解释为什么会成为一个问题，这个非常容易混淆）。

　　例如，说一只没有把手的杯子是坏的，在描述 Why 的时候，就应该表达成：因为这种型号的杯子是有把手的，而目前这一个（或一批）没有把手，故这个杯子为不良品。（因为不是所有的杯子都是有把手的，不能说没有把手的就是坏的，要跟特定产品的特定标准进行对比）。

　　How：方法——用什么方法量化异常的程度？注意：不是如何做对策、如何改进问题，因为 5W3H 仅仅是描述问题，而不是解决问题（这个非常容易混淆）。

　　How much：问题发生量——问题发生的程度有多大？例如，问题发生在哪些产品中？发生的量有多大？问题持续了多长时间？问题造成了多大的损失？可以用图表来表达 How much。

　　How feel：客户感受——该问题对客户造成了怎么样的满意度上的影响。

二、排列图法

　　排列图法最早是由意大利经济学家帕累托用来分析社会财富的分布状况。他发现在意大利米兰少数人占有着绝大多数财富，而绝大多数人却占有少量财富处于贫困的状态。这种少数人占有着绝大多数财富左右社会经济发展的现象，即所谓"关键的少数、次要的多数"的关系。后来，美国质量管理专家把这个"关键的少数、次要的多数"的原理应用于质量管理中。目前在仓库物资管理中常用的 ABC 分析法就出自排列图的原理。

　　排列图有两个纵坐标、一个横坐标、几个直方形和一条曲线。左边的纵坐标表示频数（件数、金额等），右边的纵坐标表示频率；横坐标表示影响质量的各个因素，并按影响程度的大小从左到右排列；直方形的高度表示某个因素影响的大小，曲线表示各个影响因素大小的累计百分数，称为帕累托曲线。通常按累计百分数将影响因素分为三类：80％以下的为 A 类，在累计百分数 80％以内的各因素，是主要因素；80％～90％的为 B 类，是次要因素；90％～100％的为 C 类，是一般因素。

三、相关图法

1. 相关图概述

　　相关图是表示两个变量之间关系的图，用于分析两个测定值之间的相关关系。将两种有关数据列出，并用坐标点填在坐标纸上，对数据的相关性进行直观的观察分析，可以得到定性的结论。

（1）强正相关。当因素的数值增大时，质量特性值也显著提高，点子的分布呈连续上升状，表示因素和质量之间有强的正相关关系。

（2）弱正相关。当因素的数值增大时，质量特性值也有提高，但点子的分布比较分散，表示因素和质量之间有弱的正相关关系。

（3）不相关。当因素的数值增大时，质量特性值不一定增大，也不一定下降，点子的分布很分散，表示因素和质量之间没有相关关系。

（4）弱负相关。当因素的数值增大时，质量特性值下降，但点子的分布比较分散，表示因素和质量之间有弱的负相关关系。

（5）强负相关。当因素的数值增大时，质量特性值显著下降，点子的分布呈连续下降状，表示因素和质量之间有强的负相关关系。

（6）非线性相关。当因素的数值增大时，质量特性值开始提高，后来却下降，点子的分布呈曲线状，表示因素和质量之间是曲线相关关系。

在仓储管理中也经常碰到上述的各种相关关系，例如，进出库成本与作业量之间的关系，仓储成本与维护量之间的关系，空气温度与易挥发物资损耗间的关系等。

2. 相关图绘制程序

收集资料（至少30组以上）；找出数据的最大值与最小值；准备坐标纸，画出纵轴、横轴的刻度，计算组距（通常用纵轴代表结果，横轴代表原因。组距的计算以数据中的最大值减最小值再除以所需设定的组数求得）；将各组对应数标示在坐标上；填上资料的收集地点、时间、测定方法、制作者等项目。

当不知道两个因素之间的关系或两个因素之间关系在认识上比较模糊而需要对这两个因素之间的关系进行调查和确认时，可以通过散布图来确认二者之间的关系。需要强调的是，在使用散布图调查两个因素之间的关系时，应尽可能固定对这两个因素有影响的其他因素，才能使通过散布图得到的结果比较准确。

四、分层法

分层法就是将特性相同的，在同一条件下收集的数据归纳在一起，以便进行比较分析。因为在实际生产中，影响质量变动的因素很多，如果不把这些因素区别开来，难以得出变化的规律。数据分层可根据实际情况按多种方式进行，例如，按不同时间、不同班次进行分层；按使用设备的种类进行分层；按原材料的进料时间、原材料成分进行分层；按检查手段、使用条件进行分层；按不同缺陷项目进行分层等。举例来说，我国航空市场现在竞争激烈，各航空公司为了争取市场，都在服务品质方面下功夫。我们也可以经常在航机上看到客户满意度的调查表，此调查表的设计通常分为地面的服务品质及航机上的服务品质。地面又分为订票、候机；航机又分为空服态度、餐饮、卫生等。通过调查，将这些数据进行收集归纳分析，就可以知道应该从何处加强服务质量。

五、统计分析表

统计分析表是指利用统计报表来进行数据整理和粗略原因分析的一种工具，其格式因调查的质量问题不同而不同。使用统计分析表时，先将问题、原因、缺陷等按类别记录在表上，标明数量，然后按类别、数量进行汇总分析。例如，"物资维护保养情况月报表"分别对除锈喷油、直接喷油、苫垫、翻垛等项目进行记录和汇总，从统计表中直接反映了仓库对库存物资的各种维护情况；又如"储运业务货损、货差事故月报表"将少发、多发、串发、丢失、串装、保管损失、装卸搬运损坏等事故类别进行记录和汇总，从中找出造成储运业务货损、货差的主要原因，为改进工作指出方向。

 思考题

1. 仓储质量管理的内容有哪些？
2. 仓储质量管理工作的意义是什么？
3. 仓储服务质量体系的建立和实施包含哪些步骤？
4. 常用的仓储质量管理方法有哪些？
5. 什么叫全面质量管理方法？
6. PDCA 循环四个阶段的工作内容主要是什么？

第 14 章

仓储绩效评价

第 1 节　仓储绩效管理　　　/304
第 2 节　仓储绩效指标体系　/310

第 1 节 仓储绩效管理

 **学习单元 1 仓储绩效管理概述**

 学习目标

1. 了解仓储绩效管理的意义。
2. 熟悉仓储绩效指标体系制定的原则。

一、仓储绩效管理的意义

仓储绩效管理是指在一定的经营期间内，仓储企业利用指标对经营效益和经营业绩以及服务水平进行考核，以加强仓储管理工作，提高管理的业务和技术水平。

仓储管理活动包括货物的收发、储存、保管、保养、加工、配送、控制、监督等保证生产和销售需要的多项业务职能，而这些活动都与仓储的经济效益密切联系。仓储管理活动的各项绩效考核指标是经营管理成果的集中反映，是衡量仓储管理水平高低的尺度，也是考核评价仓储各方面工作成绩的重要手段。因此，建立和健全一整套行之有效的绩效考核指标体系，对于加强现代仓储管理，提高经济效益有着十分重要的意义。

对仓储管理活动开展绩效评价的意义主要表现在以下 4 个方面。

1. 有利于提升仓储管理水平，增加仓储经济效益

绩效考核中的每个指标均反映了现代仓储管理中的一个侧面，而一个有效的、完整的指标体系能反映管理水平的全貌，通过对比分析就能找出工作中存在的问题，提高管理水平，降低成本，提高仓储企业效益。

2. 有利于落实仓储的经济责任制，提升员工积极性

绩效考核的各项指标是实行现代仓储经济核算的依据，也是衡量各岗位工作好坏的尺度。要推行现代仓储管理的经济责任制，就必须实行绩效考核，设立绩效指标，并根据指标完成情况，实行奖惩措施，从而提升仓储员工的工作积极性。

3. 有利于加快仓储企业的现代化建设

绩效考核会促进现代仓储企业优化劳动组织，改变人浮于事、机构臃肿的状况，从而提高劳动效率，降低劳动成本。绩效考核也能促进企业改进技术装备和作业方法，找出仓储作业中的薄弱环节，对消耗高、效率低、质量差的设备进行革新、改造，并有计划、有步骤地采用先进技术，提高仓储机械化、自动化水平，逐步实现现代化。

4. 对外接受客户评价，提升客户服务水平

仓储企业还可以让客户参与到绩效考核的评价过程中，从而促使企业员工更好地做好客户服务，提高客户满意度，从而有利于市场的开发。

二、仓储绩效指标体系制定的原则

为了使现代仓储管理的绩效考核工作能顺利进行，确保各项考核指标的合理、有效，在制定指标体系时，必须遵循以下4项原则。

1. 标准化原则

仓储绩效考核指标应建立在客观实际的基础上，避免主观臆断。绩效内容和指标标准必须规范，才能使评价结果具有公正性，也才能激励职工积极工作，力争上游。

2. 综合性原则

综合性原则指指标体系中反映的内容应综合、全面，必须把影响仓储管理的各种因素整体地反映出来。各指标之间要避免相互矛盾的现象，指标应该互相联系、互相制约，从而达到互相协调、互相补充的要求。

3. 易用性原则

易用性原则要求指标简单易用，数据容易记录和收集，便于统计和计算，现场人员能够很快灵活掌握和运用。

4. 比较性原则

在进行绩效考核时，经常需要针对特定指标进行横向和纵向比较。横向比较是指跟同行业水平或国际水平等数据进行比较，纵向比较是同历史记录或预算数据进行比较，通过比较才能不断地进行改进，这样绩效评价才有实际意义。

学习单元2 仓储绩效指标分析方法

 学习目标

1. 熟悉仓储绩效指标分析方法。
2. 能够对仓储绩效指标进行分析。

仓储工作的各项评价指标是从不同角度反映仓储经营管理工作的某一方面情况，如果仅凭某一项指标很难反映事物的整体情况，也不容易发现问题，更难找到产生问题的原因。因此，要全面、准确、深刻地认识仓储工作的现状和规律，把握其发展的趋势，必须对各个指标进行系统而周密的分析，以便发现问题，并透过现象认识内在规律；采取相应措施，使仓储各项工作得到改进，从而提高企业经济效益。

仓储绩效指标分析的方法有很多，常用的有因素分析法、价值工程分析法和对比分析法。

一、因素分析法

因素分析是依据分析指标和影响因素的关系，从数量上确定各因素对指标的影响程度。因素分析法的基本做法是，在假定影响指标变化的诸因素之中，当分析某一因素变动对总指标变动的影响时，假定只有这一个因素在变动，而其余因素都必须是同度量因素（固定参数），然后逐个进行替代某一项因素单独变化，从而得到每项因素对指标的影响程度。

例如，指标的计算公式为：

$$R = \frac{C}{D}$$

从公式中可以看出 R 指标的变化，受 C、D 两个因素的影响，现在用单因素变化分析法来分析两个因素对 R 指标的影响程度。

假定 C 因素变化，D 因素不变化，对 R 的影响值为：

$$R_C = \frac{C_{实际} - C_{计划}}{D_{计划}}$$

假定 D 因素变化，C 因素不变化，对 R 的影响值为：

$$R_D = \frac{C_{计划}}{G_{实际} - D_{计划}}$$

两因素分别变化的综合影响结果 ΔR 为：

$$\Delta R = R_D + R_C$$

二、价值工程分析法

要提高仓储的经营效益，无非是采用开源和节流两大类方法。降低成本是为了节流，在降低成本支出的分析方法中，价值工程（Value Engineering，VE）分析法是一种较有效的方法。

1. 价值工程的定义

价值工程方法就是追求采用一种成本更低的方法来达到与原先相同的功能、目的和任务。该方法由美国 GE 公司的罗伦斯·D. 麦尔斯发明，是通过"价值—功能"分析活动，以最低的生命周期成本，可靠地实现产品的必要功能。

价值工程中"价值"不同于经济学中的商品价值。在这里，价值是作为一种"尺度"提出来的，即"评价事物（产品或作业）有益程度"的尺度。即价值高，说明有益程度高、效益大、好处多；价值低，说明有益程度低、好处不大。这个概念比较符合人们生活中的习惯，比如某人做事欠妥时，别人可以说："你做的这件事毫无价值。"此时"价值"二字的含义，显然是价值工程中的价值概念。再如人们购买货物时总要考虑一下它能做什么，质量如何，花这么多钱买它值不值得。假如功能完全一样，而价格不同的两种货物可供选择，人们就会认为价格低的那种货物更有"价值""更值得买"，也就愿意买它。

2. 价值工程的特点

（1）以提高产品价值为目的。价值工程是用最低的生命周期成本实现必要的功能，使客户和企业都得到最大的经济利益。因此，价值工程不是单纯降低费用，而是以满足客户要求为前提，在保证产品必要功能和质量的条件下，用最低的生命周期费用实现产品的功能指标。

（2）以功能分析为核心。价值工程不是通过传统措施来降低成本，而是通过对功能指标进行系统分析，找出问题，提出更好的方法来实现功能，从而达到降低成本指标的目的。这种方法更科学，能取得比较大的成果。

利用价值工程研究提高产品的价值，要涉及整个生产过程和各个部门，必须依靠全体职工，有计划、有组织地进行。

采用价值工程方法分析通常必须遵循以下3条基本原则：消除浪费，排除无用的环节和工作；尽可能采用标准化和规范化方法；经常分析有无更好的方法可以替代现在使用的方法。

3. 价值工程的基本步骤

（1）选择对象。仓储管理由许多环节组成，如要对所有环节都进行价值工程分析，既无必要，也不经济。因此，必须采用一种方法，找出部分环节作为价值工程的重点改进对象，通常可以采用80/20原则，即找出占总成本80%左右，占所有环节20%以下的主要环节作为重点对象。

（2）收集情报。确定主要环节之后，就可以围绕这些环节来收集经济数据，包括所需的单位工时、单位成本、采用的方法和设备等。

（3）功能分析。当价值工程对象确定后，便可着手对有关资料数据进行功能分析。仓库管理中的价值工程就是系统地分析实现仓储功能的重点环节和工作及采用的方法、设备等的功能，找出提高价值的途径。

4. 提高价值的途径

在仓储管理中，价值工程的目的，就是尽量提高仓储作业中选定的价值工程对象环节的性价比。价值工程通过下列公式来体现性价比：

$$V=F/C$$

式中　V——价值系数；
　　　F——价值化的功能指标；
　　　C——生命成本指标。

从价值工程的表达式可以看出，提高价值的途径有以下5种。

（1）功能不变，降低成本指标。
（2）成本不变，提高功能指标。
（3）既提高功能指标，又降低成本指标。
（4）小幅度提高成本指标，大幅度提高功能指标。
（5）小幅度降低功能指标，大幅度降低成本指标。

三、对比分析法

对比分析法是将两个或两个以上有内在联系的、有可比性的指标进行对比，从对比中找矛盾、寻差距、查原因，从而认识仓储工作的现状及其规律性。对比分析法是绩效指标分析法中使用最普遍、最简单和最有效的方法。

运用对比分析法对指标进行对比分析时，一般都应该选定指标参照物。根据分析问题的需要，主要有以下 4 种对比方法。

1. 计划完成情况的对比分析

计划完成情况的对比分析，是将同类指标的实际完成数与计划数进行对比分析，从而反映计划完成的绝对数和程度，分析计划完成或未完成的具体原因，肯定成绩，总结经验，找出差距，提出措施。

2. 纵向动态对比分析

纵向动态对比分析是将同类指标在不同时间作对比，如本期与基期（或上期）对比、与历史平均值对比、与历史最高值（或最低值）对比等。这种对比，反映事物发展的趋势，说明增长或降低的原因，并提出建议。

3. 横向类比分析

横向类比分析是指跟同时期的同类企业对比。类比企业一般是选择行业中的先进企业，它可以是国内先进企业，也可以是国外先进企业。横向类比分析，往往能起到"清醒剂"的作用，更能找出差距，采取措施，赶超先进。

4. 结构对比分析

结构对比分析是将总体划分为不同性质的组成部分，以部分数值与总体数值之比来反映事物内部构成的情况，一般用百分比表示。例如，在货物保管费用中，可以计算分析人工费、设备折旧费、货物残损费等费用指标各占的比重。通过指标的结构对比，可以研究各组成部分的比重及变化情况，从而掌握仓储工作中各个组成部分存在的问题及其对总体的影响。

应用对比分析法时，首先要注意所对比的指标或实体之间具有可比性。例如，在进行纵向对比时，重点要考虑指标所包括的范围、内容、计算方法、计量单位、所属时间等方面的一致性；在进行横向对比时，要考虑对比的单位之间必须是经济职能或经济活动性质、经营规模基本相同，否则就缺乏可比性。

其次，要综合使用各类指标进行对比。每个指标只能反映一个侧面，只做单项指标对比时，会出现以偏概全现象，很可能会得出误导性的分析结果。综合利用有联系的各类指标体系进行对比，有利于全面、深入地研究分析问题。

最后，还需要正确选择对比的基数。对比基数的选择，应根据不同的分析目的进行，一般应选择具有代表性的基数。例如在进行指标的纵向对比分析时，应选择企业发展比较稳定的年份作为基数，这样的对比分析才更具有现实意义；否则，与过高或过低的年份所做的比较，都达不到预期的目的和效果。

第 2 节 仓储绩效指标体系

学习单元 1 仓储能力指标

学习目标

1. 熟悉各类仓储能力指标内容及其意义。
2. 能收集相应仓储数据，并计算仓储能力指标。

仓储能力指标是反映仓库容量、能力及货物储存数量的指标。核算这一类指标的作用在于从总量上掌握经济成果，衡量仓库的能力，促进保管人员挖掘潜力，采用先进的机具和先进技术，提高仓库使用效能。这类指标是仓储部门最基本的经济指标，其包括的具体指标及计算公式如下所述。

一、货物吞吐量

货物吞吐量是反映仓库工作的数量指标，是仓储工作考核中的主要指标，也是计算其他指标的基础和依据。其计算公式为：

货物吞吐量＝货物总进库量＋货物总出库量＋货物直拨量

货物吞吐量也叫货物周转量，它是指计划期内进出库货物的总量，一般以吨或箱表示。货物吞吐量指标的计算周期通常为年、季度、月或周。总进库量指验收后入库的货物数量；总出库量指按计划发出的货物数量；直拨量指从港口、车站直接拨给用户或货到专用线未经卸车直拨给用户的货物数量。

二、使用面积

1. 库房使用面积的计算公式

库房使用面积＝库房墙内面积－墙、柱、楼（电）梯等固定建筑物面积

2. 货场使用面积的计算公式

货场使用面积＝货场总面积－排水明沟、灯塔、水塔等固定建筑面积

3. 单位面积储存量

单位面积储存量反映的是仓库的平面利用效率。它一方面与仓库规划有关，另一方面也与货物的储位规划和堆放方式有关。其计算公式为：

$$单位面积储存量 = \frac{单位时间平均储存量}{库房或货场使用面积}（t/m^2）$$

学习单元2　仓储质量指标

学习目标

1. 熟悉各类仓储质量指标内容及其意义。
2. 能收集相应仓储数据，并计算仓储质量指标。

质量指标是用于反映仓储质量现状的数据，用于判定仓储质量水平的标准，是制定质量改进措施的依据。通过这类指标的核算，可以全面反映仓储质量管理水平，体现对仓储工作"多快好省"的要求，减少损耗，降低费用，提高经济效益。这类指标包括以下几个方面。

一、账货相符率

账货相符率是指在货物盘点时，仓库货物的账面库存数量与实际库存数量的相互符合程度。一般在对仓储货物进行盘点时，要求逐笔与账面库存数字相核对。账货相符率的计算公式为：

$$账货相符率 = \frac{账货相符笔数}{储存货物总笔数} \times 100\%$$

或者为：

$$账货相符率 = \frac{账货相符件数（重量）}{期内储存总件数（重量）} \times 100\%$$

通过此项指标的核算，可以衡量仓库账面货物的真实程度，反映保管工作的管理水平。

二、收发货差错率

收发货差错率是指发生收发货差错的累计笔数（或重量）占收发货累计总笔数（或重量）的百分比，此项指标反映收发货的准确程度。收发货差错率的计算公式为：

$$收发货差错率=\frac{收发货差错累计笔数}{收发货累计总笔数}\times 100\%$$

或者为：

$$收发货差错率=\frac{账货差错件数（重量）}{期内储存总件数（重量）}\times 100\%$$

或者分别计算发货差错率和收货差错率：

$$发货差错率=\left(\frac{发货数量与订单数量不符合次数}{总发货次数}\right)\times 100\%$$

$$收货差错率=\frac{实到数量不符次数}{收货总次数}\times 100\%$$

这是客户非常关注的指标，用于衡量收发货的准确性，以保证可靠的仓储服务水平，是仓储管理的重要质量指标。

三、货物的损耗率

货物损耗主要由两种原因造成，一是保管损失，即因保管养护不善造成货物霉变、残损、变质、丢失、超定额损耗等所导致的损失；二是自然损耗，即因货物易挥发、失重或破碎造成的损耗。

货物的损耗率也称货物破损率，是指保管期中货物损耗的数量占货物总数量的比率，该指标主要用于反映货物保管与养护状况。对于仓库中因存货人的原因长期积压而超过保管期限的货物或合理范围内的损耗所造成的损失不应计算在货损损耗总量中。

货物损耗率的计算公式为：

$$货物损耗率=\frac{货物损耗（金额）}{货物库存总额（总金额）}\times 100\%$$

或者为：

$$货物损耗率=\frac{货物损耗（总量）}{货物库存总量（总数量）}\times 100\%$$

或者按进出货分别计算：

$$出库商品的破损率=\left(\frac{出库商品的破损件数}{总出库件数}\right)\times 100\%$$

$$进货商品的破损率=\left(\frac{进货商品的破损件数}{总进货件数}\right)\times 100\%$$

货物损耗率指标主要可用于对那些易挥发、失重或破碎的货物,首先要制定一个相应的损耗限度,通过损耗率与货物损耗限度相比较,凡是超过限度的意味着无谓损失;货物损耗率低于损耗限度则反映仓库管理有成效,货物损耗较少。

四、平均保管损失

平均保管损失是按货物储存量中平均每吨货物的保管损失金额来计算的。货物保管损失是仓库的一项直接损失。保管损失的计算范围包括因保管养护不善造成的霉变残损、丢失短少,超定额损耗及不按规定验收、错收、错付而发生的损失等。有保管期的货物,经仓库预先催办调拨,但存货部门未及时调拨出库而导致的损失不算作仓库的保管损失。通过核算保管损失,可以进一步追查损失的事故原因,核实经济责任,使损失减少到最低。平均保管损失的计算公式为:

$$平均保管损失 = \frac{保管损失金额}{平均储存量}$$

五、平均收发货或验收时间

收发货时间和验收时间反映了仓库对客户提供快速服务的水准。平均验收时间表示仓库对入库货物验收所花费的时间,计算公式为:

平均验收时间=期内各批验收天数(小时数、分钟数)之和/同期验收批次数

该指标是指仓库收发每笔货物(即每张出入货单据上的货物)平均所用的时间。它既是一项反映仓储服务质量的指标,同时也能反映仓库的劳动效率。

收发货时间的计算必须界定为有效收发货时间,例如,不能把在库待运时间列为发货时间计算。平均收发时间的计算公式为:

平均收发时间=收发货时间总和/收发货总笔数(小时/笔)

制定和考核平均收发货时间指标的目的是缩短仓库收发货时间,提高仓容利用率,加速货物与资金的周转,促进货物购销,扩大经济效益。

六、货物及时验收率

货物及时验收率表明仓库按照规定的时限执行验收货物的情况,货物及时验收率的计算公式为:

$$货物及时验收率 = \frac{期内及时验收次数}{期内收货总次数} \times 100\%$$

七、准时交货率

准时交货率为准时交货次数与总交货次数的比率,在一些配送性的现代仓储中心,客户非常看重准时交货率。准时交货率的计算公式为:

$$准时交货率 = \frac{准时交货次数}{总交货次数(或订单总次数)} \times 100\%$$

八、客户满意度

客户满意度为满足客户要求的数量与客户要求总数量的比率,反映了仓储部门对客户服务的质量水平。客户满意度的计算公式为:

$$客户满意度 = \frac{满足客户要求数量}{客户要求总数量} \times 100\%$$

九、缺货率

缺货率为缺货次数与总订货次数的比率,反映了仓储部门的库存控制能力。缺货率的计算公式为:

$$缺货率 = \frac{缺货次数}{总订货次数(或订单总次数)} \times 100\%$$

十、订单处理准确率

库存活动涉及大量货物的出入库,伴随着大量的订单,订单处理出差错将导致分拣、运输等诸多环节的出错,严重影响仓储管理绩效。订单处理准确率是仓储管理的重要绩效考核指标。订单处理准确率的计算公式为:

$$订单处理准确率 = \frac{订单准确数量}{订单总数量} \times 100\%$$

十一、分拣准确率

分拣活动是现代化仓储中心的一个重要环节,分拣业务往往占用较大比例的人员工作量,因此,分拣准确率也是一个重要的绩效指标。分拣准确率的计算公式为:

$$分拣准确率 = \frac{分拣准确数量}{分拣任务总量} \times 100\%$$

十二、设备完好率

设备完好率是指处于良好状态并能随时投入使用的设备占全部设备的百分比。设备完好率的计算公式为：

$$设备完好率 = \frac{完好设备台数}{设备总台数} \times 100\%$$

完好设备台数是指设备处于良好状态的累计台数，其中不包括正在修理或待修理设备的台数。

十三、装车及时率

装车及时率是指及时装车的次数占总装车次数的比例，用于表示装车送货的及时性。装车及时率的计算公式为：

$$装车及时率 = \left(\frac{及时装车次数}{总装车次数}\right) \times 100\%$$

十四、订单的满足程度

订单的满足程度是指实发总数跟订货总数之比，用于表示仓库对订单要求的满足程度。订单的满足程度的计算公式为：

$$订单的满足程度 = \left(\frac{实发总数}{订货总数}\right) \times 100\%$$

 学习单元3　仓储效率指标

 **学习目标**

1. 熟悉各类仓储效率指标内容及其意义。
2. 能收集相应仓储数据，并计算仓储效率指标。

一、仓库利用率

仓库利用率是衡量和考核仓库利用程度的指标，该指标可以包括仓库面积利用率和仓库的容积利用率。仓库面积利用率的计算公式为：

$$仓库面积利用率 = \frac{仓库的有效面积}{仓库使用面积} \times 100\%$$

仓库的面积利用率越大，表示仓库平面的利用效果越好。

仓库容积利用率的计算公式为：

$$仓库容积利用率 = \frac{报告期平均库存量}{仓库的总容量} \times 100\%$$

仓库的容积利用率越大，表明仓库空间的利用效率越高。

仓库利用率指标可以反映货物储存面积与仓库实际面积的对比关系及仓库面积和空间的利用是否合理，也可以为挖潜多储、提高仓库面积的有效利用率提供依据。

二、设备利用率

设备利用率可以从能力和时间两个角度来计算，分别为设备能力利用率和设备时间利用率，两者的计算公式分别为：

$$设备能力利用率 = \frac{报告期设备实际负荷量}{报告期设备额定负荷量} \times 100\%$$

$$设备时间利用率 = \frac{报告期设备实际作业时间}{报告期设备额定作业时间} \times 100\%$$

对于仓库来说，设备利用率主要是考核仓库的各类搬运装卸设备的利用效率，包括叉车、堆垛机、传送带和其他搬运车辆等。对于多台设备而言，设备利用率可以用加权平均数来计算。

三、劳动生产率

仓库的劳动生产率可以用平均每人每天完成的工作量来表示，仓库工作量主要包括出库量、入库量、移库量、分拣量、退货处理量、在库流通加工量等，不同工作可以先根据其完成时间折成标准工时，再进行汇总。全员劳动生产率的计算公式为：

$$全员劳动生产率 = \frac{全年工作总量}{仓库全员年工总数}$$

有时为了便于操作，可以简化处理，考核仓库劳动生产率时，可以用仓库员工平均每日收发货物的笔数、员工平均保管货物的吨数等指标来代替总工作量。其中，员工平均保管商品量的计算公式为：

$$员工平均保管商品量 = 月均存储量 / 总人数$$

四、资金使用效率

资金使用效率用于考核仓库资金的使用情况，反映资金的利用水平、资金的周转速度以及资金使用的经济效果。资金使用效率可以从固定资产占用和流动资金占用两个方面来考核，它包括单位货物的固定资产平均占用量、单位货物的流动资金平均占用量，流动资金周转次数和流动资金周转天数等，它们的计算公式分别为：

$$单位货物的固定资产平均占用量 = \frac{报告期固定资产平均占用量}{报告期平均货物储存量}$$

$$单位货物的流动资金平均占用量 = \frac{报告期流动资金平均占用量}{报告期平均货物储存量}$$

单位货物的固定资产平均占用量和流动资金平均占用量指标越低，表示同等资金水平下，能处理的货物量越多，说明仓库的资金使用率越高。

$$流动资金周转次数 = \frac{年仓储业务总收入}{全年流动资金平均占用额}$$

$$流动资金周转天数 = \frac{360}{流动资金周转次数}$$

流动资金周转次数越多，流动资金周转天数越短，说明仓储企业的资金周转速度快，资金运用水平高。

五、货物周转速度指标

库存货物的周转速度是反映仓储工作水平的重要效率指标。在货物的总需求量相等的情况下，仓库的平均货物储存量越少，则其周转的速度就越快。仓库的平均货物储存量的降低，可以有效减少流动资金占用，提高仓储利用率。

货物的周转速度可以用年周转次数和周转天数两个指标来反映，两者的计算公式分别为：

$$货物年周转次数 = \frac{全年货物消耗总量}{全年货物平均储存量}$$

$$货物周转天数 = \frac{360}{货物年周转次数}$$

在降低货物储存量，提高货物周转速度的时候，要注意尽量不要影响到货物的正常供应。因此，仓库的货物储存量应建立在一个合理的基础上，即要在保证供应需求的前提下，尽量地降低库存量，从而加快货物的周转速度，提高资金和仓储的效率。

六、装卸搬运作业效率

装卸搬运作业效率是仓库作业效率的重要内容之一，装卸搬运作业效率的指标主要有货物的平均装卸时间和车辆满载率。计算平均装卸时间时，可以按散货、托盘等不同装卸形式分别计算，也可以按进货或出货等不同作业分别计算。计算车辆满载率时，可以分不同车型计算，例如小车和大车等。

$$小（大）车满载率 = \frac{小（大）车平均装箱数}{小（大）车满载装箱数} \times 100\%$$

$$每箱货物的散货（或托盘）平均装卸时间 = \frac{散货（或托盘）总装卸时间}{散货（或托盘）总箱数}$$

$$每次进（出）货的平均卸货时间 = \frac{总卸货时间}{总进（出）货次数}$$

七、拣货效率指标

拣货作业要消耗仓库大量的人力物力，因此对拣货作业的效率指标必须加以重视。拣货作业的效率指标主要有：每个订单的平均拣货时间、单位时间的拣选订单数，单位时间的拣选订单金额、每万元货物的拣货人工成本等。

$$每个订单的平均拣货时间 = \frac{总拣货时间}{完成的订单数}$$

$$单位时间平均拣选订单数（或订单金额） = \frac{月均订单数（或月均订单金额）}{30 \times 每日工作时间 \times 人数}$$

$$每万元货物的拣货人工成本 = \frac{总拣选人工成本}{货物总金额（万元）}$$

 学习单元4 仓储经济指标

 学习目标

1. 熟悉各类仓储经济指标内容及其意义。
2. 能收集相应仓储数据，并计算仓储经济指标。

仓储的经济指标主要是指有关储存的成本和效益指标，它可以综合反映仓库经济效益水平。具体来说，它包括以下6项指标。

一、平均储存费用

平均储存费用是指保管每吨货物1个月平均所需要的费用开支。货物保管过程中消耗的各项费用包括在货物出入库、验收、存储和搬运过程中消耗的材料、燃料、人工工资和福利费、固定资产折旧、修理费、水电费、租赁费及应分摊的管理费等。这些费用的总和构成仓库总的费用。平均储存费用的计算公式为：

$$平均储存费用 = \frac{每月储存费用总额}{月平均储存量}$$

其中，月平均储存量可以用月初储存量和月末储存量的平均值代替。平均储存费用是仓库经济核算的主要经济指标之一。它可以综合地反映仓库的经济成果、劳动生产率、技术设备利用率、材料和燃料节约情况和管理水平等。

二、利润总额

利润是企业追求的目标，仓储企业也不例外。利润总额是利润核算的主要指标，它表明利润的实现情况，是企业经济效益的综合指标。利润总额的计算公式为：

$$利润总额 = 报告期仓库总收入额 - 报告期仓库总支出额$$

仓库总收入包括仓库营业收入、其他业务收入和营业外收入；仓库总支出包括仓库储存成本及各项费用、其他业务支出、营业外支出和仓库税金。

三、资金利润率

资金利润率是指仓库利润与全部资金投入之比，它可以用来反映仓库的资金收益水平。资金利润率的计算公式为：

$$资金利润率 = \frac{利润总额}{固定资产平均占用 + 流动资金平均占用} \times 100\%$$

四、收入利润率

收入利润率是指仓库实现利润总额和仓库营业收入之比，它反映了仓库业务收入的利润水平，其计算公式为：

$$收入利润率 = \frac{利润总额}{仓库营业收入} \times 100\%$$

也可以用毛利润率来反映仓库的业务营利能力，其计算公式为：

$$毛利润率 = \frac{总收入 - 总费用}{总收入} \times 100\%$$

五、人均实现利润

该指标是指仓库的利润总额与仓库中的职工总数之比，它的计算公式为：

$$人均实现利润 = \frac{仓库利润总额}{仓库职工总数}$$

$$人均营业额 = \frac{总收入}{总人数}$$

$$人均毛利润 = \frac{总收入 - 总费用}{总人数}$$

六、每吨保管货物利润

该指标是指仓库的利润总额与货物储存总量（吨）之比，它的计算公式为：

$$每吨保管货物利润 = \frac{仓库利润总额}{仓库货物储存总量}$$

仓库货物储存总量一般可以用仓库出库的货物总量来衡量，则计算公式为：

$$每吨平均保管利润 = \frac{总收入 - 总费用}{总出库量}$$

思考题

1. 仓储绩效指标体系制定的原则是什么？
2. 仓储绩效指标分析的常用方法有哪些？
3. 仓储绩效指标体系包括哪些内容？
4. 仓储效率指标包括哪些内容？
5. 仓储经济指标包括哪些内容？

第 15 章

仓库安全管理

第 1 节　仓库的安保和消防　　/322
第 2 节　仓库风险及安全管控　　/333

第 1 节　仓库的安保和消防

学习单元 1　仓库安保组织和管理

学习目标

1. 熟悉仓库治安保卫工作的组织及其管理。
2. 能牵头组织仓库的治安保卫工作。

一、治安保卫组织

仓库的法定代表人或主要负责人为仓库的治安保卫责任人，为治安保卫管理工作的领导。同时还要由仓库最高层领导中的一员具体分管负责，由其领导建立起仓库治安保卫的完整组织。治安保卫的管理机构由仓库的整个管理机构组成，高层领导负责整个仓库的治安保卫管理工作；各部门、机构的领导是本部门的治安责任人，负责本部门的治安保卫管理工作，对本部门的治安保卫工作负责；治安保卫的职能机构协助领导进行治安保卫管理工作，指导各部门的治安保卫管理，领导治安保卫执行机构。仓库治安保卫执行机构采取专职保卫机构和兼职安全员相结合的组织方式。

专职保卫机构既是仓库治安保卫的执行机构，也是仓库治安保卫管理的职能机构。专职保卫机构根据仓库规模的大小、人员的多少、任务的繁重程度、仓库所在地的社会环境确定机构设置、人员配备及工作内容与要求，一般设置保卫科、保卫队、门卫队等。专职保卫机构协助仓库主管领导进行工作，主要包括：制定仓库治安保卫规章制度、工作计划，督促各部门领导的治安保卫工作，组织全员的治安保卫学习教育和宣传，协调对外的治安保卫工作，保持与当地公安部门的联系，协助公安部门在仓库区内的治安管理活动，管理治安保卫的器具，管理专职保卫员工。

治安保卫的兼职制度是实行治安保卫群众管理制度的体现，选择部分责任心强、所从事的岗位对治安保卫敏感、具有较好的精力和体力的员工兼任安全员。兼职安全员主要承担所在部门和组织的治安保卫工作,主要包括:协助部门领导的管理工作,督促部门执行仓库治安保卫管理的制度,组织治安保卫教育学习,检查治安保卫预防工作。

二、治安保卫管理

治安保卫工作是仓储管理中的一项长期性工作,需要采取制度性的管理措施,以便明确工作要求、行为规范、岗位责任。通过制度建立管理系统,及时顺畅地交流信息,随时堵塞保卫漏洞,确保管理效果。

仓库需要依据国家法律、法规,结合仓库治安保卫的实际需要,以保证仓储生产高效率进行、实现安全仓储、防止治安事故的发生为目的,科学地制定治安保卫规章制度。仓库所订立的规章制度不得违反法律规定,不能侵害人身权利或者其他合法权益,避免或者最大限度地减少妨碍社会秩序,有利于促进安全生产。

为了使得治安保卫规章制度得以有效执行,规章制度需要有相对的稳定性,使每一位员工都知晓,以便按照执行、照章办事。但是随着形势的发展、技术的革新、环境的变化,规章制度也要适应新的需要进行相应修改,使之更符合新形势下的仓库治安保卫工作的需要。

仓库治安保卫的规章制度既有独立的规章制度,如安全防火责任制度,安全设施设备保管使用制度,门卫值班制度,车辆、人员进出仓库管理制度,保卫人员值班巡查制度等。也有合并在其他制度之中,如仓库管理员职责、办公室管理制度、车间管理制度、设备管理制度等规定的治安保卫事项。

学习单元2　仓库消防管理和规范

学习目标

1. 熟悉仓库的消防管理方针、作用和原则。
2. 熟悉仓库消防组织及管理方针。
3. 能制定仓库的消防管理预案和规范。
4. 能制定仓库消防值班和检查制度。

一、仓库消防管理方针

仓库消防管理就是遵循仓库火灾发生以及生产作业活动的客观规律,依照消防法规和消防工作方针、原则,运用管理科学的理论和方法,通过一系列的管理职能,合理而有效地使用人力、物力、财力、时间和信息等资源,为达到仓库预定的消防安全目标而进行的各种消防活动。

《中华人民共和国消防法》规定消防工作的方针是:"预防为主,防消结合。"这个方针准确、科学地体现了对火灾的预防和扑救的辩证关系,正确地反映了同火灾做斗争的客观规律。

"预防为主",就是在消防工作的指导思想上要把预防火灾始终放在首位,采取有效的预防措施,防患于未然,掌握同火灾做斗争的主动权。落实"预防为主",仓库必须加强组织领导,建立健全消防组织和各种规章制度,积极开展消防安全教育,自觉遵守国家有关部门颁布的消防法规,加强监督管理,落实整改措施,尤其应探索在社会主义市场经济条件下仓库消防管理的新思路、新经验,建立符合我国实际的消防管理模式和相应的消防安全保障机制,把先进的科学技术用于消防管理,充分发动群众,依法严格管理,科学管理,有效地保障仓库安全。

"防消结合"就是把同火灾做斗争的两个基本手段——预防和扑救有机地联系起来,做到相辅相成,互相促进。"防消结合",要求在做好防火工作的同时,在思想上、组织上、物资上和技术上做好充分的灭火准备。切实加强仓库消防力量的建设,搞好灭火技术装备的配备,强化消防基础设施建设,提高灭火战斗力。

认真贯彻"预防为主、防消结合"的方针,做到防与消有机地结合,才能在同火灾作斗争中处于主动地位,有效地防止火灾事故发生。

二、仓库消防管理作用

1. 有效地防止仓库火灾爆炸事故

仓库是储存物资的基地,仓库储存的许多物资(如油料等)具有易燃易爆等特点,如果管理不善,就可能引起燃烧或爆炸事故。具体原因主要是人的不安全行为、物的不安全状态或环境的不安全因素,但最深层的本质原因则是管理的原因。因此,应通过强化仓库消防安全管理,防止火灾爆炸事故的发生。

2. 有利于贯彻落实"预防为主,防消结合"方针

消防工作方针是"预防为主,防消结合",要求仓库消防重点应放在预防火灾事故的发生上,要积极落实防火安全技术措施,采取预防火灾的对策,同时做好灭火准备,防止仓库失火,防止事故扩大。所有这些工作,都有赖于良好的消防管理工作。

3. 弥补因技术经济力量薄弱而造成的安全缺陷

由于受仓库所处的特殊环境以及仓库本身技术、经济力量的限制,仓库不可能投入更多的人力、物力和财力用于消防硬件设施的建设,因而,仓库火灾危险性大与消防设备设施建设滞后的矛盾相当突出。如何解决这一矛盾呢?重点就应放在抓好仓库消防管理。

抓好仓库消防管理,重要的是落实国家颁布的消防安全法规,建立规章制度,实行"谁主管,谁负责"的消防安全责任制,充分发挥消防监督管理的作用。

4. 有利于全面提高仓库管理水平

为了防止火灾爆炸事故及其危害,仓库必须从人员、设备设施、作业环境、法规等方面采取对策,包括提高仓库人员的素质,环境的整治与改善,设备设施的检查、维修、改造和更新,作业方法的改进,灭火技能的掌握,仓库作业管理,技术管理,设备设施管理以及对组织管理进行优化等,从而推动仓库管理的改善和全面工作的进步,提高仓库安全管理水平。

三、仓库消防管理原则

消防管理原则就是从事消防管理活动所必须遵循的共同准则和基本要求。进行仓库消防管理,必须遵循以下5项原则。

1. 谁主管谁负责的原则

"谁主管,谁负责"就是要求谁主管哪项工作,谁就对哪项工作中的消防安全负责。仓库主管应对仓库的消防安全工作全面负责,是当然的防火责任人;仓库分管其他工作的领导和各业务部门,要对分管业务范围内的消防安全工作负责;仓库各部门领导,要对本部门的消防工作负责;仓库各岗位的人员,应对本岗位的消防安全工作负责。

实行这一原则,可使仓库消防安全管理工作,纵向上层层负责,横向上分口把关,形成纵横交错的消防管理网络。

2. 依靠群众的原则

仓库消防安全工作是一项具有广泛群众性的工作,仓库所有人员既是消防安全管理工作的参与者,又是仓库安全生产的受益者,他们与仓库消防安全管理具有密不可分的联系。因此,仓库消防安全管理必须建立在广泛的群众基础之上,坚持群众性原则,采取各种方式方法,动员仓库所有人员积极参与消防安全管理,向群众普及消防知识,提高群众的防灾抗灾能力,组织群众中的骨干建立义务消防组织,开展群众性的防火灭火工作。

3. 依法管理的原则

仓库消防管理必须依照国家立法机关和有关行政机关颁布的法律、法令、条例、规则、规程等来进行，实行依法管理。我国已逐步形成了以消防法为基本法律，行政法规和技术标准、规范和地方性法规相结合的消防法规体系，这是仓库建立消防安全秩序的重要依据，它具有引导、教育、评价、调整人们行为的规范作用，而且具有制裁、惩罚违法犯罪行为的强制作用，仓库应组织干部、员工学习消防法规，从仓库实际出发，依照消防法规的整体要求，制定相应的消防管理规章制度或工作规程，并严格执行，做到有法必依、执法必严、违法必究，使仓库消防管理走向法制化轨道。

4. 科学管理的原则

仓库消防管理有其自身的规律性，实行科学管理，首先要按客观规律办事，如仓库火灾发生、发展的规律；火灾的发生与仓库作业环境、作业场所的关系；火灾成因与人们心理和行为相关的规律等。其次要学习和运用管理科学的理论和方法，提高工作效率和管理水平，并跟实践经验有机结合起来。最后要逐步采用现代化的技术手段和管理手段，以取得最佳的管理效果。

5. 综合治理的原则

仓库消防管理是一项系统工程，涉及仓库人员、设备设施、储存物资以及各个作业环节和作业场所。因此，仓库消防管理在管理方式、管理手段以及管理内容上表现出较强的综合性，需要进行综合治理：一是应动员仓库每个人员、每个部门参加对消防工作的治理，形成齐抓共管的局面；二是仓库消防管理应与仓库的整体管理统一起来；三是要运用法律的、经济的、技术的和思想教育的手段进行治理；四是仓库消防涉及的所有人、物、设备、信息等都要进行综合治理，不留死角。

四、仓库消防组织

消防组织是根据消防系统目标，按照一定系统、形式组建起来的同火灾做斗争的专业性和群众性实体。仓库消防组织是担负仓库火灾预防和扑救，进行消防教育和消防安全检查的重要机构。仓库一般有专职消防组织和义务消防组织两种形式。

1. 专职消防组织

（1）消防班组设置。根据仓库具体情况，可设立仓库消防班组，内设 1 名班组长和若干名消防队员。在专职人员不足时，可指定若干名适合的人员作为兼职消防队员，兼职消防队员应参加消防班组的各种技术训练和扑救工作。

（2）消防班组职责。消防班组的主要任务是贯彻"预防为主，防消结合"的方针，切实做好本单位的防火工作和灭火工作。有以下 6 项职责。

1）建立防火责任制，定期深入责任区进行检查，督促整改火灾隐患，建立防火档案。

2）在本单位开展消防宣传活动，普及消防知识，推动消防安全制度的贯彻落实，并负责训练本单位的义务消防队员。

3) 在本单位改变储存物资的性质以及需要进行新建、扩建、改建工程施工时,应向单位领导和有关部门提出改进消防安全措施的意见和建议。

4) 定期向仓库领导或上级业务部门汇报消防工作。对违反消防法规的情形,应当及时提出意见,如不被采纳,可向有关部门报告。

5) 制订灭火作战方案,进行实地演练,加强灭火战术、技术训练,不断提高业务素质和灭火战斗能力。

6) 随时做好灭火战斗准备,一旦发现火灾立即扑救,及时抢救人员和物资,接到灭火指令时,应迅速出动,听从火场指挥员的统一指挥。

2. 义务消防组织

(1) 义务消防队设置。义务消防队是为保障本单位消防安全、扑救火灾而组成的基层兼职灭火力量,是发动仓库全体人员同火灾做斗争的自防自救组织。义务消防队可结合各仓库具体情况进行组建,一般为30人左右,设队长1名、副队长1~2名,下设防火宣传、安全检查和扑救火灾等,为了有组织地扑救火灾,义务消防队一般以分担任务不同分成以下7组。

1) 指挥组由单位领导担任,负责平时消防教育和灭火时的组织指挥工作。

2) 安全检查组负责平时对消防工作和消防器材的检查,发现问题及时报告。

3) 通信联络组负责火警时的通信联络工作。平时应熟悉地方消防队、公安消防部门、驻地部队和企事业单位、上级业务部门、友邻单位等的电话号码及通信联络方法。熟悉本单位的道路和水源情况,以便发生火灾时迅速报警和联系。

4) 警卫组负责火场的警卫和现场纠察工作。

5) 抢救组负责物资抢运和人员救护工作。

6) 扑救组负责火场灭火工作。平时要熟悉各种物质的灭火方法,熟练地使用各种消防器材。发生火灾时,要听从指挥,发扬"一不怕苦,二不怕死"的精神,勇敢地扑灭火灾。

7) 机动组随时准备执行任务或加强某一个组的工作。

(2) 义务消防队任务。义务消防队要认真贯彻"预防为主,防消结合"的消防工作方针,做好防火和灭火工作。其主要任务有以下8项。

1) 认真贯彻执行国家和有关部门颁布的有关消防安全的各项法规。

2) 协助本单位订立切实可行的消防安全制度,并督促实施。

3) 根据本单位的特点,利用各种场合,采取群众喜闻乐见的各种形式(如电影、幻灯、广播、板报、标语和讲座等)进行防火宣传,普及消防知识。

4）结合本单位的实际情况，进行经常性的防火安全检查，督促整改火险隐患，并在节假日和火灾多发季节组织消防值班和巡逻。

5）负责本单位消防设施、器材和装具管理、维修保养，保持完整好用。

6）负责本单位的灭火作战或人员疏散的方案，并定期组织实地演练。

7）当本单位发生火灾时，在报警的同时，应有组织地进行火灾扑救，严密警戒火场，防止坏人"趁火打劫"；火灾扑灭后，及时总结经验教训。

8）扑灭火灾后，要保护起火部位和火灾现场，并协助调查火灾原因，吸取经验教训，以利于改进消防措施，进一步加强消防安全工作。

五、仓库消防值班制度

1. 巡回值班制度

主要负责巡查仓库防火情况，检查消防水池储水情况，库区交通安全畅通情况，有无违反防火规章的现象以及库区有没有火种、危险物品和非本库人员，特别是在节假日应加强巡查。

2. 现场值班制度

携带必要的消防器材或出动消防车到作业现场负责防火安全，督促现场工作人员执行防火制度，现场的消防器材设备必须呈戒备状态，并要求不得中途私自撤离，以保证灭火力量，发生火灾时能迅速扑灭。工作完毕后，要检查现场，确无火灾危险发生时，方可撤出。

六、仓库消防检查

消防安全检查是消防安全管理的一项重要职能，通过防火检查，能够及时发现隐患，分析和研究隐患构成的要素，以便有的放矢地采取对策，消除隐患；获得防火管理信息，掌握情况变化，加强管理和指导；督促各级、各部门、各类人员执行和落实防火安全制度。

1. 消防安全检查的内容

消防安全检查是一项综合性的管理措施，可对仓库的消防工作进行全面性的检查，也可以对人的不安全行为或设备、环境的不安全状态进行检查。全面性的检查，一般要检查消防管理的基本情况、储存物资的消防安全状况、用火用电的管理情况、重点部位（危险点）的管理情况、消防安全培训和安全教育程度、灭火疏散和准备程度等方面。

2. 消防安全检查的种类

（1）日常性检查。即经常的、普遍的检查。仓库每年要进行若干次，主管部门每月至少一次，分队、班组每周应进行检查或根据作业情况进行检查。仓库消防员的日常检查应有计划、有重点地进行周期性的检查。

（2）季节检查。季节检查是根据历年各季节火灾发生规律有的放矢地进行检查。这种检查可在季节来临之前进行主动性检查或在季节中进行控制性检查。

（3）节假日检查。节假日之前要进行综合性检查，着重落实值班、巡逻等措施。

（4）针对性检查。针对性检查是由有关职能部门组成专业检查组针对特种作业、特殊场所进行检查，如对用电用火设备、压力容器、房屋建筑、易燃易爆物品储运场所等进行检查。

防火安全检查按检查主体可分为：自己检查、部门或基层单位进行互查、公安消防部门或产管部门（系统）对基层单位进行的外力检查，即监督性检查。

七、仓库消防预案

仓库消防预案的拟制一般采用文、表、图混合格式，也可用图、表形式。消防预案的拟制是仓库消防管理的重要工作，下面简单介绍仓库消防预案拟制方法。

1. 仓库消防预案制定

（1）标题。通常由"仓库名称"加"消防预案"组成，如"××仓库消防预案"。

（2）开头。通常写拟制本预案的依据、目的等。如为了切实做好仓库消防工作，提高仓库消防组织指挥能力和快速反应能力，确保仓库安全，特制定本预案。

（3）正文。仓库消防预案包括消防区域的划分，消防组织和负责人，火警信号规定，警戒任务的划分，情况处理，消防器材的配备和应急措施，与友邻单位和消防部门的协同等内容。

1）消防区域的划分。为便于平时管理和火警时的通信联络，综合考虑仓库地形、建筑物布局、货物性质、退路、距离等因素，将仓库划分为若干个消防区域，并在各区域内设置若干个报警点，规定各消防区域集合点。

2）人员编组、任务区分及器材配备。通常成立指挥组、灭火组、抢险组、运输组、通信联络组、救护组和后勤保障组等，明确各组的任务及器材配备标准。

3）火警信号规定。明确火警信号规定。

4）指挥部的位置。在各消防区域发生火灾时，明确现场指挥部的设置地点，以组织指挥。

5）消防设备与器材的配备及管理。明确仓库各场所消防设备和器材的配备情况。

6）情况处置。明确仓库的物资储存区、铁路装卸作业区、码头装卸作业区、汽车装卸作业区、办公生活区和库区附近山林等发生火灾时的处置办法。

7）与友邻单位和消防部门的协同。明确友邻单位和地方消防部门的联系电话，协同内容要求。针对可能出现的问题,提出具体要求。

8) 附件。包括消防区域划分、消防报警点及现场指挥部设置;仓库消防设备、器材配备图;仓库消防设备器材配置一览表;仓库消防方案等。

2. 制定仓库消防预案的注意事项

(1) 应突出重点。情况处置是仓库消防预案的重点。针对可能的火情,提出切实可行的消防措施。

(2) 应加强演练。每年按规定进行演练,明确任务,熟悉消防预案,掌握消防设备使用,保证一有情况能立即出动,并能完成任务。

(3) 应简明易懂。尽量采用表格和图来表示仓库消防情况,方便使用。

八、仓库防火规范的制定

1. 防火检查规范

仓储单位消防安全责任人、消防安全管理人每月应至少组织一次防火检查;内设部门负责人每周应开展一次防火检查。仓储单位及其内设部门组织开展防火检查,应包括下列内容,见表15—1。

表 15—1　　　　　　　　　　防火检查内容

检查项目	具体内容
执行与学习	仓储管理员岗位消防知识掌握情况
	灭火和应急疏散预案的演练情况
库房保管	库房是否按垛距、柱距、墙距要求标画能够持久存在的垛位线,物品入库前是否经专人检查
	库存物品是否分类、分堆、分组和分垛存放;通道宽度是否满足要求,是否存放影响安全的物品等
制度和检查	消防安全制度、消防安全管理措施和消防安全操作规程的执行和落实情况
	防火巡查、火灾隐患整改以及防范措施落实情况
消防设施设备	消防水源情况,灭火器材配置及完好情况,室内外消火栓、水泵接合器有无损坏、埋压、遮挡、圈占等影响使用情况
	消防车通道是否畅通
	消防(控制室)值班情况、消防控制设备运行情况及相关记录
	库房内是否设置办公室、休息室
其他	用火、用电有无违章
	其他消防安全情况

仓储单位应制定并落实防火巡查制度，确定防火巡查人员，每日应进行防火巡查，也可利用本单位视频监控等设备辅助开展防火巡查。

仓储单位员工应履行本岗位消防安全职责，遵守消防安全制度和消防安全操作规程，熟悉本岗位火灾危险性，掌握火灾防范措施，每日进行岗位防火检查。

因工作需要确需动用明火时，仓储单位消防安全管理部门应指定专人到场监护，并执行相应检查，检查内容见表15—2。

表 15—2　　　　　　　　　　　明火作业检查

人员或作业	检查内容
防火巡查人员	用火、用电有无违章
	进入库区的人员、车辆有无违章
	消火栓、灭火器、消防安全标志完好情况
	重点部位人员在岗在位情况
	门窗封闭、完好情况
	有无其他异常情况
仓储岗位员工	用火、用电有无违章
	消火栓、灭火器、消防安全标志等设施、器材是否完好
	有无遗留火种和吸烟现象
	装卸作业有无违章
	门窗封闭、完好情况
	有无其他异常情况
明火作业	是否办理动火许可证，动火操作人员是否具备动火资格，动火监护人是否在位
	动火地点与周围建筑、设施等防火间距是否符合要求，动火地点附近四周是否有影响消防安全的物品
	动火检修的容器设备是否经过清洗，是否经检验合格
	电焊是否合格，燃气、氧气瓶是否符合安全要求，放置地点是否符合规定
	电焊电源及其接地点是否符合防火要求
	动火期间的灭火应急措施是否落实

发现火灾隐患应立即改正；不能立即改正的，发现人应向消防工作归口管理职能部门或消防安全管理人报告。消防工作归口管理职能部门或消防安全管理人应及时研究制订整改方案，确定整改措施、时限、部门和责任人，报单位消防安全责任人审批。

火灾隐患整改责任人和部门应按照整改方案要求，落实整改措施，并加强整改期间的安全防范。仓储单位的消防安全责任人为整改火灾隐患提供经费和组织保障，消防安全管理人督促落实火灾隐患整改措施。

火灾隐患整改完毕后,消防安全管理人应组织验收,并将验收结果报告消防安全责任人。

2. 扑救初起火灾的规范

仓储单位消防安全责任人、消防安全管理人应组织制定灭火和应急疏散预案,并组织演练。

员工发现火灾应立即呼救并拨打"119"电话报警,起火部位现场员工应迅速形成第一灭火力量,采取如下措施:消防设施、器材附近的员工使用现场消火栓、灭火器等设施器材灭火;电话或火灾报警按钮附近的员工立即摁下按钮或电话通知消防室或单位值班人员后,参加灭火和疏散工作。

火灾确认后,消防控制室或单位值班人员应立即启动灭火和应急疏散预案,迅速形成第二灭火力量,及时采取如下措施:通信联络组通知员工赶赴火场,与公安消防队保持联络,向火场指挥员报告火灾情况,将火场指挥员的指令下达有关员工;灭火行动组根据火灾情况,使用本单位的消防器材、设施控制和扑灭火灾;物资抢救组按分工抢救物资;现场警戒组阻止无关人员进入火场,维持火场秩序。

3. 组织疏散逃生的规范

仓储单位消防安全责任人、消防安全管理人和员工应熟悉本单位疏散通道、安全出口,掌握疏散程序。应根据本单位实际,配备相应的灭火、救援和物资疏散的装备、器材。火灾发生时,员工应按照预案要求组织疏散人员和物资。火灾无法控制时,火场总指挥应及时通知所有参加救援人员撤离。

4. 消防宣传教育的规范

仓储单位法定代表人或主要负责人、消防安全管理人应熟知以下内容:消防法律法规和消防安全职责;本单位火灾危险性和防火措施;依法应承担的消防安全行政和刑事责任。

仓储单位应确定专兼职消防宣传教育人员,经过专业培训,具备宣传教育能力。单位应悬挂或张贴消防宣传标语,利用板报、展板、专栏等形式开展消防宣传教育。员工上岗和转岗前,应经过岗前消防安全培训达到合格;对在岗人员每半年至少进行一次消防安全教育。通过消防安全教育,单位员工应达到以下要求:熟悉消防法律法规;掌握消防安全职责、制度、操作规程、灭火和应急疏散预案;掌握本单位、本岗位的火灾危险性和防火措施;掌握有关消防设施、器材的操作使用方法;会报警、会扑救初期火灾、会疏散逃生自救。

第 2 节　仓库风险及安全管控

学习单元 1　仓库的风险管理

学习目标

1. 了解仓库风险的特性。
2. 了解仓库风险的来源及分类。
3. 了解仓库风险管理步骤。
4. 能对仓库风险进行识别。
5. 能对仓库风险进行分析和控制。

一、风险的概念和特征

仓库中往往会发生诸如火灾、机械事故以及人身伤亡等不确定事件，这些不确定事件给仓库带来的损害往往是相当大的，因此管理者或经营者应当具备风险意识，并具有一定的风险管理能力，对仓库生产过程中可能面临的风险进行预测和分析，以便加强管理，减少损失。

1. 风险的概念

风险是指未来结果的不确定性。任何事情只要将来有可能出现不同的结果，它就是风险。储存在仓库中的货物，由于各种因素包括其自身理化性质以及外界各种自然、社会、人为因素等的影响，使其在储存期间面临着许多不确定的情况致使其理化性质发生变化，存在着储存结果不确定的风险。

2. 风险的特性

（1）不确定性。风险的不确定性是指风险的发生及其造成的损失具有不确定性，即造成损失的原因不确定、造成损失的时间和地点不确定、是否造成损失不确定、损失的程度不确定等。风险的不确定性增加了风险管理的难度和复杂程度，需要人们运用科学的方法对风险进行统计和预测分析。

（2）客观性。风险的客观性是指无论人们是否意识到，风险都是客观存在的，而且是时时刻刻存在的。例如仓库火灾，仓库装卸搬运中的事故，仓库中的有害物质污染等。

（3）损失性。风险的损失性是指客观存在的风险一旦发生以后，会给企业和人们造成财产损失和人身伤害。例如，烧毁仓库和库存货物，发生人身伤亡以及影响企业供应链的正常运行，甚至影响国家战略物资的供应。

二、风险的类型

在对风险进行预测和分析时，首先要了解发生的风险属于哪一类型，并根据风险的类型确定风险的预测和管理的方法，以便有效地控制风险，减少风险发生造成的损失。在对风险进行研究时，通常将风险按不同的标准进行分类。

1. 按风险的性质划分

（1）纯风险。纯风险是指一种只有损失机会而无获利机会的风险。纯风险一旦发生，导致的后果只有两个——损失或者无损失，而没有任何获利的可能。例如，仓库发生了火灾，要么大火烧毁了全部或部分仓库和货物，要么发现及时并扑救成功，没有造成损失，而经营者或货主不会从中获利。

（2）投机风险。投机风险是指一种既存在损失可能，也存在获利可能的风险。投机风险一旦发生，导致的后果有三个：损失、无损失或者获利。例如，投资仓库或投资库存，在一定时期内，仓库经营状态可能盈利，也可能亏损，还有可能盈亏平衡；库存资源的价格可能上涨，也可能下降，还有可能维持原价。区分纯风险和投机风险的目的在于采取不同的管理方法。如果想通过保险来分散风险，那么纯风险才具有可保性。

2. 按风险损害的对象划分

（1）人身风险。人身风险是指由于人的死亡、疾病、伤残、失业或年老等原因造成的经济收入减少和丧失收入来源而遭受损失的不确定状态。例如，仓库生产过程中可能出现的事故对工作人员造成的人身伤害，或者仓库中有害物质污染对工作人员造成的人身伤害等。

（2）财产风险。财产风险是指因财产发生毁损、灭失和贬值而使财产的所有者、使用者和责任者遭受损失的不确定状态。例如，仓库中设施和设备在自然灾害和意外事故中被损坏。

（3）责任风险。责任风险是指因人们的过失或侵权行为造成他人财产毁损或人身伤亡时，依法必须承担经济赔偿责任的不确定状态。仓库，尤其是营业性仓库与货主之间是通过委托仓储合同联系在一起的，仓库对库存的货物负有保管保护的责任。因此仓库要对在仓库管理范围内发生的货物损失负责，仓库的经营活动是具有责任风险的。

3. 按风险的来源划分

（1）自然风险。自然风险是指由于自然界的运动和变化给生命和财富造成伤亡和损失的现象。例如，暴风雪、地震、暴雨、洪水等。

（2）社会风险。社会风险是指由于集团和个人的某些违法行为、破坏行为造成的人员伤亡和财产损失。例如，偷盗、抢劫、暴乱等。

（3）政治风险。政治风险是指由于国家政权变动、政治斗争、法律和政策的改变而造成的社会不安定以及人身伤亡和财产损失的风险。例如，政变、战争、罢工等。

（4）经营风险。经营风险是指在生产、流通、交换、分配等领域的各种经营活动中，由于经营不善、信息不通、决策失误、市场变化等给经营者造成的收入减少、经营亏损、企业破产等的风险。例如，仓库开展增值服务，可能成功，也可能失败；再周密的装卸搬运作业方案，也会有发生意外的可能。

三、仓库风险管理

风险的发生及其给仓库带来的损失大小具有一定的不确定性，因此，仓库应该增强风险管理的意识，加强仓库的风险管理，使得仓库对风险具备一定的预测和预防能力，从而使仓库能够尽量避免或减少因风险而带来的损失。

1. 风险管理的概念

风险管理是指根据对风险的识别、分析与衡量，采取损失控制措施，以最少的成本使风险引起的损失降到最低程度的一系列管理方法。它也可以被描述成一个组织或个人采取的降低风险成本、实现利润最大化的一系列决策和措施。

在激烈的市场竞争中，任何意外事故都可能导致企业的破产，因此仓库自我防范意识的培养，以及风险管理观念的树立是必不可少的。对于仓库管理者而言，第一是以最低的成本避免或减少损失，一旦发生意外能尽快地恢复到现有的生产能力和规模；第二是为员工提供心理安定的环境，保障员工的身心健康和提高工作效率。

2. 风险管理的步骤

（1）制定风险管理的目标。风险管理的目标是选择最经济和最有效的措施使风险的成本最小、效率最高。

（2）风险的识别。仓库管理者通过对仓库拥有的各种财产、雇用的所有员工、从事的各项经营活动进行全面的分析，找出仓库在各个方面所面临的各种风险。风险识别的方法主要有以下3种。

1）财务报表分析法。运用财务报表分析法，可以根据仓库的资产负债表、财产目录、损益表等，联系仓库的财务预算，对固定资产和流动资产的分布及经营状况进行分析研究，确定仓库的潜在损失，发现潜在风险，包括资产本身可能遭遇的风险，以及遭受风险引起生产或供应业务中断可能出现的损失，甚至包括连带造成他人人身伤亡和财产毁损应负的法律赔偿责任。使用这种方法要求管理者掌握财会知识，以便熟练地进行分析。

2）生产流程分析法。运用生产流程分析，可以把仓库以入库、储存、出库为中心的仓库作业流程顺序列出流程表，再对每个阶段逐项进行分析，从中发现潜在风险。使用这种方法时要求管理者掌握仓库的作业流程、作业技术和作业规范。

3）风险清单分析法。使用风险清单分析法，可以把仓库即将面临的潜在损失用一览表的形式列出，然后进行风险分类，分析它们可能变化的方向和程度以及相互间的联系，为科学地进行风险估算提供依据。使用这种方法时要求管理者具有丰富的经验，对仓库有全面系统的了解，对风险的类型、重要程度、风险估算和风险处理对策都非常熟悉。损失一览表可以按损失类型进行编制：财产损失，包括事故、灾害发生给仓库造成的直接损失、间接损失和净收益损失；责任损失，包括库存货物被盗、作业方案错误等各种责任风险发生所导致的仓库收入减少额；人身风险，包括事故、灾害发生造成的人员伤亡带给仓库、受害人自身及其家庭的损失。

（3）风险的衡量。风险衡量是指衡量损失发生的潜在频率，估算潜在的损失规模以及损失对仓库产生的影响程度。风险衡量首先应该分析风险对仓库的影响程度，按照各种风险对仓库产生的影响，将风险分为致命风险、重要风险和一般风险。

（4）制定风险管理措施。根据仓库承担风险损失的能力，以及风险对仓库影响的程度不同，仓库管理者需要设计出对不同风险的管理措施和计划。风险管理的措施主要有以下4种。

1）自担风险。自担风险就是仓库自己承担风险造成的损失。例如，仓库负责赔偿由于管理不善造成的一切货损。

2）风险转移。仓库可以采用非保险法和保险法进行风险转移。在非保险法当中，仓库可以通过与客户签订合同的方式，例如在货物完好率上达成一致，就可以相应减少仓库在货物发生损耗时而承担的风险。在保险法当中，风险计划要解决哪些风险要自留，哪些风险要转移。对于自留的风险，要采取什么样的防灾防爆措施；对于采取保险转移的风险，要制订详细的投保计划。

3）回避风险。仓库如果要回避风险，就可以不从事有风险的业务，例如担心货物损坏，可以不给客户送货。但这是一种比较消极的管理方法，因为在回避有风险的业务时，仓库就面临没有收益的风险。

4）损失控制。仓库要控制损失，就是从控制损失的发生频率和损失的程度入手，一方面防止损失发生，另一方面减少损失的破坏程度。

防损措施强调"防患于未然"，例如仓库中安装的火灾自动报警系统，为减少叉车滑移使叉车发生倾覆事故而在叉车上安装的一系列锁车装置，以及为了减少差错而制定的各种作业规程。减损措施强调"快速反应"和"有效"，例如仓库根据库存物的特点而选用的灭火系统，以及仓库所投的各种保险。

（5）风险管理措施的评价。风险管理过程是一个动态的管理过程，要定期或不定期地检查和评价各种措施和方法。在这个过程中，仓库管理者要及时发现问题并解决问题。

学习单元2　仓库安全事故处理

学习目标

1. 了解仓库事故的特征。
2. 熟悉仓库事故的分类。
3. 能处理仓库安全事故。

一、仓库事故的特征

仓库事故的发生是由多方面因素造成的，仓库一旦发生事故，就会带来不应有的损失或产生不良的社会影响。主要表现为：物品直接受损（爆炸、设备损坏等）、人员伤亡、信息失控等。仓库事故的发生具有一定的规律性，它总是由于内部和外部条件的影响而发生的。从仓库管理工作的本质特征来看，其具有以下3点特征。

1. 损害性

仓库事故发生后都不同程度地带来损失或产生不良的社会影响，应根据权威部门制定的相关标准及有关文件确认事故损失，区分事故等级。

2. 多因素性

仓库事故的发生是由多种因素共同作用的结果。仓库作业的各个环节及人员等，如果未严格按操作规程进行相关的作业，均可引发事故。因此，在仓库工作中应加强对各种因素的管理，以避免或减少事故的发生。

3. 偶然性

仓库事故的发生往往是由于人为过失、设备故障、突如其来的外界干扰等意外事件的发生而导致的，因此具有偶然性。在仓库管理工作中，应从偶然发生的事故中发现必然，从而研究事故发生的规律，总结经验，吸取教训。

二、仓库事故的分类

1. 按照事故的性质分类

（1）破坏事故。破坏事故指有特殊目的或私欲的有意识的破坏活动，从而导致爆炸、燃烧或偷盗等事故的发生，造成极坏的社会影响。

（2）责任事故。责任事故指由于收发、门卫、操作等工作的失误或责任心不强而导致数量差错、商品变质、损坏、丢失或电路起火等事故的发生。责任事故又可分为业务责任事故和行政责任事故。前者是指业务人员在组织作业时，使货物受损的事故；后者是指非专业人员组织作业时发生的事故。

（3）技术事故。技术事故指由于缺乏业务知识，在作业过程中由于员工操作规范或设施设备的原因而造成的事故。

（4）产品质量事故。产品质量事故指由于产品设计结构不合理、生产工序工艺存在严重质量隐患，使得其在使用中发生失效、自燃、自爆等事故。

（5）不可抗力事故。不可抗力事故指由于不可抗力如洪水、雷电、地震、滑坡等原因造成的仓库物资受损事故。

2. 按照事故的后果分类

（1）人员伤亡事故。人员伤亡事故按伤害后果或丧失劳动能力程度可分为死亡、永久性全部丧失劳动能力、永久性部分丧失劳动能力和暂时性丧失劳动能力。

（2）经济损失事故。经济损失包括人身伤亡的赔偿费用，善后处理费用，财产损失等直接经济损失和工作日损失、处理环境污染损失等间接费用。按经济损失事故的严重程度可分为一般损失事故、较大损失事故、重大损失事故和特大损失事故。

3. 按照事故的等级分类

事故等级是根据事故造成损失的严重程度或对社会的影响程度进行划分的，可分为一等事故、二等事故、三等事故、四等事故和五等事故。

三、仓库事故的处理

仓库事故的发生是由各种原因引起的，归纳起来主要是两大因素作用的结果：人的不安全行为和物品的不安全状态。仓库事故发生后应组织事故调查小组，根据事故的性质、后果拟订调查计划，确定调查步骤，做好调查记录，采用科学的方法对事故的萌芽、产生、发展、后果四阶段进行分析。并严格按照事故责任确定的原则，确定责任类别，而后进行处理。

1. 事故责任的确定

事故相关人员主要有事故中伤亡人员、责任人、有功人员。根据相关的抚慰政策，对事故中伤亡人员给予妥善的安置和处理；依照相关法律、规章和纪律的有关规定，对事故责任人根据其责任轻重，予以处罚或处理；按照有关规定对事故中表现突出的有功人员进行表彰和奖励。

（1）事故责任的确定原则

1）凡是由不安全行为发生的事故或造成严重后果的由本人负责。

2）凡因不安全状态等外部因素而发生的事故或造成严重后果的，根据具体情况分别由有关人员负责。

3）因工艺条件、操作规程错误发生事故或造成严重后果的，由工艺条件和操作规程制定者负责。

4）因管理不善发生事故或造成严重后果的，由相应的管理部门及其领导负责；规章制度不健全，缺少防护措施，由直接生产组织者负责；不学习有关规章制度，不懂安全知识而发生事故，由指派者负责；已发生事故未及时采取措施，致使类似事故重复发生，由有关领导负责；不组织进行安全检查、教育、宣传，由有关部门和直接领导负责。

5）擅自决定拆除防护装置、解除防护措施和瞎指挥造成的事故，由决定者负责。

（2）事故责任的类别

1）全部责任，系指事故发生的唯一或全部原因者。

2）主要责任，即对事故的发生居主要地位起主要作用者。

3）一定责任，即负有责任但不是主要责任者。

4）领导责任，事故原因跟领导不履行职责有关的领导者。

2. 事故损失的处理

仓库事故发生后，会造成不同程度的损失。应按照有关的规定和程序进行处理：可修复的，制订计划报请有关部门批准，予以修复；报废的，报请有关部门申请批准；涉及责任人的应按相关规定进行赔偿；已入保险的，向保险公司进行索赔。

3. 总结教训

事故发生后，应认真总结教训。根据事故发生的原因、后果及各种影响因素，进行分析、总结，找出薄弱环节，提出相应改进措施，不断提高认识，以便更好地指导今后的工作。

4. 建立预警机制

在总结教训的基础上，有针对性地采取防范措施，提出预防事故的目标和要求，制定有关的规章制度,加强人员的思想教育,提高安全防范,使得各项措施落到实处,一旦发生事故,能够及时应对。

仓库发生事故后应建立健全事故报告制度,使得上级部门及时了解情况,掌握动态。依据相关资料进行分析,为安全决策提供依据。事故报告的程序一般可分为首次报告、后续报告和调查报告3个阶段。事故报告是事故处理的凭证,复审考核的依据,也是进行事故统计分析的最原始资料。

学习单元3 仓库安全意识管理和教育

学习目标

1. 了解仓库人为错误的分类。
2. 能够制订仓库安全教育培训计划。

一、仓库人为错误的分类

英国安全卫生执行局事故预防组等机构认为,90%的仓库事故是人为错误造成的,而其中70%是可以由管理部门采取措施来防止的。因此,减少人为错误是提高安全作业绩效的关键。

人为错误概括起来主要有这样3类:疏忽、误解和违章。

1. 疏忽

它一般发生在注意力不集中或紧急情况下,结果没能做到本来想做的事。例如,工人可能出于注意力不集中而忘记关上应该关上的开关而造成事故。这类错误多是由于操作人员的安全意识不强以及设备的设计缺陷造成的。加大安全宣传力度,并对人员加强安全意识方面的教育可以减少此类错误的发生。同时对设备做出系统评估能有效地识别设计缺陷,从而在设计时排除发生此类错误的潜在可能。

疏忽的典型行为有:忘记关掉电源;心烦意乱,忘记重要的安全检查;忘记安全程序的某些步骤,或常规程序中涉及安全的步骤;其他疏忽行为。

2. 误解

它是由于错误判断所做的决定、信息不畅和缺少实践经验的操作引起的。例如,在紧急火灾的情况下,有些职员可能会以为利用电梯能更快地离开火灾现场;或者有的工人对某些有问题的设备进行了无效的修复等。对工人和管理人员的技能和知识做一次系统评价就会查清他们的基本练习是否不足，要求掌握的知识和技能是否有问题。如果存在这类情况，产生"误解"类错误的可能性就很大，需要在培训内容、培训方法、培训间隔时间等方面进行考虑，同时也需要改进设计，使设备更容易使用。

误解的典型表现是：不了解使用的化学品或材料的危险性；不懂操作程序；不懂必须采取的紧急行动；不理解机械设备缺陷的真正含义；其他因误解造成的错误行为。

3. 违章

它是蓄意破坏作业规章程序的行为。它们大部分是日常养成的不良习惯，也有的是采取不安全操作方法的蓄意行为。而且，如果操作者认为基本的安全规章程序不实际和不方便，他就会认为违章是理所当然的行为。

违章的典型行为有：任意使用未经批准的设备；违背作业规程；故意不使用规定的安全器械到作业现场等；不具备资格而使用某种设备；其他违章行为。

二、仓库人为错误的纠正

1. 克服疏忽的措施

加大安全宣传力度，提高职工自身安全意识。通过安全宣传提高一线工人的安全警惕性，时刻保持清醒的头脑，减少因为疏忽而造成事故发生的概率。

改进设计是消除作业错误的主要途径。不良设计是导致作业错误的重要根源，优秀的设计可以有效排除产生人为错误的潜在可能。例如，两个控制装置离得太近、操作动作不同于常规的控制装置等。

2. 减少误解的措施

（1）培训。操作人员和技工必须定期接受安全培训，任何培训都必须包括不断的实物示范和反复的实际操作，使安全操作成为作业者的"第二天性"，即成为潜意识的行动。实践中，管理人员必须细心观察个人和班组的操作行为，确定何时何地需要采取纠正措施。操作人员则应定期向上级公开演示其安全操作能力，如有失误便须参加知识更新培训。

（2）提供充足信息。增加"额外"信息量会增加信息受到注意的机会。因此，将信息量加倍，而且以不同形式置于不同地点，安全也就会更有保证。例如，复制几份线路图和紧急操作程序置于机器周围关键位置；用彩色标志表明管道内容、电压、压力等。

（3）提高安全监督的能力。新任命的管理人员不能仅凭他们过去在旧岗位上的出色成绩就认定能够胜任安全监督新任务。主管人员必须使管理人员全面了解操作人员可能犯的各种人为错误以及可能引发的事故，帮助他们掌握全部的监督技能，熟悉安全检查程序。

3. 降低违章的措施

（1）重视实际风险。为了不让作业人员低估实际风险，必须保证使员工准确了解事故的可能性和后果。实际上改变个人对待风险的态度并不太困难，但改变态度并不等于改变了实际行动。因此，还要采取措施，利用改变了的态度改变实践中的具体行为。

（2）适当减轻来自上层的某些压力。主管部门可能会过分强调生产问题，容易给人以只关心生产而不关心安全的印象。管理部门应反复表明其对安全问题的重视和承诺，不断对不符合安全规范的行为提出警告，并坚决采取纠正措施。

（3）严防惰性心理。人的惰性心理时常会让操作人员违反安全操作规范的要求。例如，不愿携带必要的工具和安全设备按指定方式完成任务；认为安全规定的程序过于复杂而在工作中按个人意志予以简化等。

三、仓库安全教育培训

1. 分析安全意识薄弱的原因

在开展安全培训之前，要分析员工安全意识薄弱的原因，然后有针对性地开展培训工作，通常员工安全意识薄弱的原因有以下 3 点。

（1）对安全教育感到厌倦。有些员工认为生产工作是简单劳动，受不受安全教育不重要。

（2）只是应付安全活动。有的人员认为只要工作中小心一点，事故就不会发生在自己身上。

（3）对安全管理有逆反心理。部分人员产生逆反心理的原因是多方面的，如对员工的"违章"行为处理失当等。

2. 开展安全教育培训

仓管人员与人力资源部门一起，结合对员工安全意识薄弱的分析结果，制订有针对性的培训计划，以方便开展培训工作。

培训人员根据培训计划开展培训工作。培训必须有针对性，例如对安全教育感到厌倦者培训时采用形式多样的培训方式，如互动、游戏等，以提升员工对培训的兴趣。

3. 培训教育考核与择优任用

每次培训工作结束后，培训人员都要对受训人员进行考核，以确认受训人员对安全规程等培训知识的掌握程度，了解他们是否已经懂得实际工作中的各类风险及应对措施。考核的结果不但可以用来评估培训的效果及培训内容设置的合理性，还可以作为制订下次培训计划的依据，也可作为对员工进行择优任用的依据。

 **思考题**

1. 仓库保卫治安的工作内容包括哪些?
2. 仓库消防管理的方针是什么?为什么?
3. 仓库消防管理的基本原则是什么?
4. 仓库消防安全检查的内容包括哪些?
5. 仓库消防安全检查可以分为哪几种类别?
6. 仓库消防预案中应包括哪些内容?
7. 仓库安全风险可以分为哪几种类别?